"十三五"国家重点出版物出版规划项目

★ 转型时代的中国财经战略论丛 ◢

国家社科基金青年项目（项目编号：16CJL041）成果

全球价值链视野下
中国垂直专业化分工地位提升的
实现路径研究

赵明亮　著

中国财经出版传媒集团

经济科学出版社
Economic Science Press

图书在版编目（CIP）数据

全球价值链视野下中国垂直专业化分工地位提升的
实现路径研究/赵明亮著.—北京：经济科学出版社，
2020.9

（转型时代的中国财经战略论丛）

ISBN 978 - 7 - 5218 - 1919 - 9

Ⅰ.①全…　Ⅱ.①赵…　Ⅲ.①产业布局 - 地域分工 -
研究 - 中国　Ⅳ.①F269.24

中国版本图书馆 CIP 数据核字（2020）第 182383 号

责任编辑：于海汛　陈　晨
责任校对：齐　杰
责任印制：李　鹏　范　艳

全球价值链视野下中国垂直专业化分工地位提升的实现路径研究

赵明亮　著

经济科学出版社出版、发行　新华书店经销

社址：北京市海淀区阜成路甲 28 号　邮编：100142

总编部电话：010 - 88191217　发行部电话：010 - 88191522

网址：www.esp.com.cn

电子邮箱：esp@ esp.com.cn

天猫网店：经济科学出版社旗舰店

网址：http://jjkxcbs.tmall.com

北京季蜂印刷有限公司印装

710×1000　16 开　16.25 印张　260000 字

2020 年 9 月第 1 版　2020 年 9 月第 1 次印刷

ISBN 978 - 7 - 5218 - 1919 - 9　定价：65.00 元

（图书出现印装问题，本社负责调换。电话：010 - 88191510）

（版权所有　侵权必究　打击盗版　举报热线：010 - 88191661

QQ：2242791300　营销中心电话：010 - 88191537

电子邮箱：dbts@ esp.com.cn）

总　序

　　山东财经大学《转型时代的中国财经战略论丛》（以下简称《论丛》）系列学术专著是"'十三五'国家重点出版物出版规划项目"，是山东财经大学与经济科学出版社合作推出的系列学术专著。

　　山东财经大学是一所办学历史悠久、办学规模较大、办学特色鲜明，以经济学科和管理学科为主，兼有文学、法学、理学、工学、教育学、艺术学八大学科门类，在国内外具有较高声誉和知名度的财经类大学。学校于 2011 年 7 月 4 日由原山东经济学院和原山东财政学院合并组建而成，2012 年 6 月 9 日正式揭牌。2012 年 8 月 23 日，财政部、教育部、山东省人民政府在济南签署了共同建设山东财经大学的协议。2013 年 7 月，经国务院学位委员会批准，学校获得博士学位授予权。2013 年 12 月，学校入选山东省"省部共建人才培养特色名校立项建设单位"。

　　党的十九大以来，学校科研整体水平得到较大跃升，教师从事科学研究的能动性显著增强，科研体制机制改革更加深入。近三年来，全校共获批国家级项目 103 项，教育部及其他省部级课题 311 项。学校参与了国家级协同创新平台中国财政发展 2011 协同创新中心、中国会计发展 2011 协同创新中心，承担建设各类省部级以上平台 29 个。学校高度重视服务地方经济社会发展，立足山东、面向全国，主动对接"一带一路"、新旧动能转换、乡村振兴等国家及区域重大发展战略，建立和完善科研科技创新体系，通过政产学研用的创新合作，以政府、企业和区域经济发展需求为导向，采取多种形式，充分发挥专业学科和人才优势为政府和地方经济社会建设服务，每年签订横向委托项目 100 余项。学校的发展为教师从事科学研究提供了广阔的平台，创造了良好的学术生态。

习近平总书记在全国教育大会上的重要讲话，从党和国家事业发展全局的战略高度，对新时代教育工作进行了全面、系统、深入的阐述和部署，为我们的科研工作提供了根本遵循和行动指南。习近平总书记在庆祝改革开放 40 周年大会上的重要讲话，发出了新时代改革开放再出发的宣言书和动员令，更是对高校的发展提出了新的目标要求。在此背景下，《论丛》集中反映了我校学术前沿水平、体现相关领域高水准的创新成果，《论丛》的出版能够更好地服务我校一流学科建设，展现我校"特色名校工程"建设成效和进展。同时，《论丛》的出版也有助于鼓励我校广大教师潜心治学，扎实研究，充分发挥优秀成果和优秀人才的示范引领作用，推进学科体系、学术观点、科研方法创新，推动我校科学研究事业进一步繁荣发展。

伴随着中国经济改革和发展的进程，我们期待着山东财经大学有更多更好的学术成果问世。

山东财经大学校长

2018 年 12 月 28 日

前　言

　　国际金融危机后，国内外经济形势出现新变化，全球经贸格局调整，经济增速下滑，垂直专业化分工价值链在全球范围内重新布局。国内资源环境约束加剧，低端代工订单转移导致的产能过剩和企业倒闭问题在许多产业出现，中国参与垂直专业化分工面临的困难和问题增多。与此同时，国际间区域、次区域合作趋势增强，中国参与全球经贸合作的基础和条件发生重大变化，一些产业垂直专业化分工位置有所提高，生产经验、资金实力和产业竞争力增强，跨境电商快速发展，新的发展机遇不断涌现。面对国内外新形势，国家适时提出"一带一路"倡议等，都明确强调要加强创新、优化产业链分工布局，全面提升在全球价值链中的地位，促进产业转型升级。新形势下如何深度融入及动态的重构价值链，摆脱"低端锁定"命运，以及减少由于价值链低端环节境外转移这种"低端锁不定"给国内经济和社会发展带来的负面影响，合理延长价值链合作周期，获得持续的生存权，提高经营效益，促进产业转型升级意义重大。

　　国内外经济发展新形势下中国垂直专业化分工地位提升的迫切性日益增加，本书在全球价值链相关理论框架下，结合垂直专业化分工实践，研究新常态下中国垂直专业化分工地位提升的实现路径。首先从垂直专业化分工地位提升的迫切性切入，对分工地位提升的制约因素和驱动因素进行了系统的研究。从制约因素来看，主要体现为国际经贸环境恶化，经济增速下滑；劳动力成本等上升，资源环境约束加剧；国内价值链"低端锁定"，价值链环节境外转移冲击三个方面。从驱动因素看，表现为区域、次区域合作趋势增强；国内资本、技术要素及分工生产经验积累；国内区域产业发展战略调整，促进国内价值链环节整合；

"构建开放型经济新体制""一带一路"倡议支撑，促进区域及全球价值链重构；跨境电商贸易塑造国际贸易新动能，促进价值链重构等五个方面。区域经济一体化使竞争加剧，带来了新的贸易和投资机会。在国内区域经济合作趋势加强的背景下，国内价值链环节整合提升，产业转型发展面临重要的机遇。国家开放型经济发展战略的实施，境外经贸合作区的建设，有利于价值链合作平台的搭建，促进价值链的整合重构。跨境电商降低了国际贸易的门槛，国际贸易主体、贸易形态、商业模式、组织方式都在发生重大变革，为贸易新动能塑造和价值链重构提供了新路径。

中国广泛参与垂直专业化分工，获取的价值增值较少，贸易额存在高估，这对外经贸发展和国内产业转型升级都带来了深刻影响。实现垂直专业化分工价值链地位提升，明确中国参与分工的程度是关键一环。课题组通过最新的增加值贸易核算方法，测算分工程度，明晰分工合作的总体特征和行业特征。中国出口的国内附加值及构成，能较好地反映中国参与全球价值链合作的增值能力和分工收益，在对历年中国总体、各产业国内附加值占比及其构成分析的基础上，构建指标体系，对中国在分工体系中的位置进行测度，探明当前的合作程度、真实竞争力及发展趋势，为获取更多的分工收益和促进价值链地位提升提供参考。中国出口中国内总体附加值经历了一个先降后升的发展趋势，近几年国内增加值占比增加趋势明显，一定程度上说明了国际垂直专业化分工生产来自国内的部件增加。制造业中劳动密集型产业的国内附加值相比资本、技术密集型产业要高，垂直专业化分工合作在资本、技术密集型产业更深入，这与这些行业生产程序更加复杂，便于分工合作相关。中国全球价值链参与度指数较高，国际金融危机后出现下降趋势，参与全球生产网络的程度下降明显。中国全球价值链位置指数在 2000 年后呈现下降趋势，这主要是因为之前中国参与垂直专业化分工生产的程度较低，只有一些较具竞争力的环节参与到分工生产中，提供中间投入品导致。总出口中的间接附加值相比国外增加值较高，此时中国还没有大规模的最终品组装生产。劳动密集型产业位置指数一直较低，处于价值链的低端环节，但呈现提升趋势。资本、技术密集型产业中化学工业、金属和金属制品产业处于分工合作的上游环节，中间品出口的国内附加值较高。

中国的改革开放是与国际产业转移和国际分工合作紧密关联的，一些特定产业在中国改革开放和垂直专业化分工合作过程中发挥了非常重要的作用，对于带动国内就业、经济增长、技术水平和产业竞争力提升至关重要。本书依据要素密集度差异及产业对经济影响的不同，充分考虑劳动密集型和在资本技术密集型产业发展的差异，选取纺织材料和纺织产品、光电设备制造业、运输设备制造业三个在改革开放和经济发展过程中发挥重要作用的产业进行分析，探讨这些产业在中美、中日、中印、中越等双边贸易价值构成情况，分析这些产业的垂直专业化分工结构，并进行国际比较，把握中国重点产业的垂直专业化分工结构，与重点贸易合作伙伴国的合作关系。

区域经贸合作在中国对外经贸合作中占有十分重要的位置。国际金融危机以来，世界贸易组织（WTO）框架下的经贸规则面临严峻挑战，出现了"逆全球化"趋势。与此同时，区域经济一体化组织不断涌现，这对各区域内现行的贸易关系和分工模式将会产生巨大而深远的影响。日益复杂的全球经贸形势以及"一带一路"等开放型经济发展倡议将会对国际垂直专业化分工格局的深刻变化、中国的垂直专业化分工合作区域及合作产业选择以及国际贸易、产业转型发展产生极其重要的影响。本书通过分析中国传统的垂直专业化分工合作重点区域东北亚、东亚等的贸易特征、增加值来源和贸易关联程度，进而结合当前国家"一带一路"等开放型经济发展倡议的要求，重点分析"一带一路"沿线贸易量较大的东南亚、南亚、欧洲等区域的分工合作特征，全面把握合作网络的阶段性特征及发展趋势，为垂直专业化分工合作区域的调整和位置提升提供参考。增加值贸易统计下，中国有出口竞争优势的产业还是集中在劳动密集型产业，但伴随着代工生产经验的积累和企业研发水平的提升，光电设备制造业等产业的出口竞争力由弱变强。日本、韩国出口竞争优势产业集中在机械设备制造业、光电设备制造业等产业，而韩国劳动密集型产业的出口竞争力出现大幅度的下降。俄罗斯出口竞争优势产业集中在资源、能源产业，其他产业竞争力较弱。中国与日本、韩国各产业增加值贸易关联度呈现明显的下降趋势，且呈现出随着产业技术密集度下降，贸易关联度降低幅度越大、贸易关联度越低的趋势。中国与韩国的贸易关联弱化程度相比日本要低，并且在一些高技术产业还有强化趋势。中国与东北亚区域内各国产业发展需求依赖度中，对日本的产业发展需求依赖度最高，但近年来一直呈现下降趋势。2015 年前十大产业增加值占出口总额比重韩国已全面超过日本，韩国在"三角贸易"中的位置相对在提升，而日本在下降，这也可能代表未来一段时间垂直专业化分工体系的合作趋势。中国对越南出口中隐含的第三国增加值占出口总额比重都呈现下降趋势，来自国内增加值不断增加，产业竞争力和垂直专业化分工合作地位有上升趋势。中国对印度出口中隐含的印度增加值占出口总额比重较低，并且各部门下降趋势明显。印度制造业也处于垂直专业化分工价值链合作的下游，未为中国提供较多的中间产品，附加值较少。中国对德国出口中隐含的第三国增加值占出口总额比重，绝大多数产业都呈现增长趋势。中德垂直专业化分工中，中国对其他国家市场依赖度也较高，需要其他国家提供中间产品开展分工合作，中国与欧洲主要国家的垂直专业化分工合作特征较为类似。

随着技术水平的提升和国际经贸合作的深化，跨境电商等新业态近年来逆全球经贸形势迅猛发展。跨境电商降低了国际贸易的门槛，国际贸易主体、贸易形态、商业模式、组织方式都在发生重大变革，为中小企业、普通消费者提供了参与全球贸易的机会，并推动中小企业融入全球价值链，跨境电商为贸易新动能塑造、"供给侧改革"、垂直专业化分工价值链地位提升提供了新通道，本书从跨境电商角度对垂直专业化分工地位提升展开了专题研究。认为在跨境电商贸易开展背景下，企业可以深度融入价值链"加速超车"，又可借助电商在品牌打造和分销渠道建设方面的优势"弯道超车"，以及在掌握核心生产技术、平台技术时"优势领跑"。提升垂直专业化分工的地位和附加值，除了有针对性的优化价值构成，调整分工合作的国家区域结构、合作重点产业之外，还应重点关注分工合作的技术进步和产业竞争力提升效应，这是地位提升和附加值增加的最根本的保证。实证分析发现当前中国参与国际垂直专业化分工对全要素生产率及其分解的技术进步和技术效率的影响大多为负，目前并没有明显获取技术溢出的好处，但在一定程度上提升了产业出口竞争力。

全球价值链视野下中国垂直专业化分工地位提升是一项复杂的系统工程，结合全球分工格局、国内垂直专业化分工发展条件、地位、产业关联及经济效应变化的分析，认为应该主要从经济要素的合理配置、技术和管理创新、垂直专业化分工合作布局及模式的合理选择以及制度与规则改革、政策与服务支撑四个方面切入和发力，进而本书研究提出了垂直专业化分工地位提升的三种路径和一种外部协调促进机制：（1）垂直专业化分工价值链"深度融入"及"攀升"路径。垂直专业化分工价值链在全球范围内重新布局，需要及时的结合价值链分工合作新趋势、产业竞争力变化趋势，调整合作区域和合作战略，"深度融入"全球价值链，避免价值链合作的骤然脱节，并寻求机会依托现有的分工价值链，从技术、管理创新切入，向价值链的高端环节攀升。（2）垂直专业化分工国内价值链环节"整合突破"路径。在全球及区域垂直专业化分工价值链条中，国内企业生产并不是都集中在同一环节，有的占据了价值链的几个环节，且有的企业积累了大量的生产经验，获取了相关技术，竞争能力增强，具备了价值链整合的条件。应根据垂直专业化分工聚集地区的资源禀赋条件、区域及产业转移规划、贸易投资政策等，引导不同价值链环节的企业向经济园区集聚，依托处于价值链核心环节、竞争力强的企业，发挥特色产业和龙头企业优势，整合价值链环节，进一步通过创新型企业引入、研发创新、延长、完善及打造国内价值链条，突破原有的价值链条"低端锁定"，赢取分工发展的主动权。（3）垂直专业化分工区域及全球价值链"主导重构"路径。在参与垂直专业化分工及国内经济高速发展过程中，国内一些产业涌现出了一批技术水平高、竞争能力强、经济效益好的跨国企业，并且已经在海外广泛开展业务，初步具备了"主导"构建区域及全球价值链的条件。对于出口竞争优势较强的产业，国家应加大扶持力度，促进企业在高品质、高质量、品牌打造上做文章。通过与当地公司合资、收购的方式进行高新技术产业投资，借助于跨境电商等贸易新业态、新模式，专注于产品研发与市场营销网络构建等高附加值环节，获取价值链的主导权。（4）垂直专业化分工地位提升的制度、政策、服务"协调促进"机制。垂直专业化分工价值链的重构，需要良好的外部发展环境。推动国内经贸相关制度的完善和改革，努力塑造更具活力、更有效率的开放型经济发展新优势。创新"一次办好"服务模式，加快建立形成透明高效、公平有序的营商环境，提升我国的开放吸引力和国际竞争力。借助外部制度政策措施的保障，多路径同时推进，促使国内企业深度融入及动态的重构价值链，从而在全球分工下摆脱被"低端锁定"的命运，以及减少由于价值链低端环节境外转移这种"低端锁不定"给国内经济和社会发展带来的负面影响。

目 录

第1章 引 言

当前国内外经济形势出现新变化，全球经贸格局调整，经济增速下滑，垂直专业化分工价值链在全球范围内重新布局。国内资源环境约束加剧，低端代工订单转移导致的产能过剩和企业倒闭问题在许多产业出现，中国参与垂直专业化分工面临的困难和问题增多。与此同时，国际间区域、次区域合作趋势增强，中国参与全球经贸合作的基础和条件发生重大变化，一些产业垂直专业化分工地位有所提高，生产经验、资金实力和产业竞争力增强，跨境电商快速发展，新的发展机遇不断涌现。面对国内外新形势，国家适时提出的"一带一路"倡议，"构建开放型经济新体制"，都明确强调加强创新、优化产业链分工布局，全面提升在全球价值链中的地位，促进产业转型升级。新形势下如何寻求最佳的资源配置模式，深度融入及动态的重构价值链，从而在全球分工下摆脱被"低端锁定"的命运，以及减少由于价值链低端环节境外转移这种"低端锁不定"给国内经济和社会发展带来的负面影响，合理延长价值链合作周期，获得持续的生存权，提高经营效益，促进产业转型升级意义重大。

本书垂直专业化分工格局深入调整，中国参与经济全球化的基础和条件发生重大变化的背景下，通过最新的增加值贸易核算方法，对垂直专业化分工程度进行测算。结合国家区域发展和开放型经济发展战略，对重点产业和区域的分工体系进行解析，进而根据各国贸易、投资环境、产业发展特点等具体因素，系统探讨中国垂直专业化分工地位提升的实现路径，为新常态下中国更好的配置国内、全球资源，进行组织创新、技术创新、管理创新，高效的参与全球分工，实现垂直专业化分工地位提升，提供可借鉴的理论模式指导。根据本书研究提出的垂直专业化分工地位提升的实现路径，政府可以参考制定相应的分工价值链提升政策、产业转移促进政策、全球价值链布局政策，加快投资促进服务平台建设，完善制度、政策、服务"协调促进"机制等。相应产业的企业可以参考实现路径，制定自己的投资方向、领域、实施步骤、采取的组织形式，合理配置企业资源，充分利用全球资源，发挥企业的技术、管理等优势，促进价值链提升和重构，摆脱"低端锁定"的命运，实现新常态下中国产业发展的自主性、收益性、可持续性。

2

第 2 章　垂直专业化分工相关问题研究述评

　　20 世纪 90 年代中期以来，垂直专业化分工的迅速发展，成为世界经济一体化过程中最重要的表现形式和合作方式之一，日益引起国际贸易及产业经济理论界的关注。国内学者的研究相对滞后，与国外学者的研究思路基本一致，从分工合作的动因及影响因素展开探讨，深入对分工合作程度的测度，进而分析参与价值链分工的经济效应和实现价值链地位提升的对策。

2.1　垂直专业化分工的动因及影响因素研究

2.1.1　在国际贸易、新经济地理理论框架下的分析

　　国际贸易理论框架下，国外学者基于李嘉图比较优势理论、H - O 理论等分析认为，比较优势、规模经济等是垂直专业化分工的基础，通讯成本、运输成本、贸易壁垒等是垂直专业化分工的主要影响因素（Dixit & Grossman，1982；Sanyal，1983；Jones & Kierzkowiski，1990；Deardorff，1998b；Hanson et al.，2005；Clark，2006；Dean et al.，2009；Clark，2010；Gawande et al.，2014；Kwon & Ryou，2015）。新经济地理理论框架下，国外学者主要分析了运输成本、配套设施建设、产业集聚等对垂直专业化分工的影响（Krugman & Venables，1995；Li & Lu，2009；Kranich，2011；Bridgman，2012；Hummels & Schaur，2013；Saslavsky & Shepherd，2014；Blyde & Molina，2015）。

国内学者研究相对滞后，刘志彪和刘晓昶（2001）、卢锋（2004）等最早关注了垂直专业化分工现象。近年来研究增多，基于传统及扩展的国际贸易理论模型的分析（田文，2005；赵曙东，2009；戴魁早，2011；文东伟，2011；杨高举和黄先海，2013；谢锐和刘岑婕，2015）。在新经济地理框架下的研究（徐康宁和王剑，2006；李宏艳和齐俊妍，2008；陈丰龙和徐康宁，2012）。这段时期国内学者的分析假设一般为两国、同一产业，单一要素，这与分工合作现实有较大差异，未将各国制度差异等因素加入模型中进行更深入的分析，也未对生产组织模式选择问题进行研究。

2.1.2 产业组织理论框架下的分析

一些学者应用激励理论和博弈论方法等对垂直专业化分工问题进行了研究，试图对分工合作微观理论基础进行更深入的探讨。同质企业假定下企业生产组织方式选择问题（McLaren，2000；Puga & Trefler，2002；Grossman & Helpman，2003，2005；Nunn，2007）。随着研究的深入，异质性对产品供应及中间产品生产模式选择的影响得到关注（Melitz，2003；Grossman & Helpman，2004；Tomiura，2005；Einhorn，2007；Antràs & Helpman，2008；Kohler & Smolka，2011；Lo，2011；Nunn & Trefler，2013；Antràs，2014，2015）。吴福象（2005）、田东文和贾科华（2010）、周启运（2011）、李延朋（2014）等从产权理论、交易费用等视角解析了垂直专业化分工的动因。从微观角度分析使垂直专业化分工的理论基础得到进一步的夯实，但此时中小企业、不同产业企业的生产组织模式选择问题在理论分析中并没有得到很好的体现。

2.2 参与垂直专业化分工程度测算的研究

对垂直专业化分工进行准确的度量一直是研究的难点。学者的研究从应用零部件贸易数据，到单国投入产出表，再改进到应用国际投入产出表，建立以增加值为基础的新贸易统计方法。基于零部件贸易和加工贸易数据进行测度（Yeats，1998；Feenstra & Hanson，1996；

Geishecker & Görg，2004）。尝试利用投入产出表方法测算垂直专业化分工程度（Hummels et al.，2001；Koopman et al.，2008；Dean et al.，2008；Amador & Cabral，2008）。近年来，学者们基于多国及全球投入产出表，基于贸易增加值和算法，对总出口分解，研究价值链不同环节的价值创造与利益分配问题（Wang & wei，2009；Johnson & Guillermon，2012；Koopman et al.，2010，2012；Timmer et al.，2014；Los.，2015）。

国内学者主要是借鉴国外垂直专业化测算指标分析，有的编制了中国非竞争性投入产出表（北京大学中国经济研究中心课题组，2006；刘遵义等，2007；盛斌和马涛，2008；喻春娇等，2010；胡昭玲和张咏华，2012；梁碧波，2013；马风涛和李俊，2014；邓世专，2015）。对垂直专业化分工程度的度量随着研究的深入，贸易核算方法不断完善，比较全面和准确地揭示了官方贸易统计数据背后的垂直专业化分工和价值增值信息。

2.3　垂直专业化分工经济效应的研究

考虑到本书研究需要，重点就其对技术转移、扩散、生产率以及产业竞争力的影响等进行梳理，为分工位置提升发展的切入点选择提供参考依据，实现国内开放型经济的集约和提升发展。垂直专业化分工对技术转移和扩散影响的研究，国外学者主要借助博弈模型、产业关联理论看其能否促进技术转移及探讨技术溢出的途径（Pack & Saggi，2001；Mucchielli & Jabbour，2004；Jabbour，2005；Goh，2005；Amighini，2005；Dibiaggio，2007；Han et al.，2008；Park et al.，2011；Deng & Mao，2012；Chen J et al.，2013；Teo & Bhattacherjee，2014；Madsen S et al.，2015）。国内学者计量实证研究较多，就垂直专业化分工对全要素生产率、技术进步等的影响进行了考察（张杰等，2010；孟祺和隋杨，2010；肖文和殷宝庆，2011；孙红燕和刘志彪，2012；戴魁早，2013；张瑾等，2014；李萍和赵曙东，2015）。国外学者利用微观企业数据，就垂直专业化分工对生产率的影响进行分析（Egger et al.，2001；Head & Ries，2002；Girma & Görg，2004；Egger & Egger，2006；Amiti &

Wei，2009；Ehmcke，2010；Jiang & Milberg，2012；Marquez & Yavuz，2013；Krstic & Kahrovic，2015）。国内学者由于数据可得性的限制，主要利用产业层面的数据进行分析（张小蒂和孙景蔚，2006；胡昭玲，2007；张杰，2008；王中华等，2009；刘庆林等，2010；肖文和殷宝庆，2011；梁运文和张帅，2012；林冰和李宏，2013；梁碧波，2014；张定胜等，2015）。因指标构建、研究方法及产业选择不同，学者们研究结论也存在差异。应更多地注重结合国家战略，从区域价值增值角度分析垂直专业化分工的经济效应。

2.4　中国垂直专业化分工价值链构建的研究

　　受制于中国垂直专业分工的发展阶段，之前研究重点集中在测度分工程度，分析影响因素及经济效应，对于价值链重构的研究时有涉及，但基本都是尝试性探讨，缺乏系统性研究。谭力文和马海燕（2006）、刘志彪（2011，2015，2017）、刘友金和胡黎明（2011）、梁运文和芮明杰（2013）、李强和郑江淮（2013）、戴翔和金碚（2014）、王岚和李宏艳（2015）、陆燕（2015）、刘斌、魏倩、吕越和祝坤福等（2016）、邢斐、王书颖和何欢浪（2016）、孟祺（2016）、洪银兴（2017）、戴翔和张为付（2017）、张天顶（2017）、桂黄宝、刘奇祥和郝铖文（2017）、裴长洪和刘洪愧（2017）、唐宜红等（2018）、吕越等（2018）、刘胜和申明浩（2019）、兰宜生和徐小锋（2019）等从构建以内需为基础的国家价值链（NVC）体系和治理结构、释放制度红利、升级要素结构、国际贸易规则改革、制造业服务化、贸易自由化、技术创新及补贴、培育国际营销能力和产业链建设能力等方面论述了中国价值链重构的路径。近年来，随着跨境电商贸易的快速发展，徐松和张艳艳（2015）、刘小军和张滨（2016）、张夏恒和郭海玲（2016）、施炳展（2016）、李金城和周咪咪（2017）、李兵和李柔（2017）、马述忠和陈奥杰（2017）就互联网、跨境电商作为信息平台对贸易成本、资源配置、销售渠道选择、品牌打造等方面的影响做了深入分析，为中国价值链重构提供了一个新的研究思路。

　　国内外学者对垂直专业化分工问题的研究不断深入，研究的重点也从之前的动因及影响因素探讨转移到垂直专业化分工程度的测度及其经济效应上，测算方法不断完善，经济效应分析越来越全面，为进一步研究提供有益参考。随着全球分工合作形势的变化，以及中国垂直专业化分工生产的发展，今后研究重点应是结合国家的开放型经济发展战略，加强以中国为本位的垂直专业化分工程度、产业关联度、区域合作程度、全球价值链布局、合作新模式、新业态等的研究，细致地探讨了垂直专业化分工地位提升的实现路径。

第3章 中国垂直专业化分工地位提升的客观要求

3.1 中国垂直专业化分工地位提升的制约因素研究

3.1.1 国际经贸环境恶化，经济增速下滑

国际经济从金融危机前的快速发展到目前的深度结构调整期。发达国家除美国复苏较快外，其他发达经济体如欧洲等地区受债务危机、失业加剧、生产效率增长缓慢等因素影响，经济衰退明显。其他发展中经济体由于全球经济增速放缓、需求不振、国际大宗商品价格下降、劳动力成本上升、资源环境约束加剧等因素影响，经济增速下降也较为明显。

世界主要地区国内生产总值（GDP）增长率如表3-1和图3-1所示，2008年国际金融危机后世界主要地区的GDP年增长率都急剧下降，2010年后有所恢复，之后低速平稳增长。近几年，受益于人口红利，产业发展政策调整等因素，作为目前国际产业转移的重要承接地，南亚地区一枝独秀，南亚地区经济增速最高，保持在6%以上，2015年达到7.2%。东亚和太平洋地区、撒哈拉以南非洲地区次之，近年来经济增速保持在4%左右。中东和北非、阿拉伯世界经济、北美地区增速在2%以上，欧洲和中亚地区在1%以上，拉丁美洲和加勒比地区增速低于1%，2015年为 -0.94%。受债务危机、失业加剧、生产率增长缓慢

等因素影响，欧洲等高收入国家经济衰退明显。其他地区由于全球经济增速放缓、需求不振、国际大宗商品价格下降、劳动力、资源约束等因素影响，经济增速下降也较快。从收入水平上来看，中等收入国家 GDP 年增长率最高，高收入国家 GDP 年增长率都在 2% 以下。全球经济形势低迷，经贸环境相应恶化，各主要贸易伙伴国相继出台经济发展战略，鼓励本国工业发展，增加关税及非关税壁垒措施的应用，对于中国吸引外资、对外投资和贸易的开展产生了一些不利影响。

表 3 - 1　　　　　2007～2015 年世界主要地区 GDP 年增长率　　　　单位：%

类型	2007 年	2008 年	2009 年	2010 年	2011 年	2012 年	2013 年	2014 年	2015 年
高收入国家	2.88	0.48	-3.48	3.03	1.90	1.34	1.18	1.80	1.91
中上等收入国家	8.76	5.92	2.84	8.05	6.32	5.30	4.70	3.95	2.97
中等收入	8.50	5.58	3.38	7.91	6.11	5.18	4.90	4.32	3.55
欧盟	3.08	0.48	-4.41	2.12	1.76	-0.49	0.19	1.36	1.95
经合组织成员国	2.58	0.20	-3.56	2.93	1.72	1.24	1.14	1.76	1.97
东亚和太平洋	6.16	3.01	0.50	7.01	3.99	4.30	4.51	4.00	3.89
欧洲和中亚地区	3.53	0.86	-4.47	2.51	2.18	-0.03	0.60	1.41	1.48
南亚	9.03	3.88	7.63	9.07	6.31	5.13	6.27	6.85	7.20
北美	1.80	-0.17	-2.77	2.60	1.71	2.29	1.56	2.43	2.29
中东和北非	5.75	5.35	1.69	4.88	3.81	4.43	2.18	2.49	2.91
拉丁美洲和加勒比	5.25	3.49	-1.59	5.67	4.57	3.01	2.83	0.98	-0.94
撒哈拉以南非洲地区	6.91	5.03	1.95	5.16	4.23	4.00	4.74	4.63	2.98
阿拉伯世界	5.73	6.27	1.63	4.47	3.61	6.26	2.90	2.14	2.97

注：国际数据统计相对滞后。
资料来源：根据世界银行相关数据整理所得。

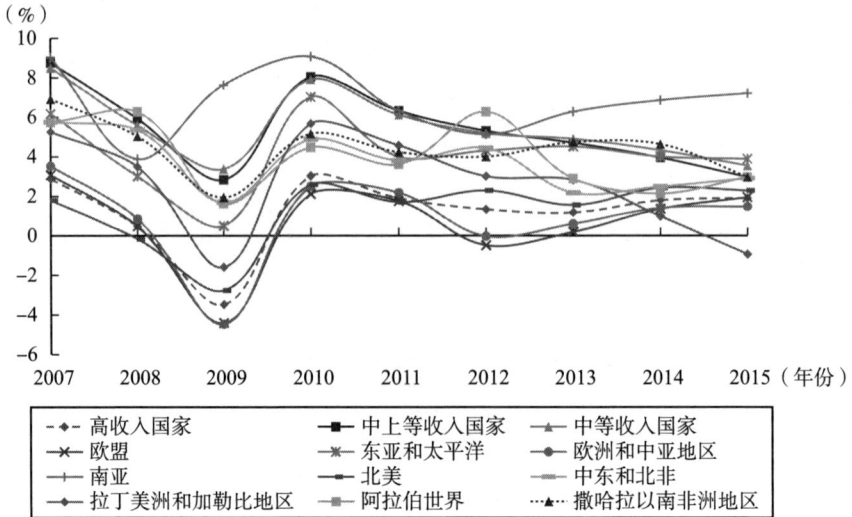

图 3 - 1 2007 ~ 2015 年世界主要地区 GDP 增长率

注：国际数据统计相对滞后。

资料来源：根据世界银行相关数据整理所得。

从表 3 - 2 各地区总失业率情况看，东亚和太平洋地区、南亚地区失业率相对较低，近年失业率分别在 4.5% 左右和低于 4%，说明该地区经济发展动力还相对充足。2014 年北美地区失业率降为 6.28%，拉丁美洲和加勒比地区失业率为 6.58%，失业率相对较高。撒哈拉以南非洲地区失业率有上升趋势，2014 年达到 7.97%。欧洲和中亚地区失业率较高，保持在 9% 以上的高位，中东和北非地区失业率仅近年达到 11% 以上。同时，高收入国家的失业率也相对较高。高失业问题的存在，一方面，反映了经济发展的不景气，以及可能带来的贸易限制措施实施；另一方面，对于中国对外投资及价值链整合也是机遇，可以利用境外高失业国家劳动力资源优势，展开投资生产。

表 3 - 2   2007 ~ 2014 年各地区总失业率   单位：%

类型	2007 年	2008 年	2009 年	2010 年	2011 年	2012 年	2013 年	2014 年
高收入国家	5.81	6.03	8.10	8.23	7.83	7.81	8.00	7.37
中上等收入国家	5.30	5.58	5.92	5.74	5.66	5.70	5.77	5.86
中等收入	5.39	5.59	5.77	5.53	5.48	5.49	5.52	5.58

类型	2007 年	2008 年	2009 年	2010 年	2011 年	2012 年	2013 年	2014 年
中低等收入国家	5.49	5.60	5.59	5.30	5.28	5.27	5.23	5.25
低收入和中等收入国家	5.35	5.55	5.71	5.49	5.45	5.46	5.56	5.62
低收入国家	4.99	5.11	5.19	5.14	5.16	5.17	5.98	5.98
东亚和太平洋	4.23	4.57	4.64	4.40	4.33	4.39	4.47	4.52
欧洲和中亚地区	7.52	7.37	9.25	9.34	9.04	9.30	9.44	9.01
南亚	3.95	4.24	4.17	3.81	3.81	3.88	3.91	3.90
北美	4.84	5.92	9.28	9.52	8.83	8.09	7.37	6.28
中东和北非	10.36	9.96	10.13	10.41	11.26	11.33	11.20	11.30
拉丁美洲和加勒比地区	6.90	6.45	7.52	7.27	6.67	6.26	6.29	6.58
撒哈拉以南非洲地区	7.54	7.71	7.75	7.63	7.65	7.63	7.91	7.97

注：国际数据统计相对滞后；国际劳工组织估计的总失业人数占劳动力总数百分比。
资料来源：根据世界银行相关数据整理所得。

从表 3 - 3 各国（地区）GDP 增速看，与中国经贸关系密切的主要发达国家 GDP 增速都相对较低，日本经济持续低迷，2015 年经济增速只有 0.47%，澳大利亚、韩国分别为 2.26% 和 2.61%，德国和英国分别为 1.69% 和 2.33%，加拿大和美国分别为 1.08% 和 2.43%。世界 GDP 总体增速较低，2015 年只有 2.47%。南亚及东南亚地区经济增速普遍较高，印度尼西亚、越南、印度等的经济增速较高，表现出良好的经济发展态势。2015 年，越南、柬埔寨、印度经济增速普遍在 7% 左右。"一带一路"沿线的其他国家如土库曼斯坦、乌兹别克斯坦等国经济增速较快，2015 年分别达到 6.50% 和 8%，巴基斯坦经济增速为 5.54%，经济发展前景好。一些国家经济增速较慢，甚至呈现负增长，2015 年，俄罗斯和白俄罗斯经济增速分别为 - 3.73% 和 - 3.89%，乌克兰经济增速为 - 9.90%，"一带一路"沿线国家经济发展呈现比较大的差异性。

表3-3　　　　　　　　　各国家（地区）GDP 年增长率　　　　　单位：%

国家（地区）	2007 年	2008 年	2009 年	2010 年	2011 年	2012 年	2013 年	2014 年	2015 年
世界	3.94	1.48	-2.07	4.08	2.84	2.23	2.40	2.63	2.47
澳大利亚	3.76	3.70	1.73	1.96	2.32	3.73	2.44	2.50	2.26
日本	2.19	-1.04	-5.53	4.65	-0.45	1.75	1.36	-0.03	0.47
韩国	5.46	2.83	0.71	6.50	3.68	2.29	2.90	3.34	2.61
中国香港	6.46	2.13	-2.46	6.77	4.81	1.70	3.07	2.61	2.36
新加坡	9.11	1.79	-0.60	15.24	6.21	3.41	4.68	3.26	2.01
中国	14.19	9.62	9.23	10.63	9.48	7.75	7.68	7.27	6.90
马来西亚	6.30	4.83	-1.51	7.43	5.19	5.64	4.71	5.99	4.95
泰国	5.04	2.48	-2.33	7.81	0.08	6.49	2.70	0.82	2.82
汤加	-4.57	2.46	1.10	4.17	2.02	0.55	-2.68	2.14	Na
印度尼西亚	6.35	6.01	4.63	6.22	6.17	6.03	5.56	5.02	4.79
老挝	7.60	7.82	7.50	8.53	8.04	8.02	8.47	7.52	7.00
蒙古国	10.25	8.90	-1.27	6.37	17.29	12.32	11.60	7.89	2.30
菲律宾	6.62	4.15	1.15	7.63	3.66	6.80	7.06	6.13	5.81
越南	7.13	5.66	5.40	6.42	6.24	5.25	5.42	5.98	6.68
柬埔寨	10.21	6.69	0.09	5.96	7.07	7.31	7.48	7.07	7.04
缅甸	Na	Na	Na	Na	Na	Na	8.52	8.50	6.99
比利时	3.00	0.95	-2.62	2.50	1.62	0.09	0.00	1.30	1.37
瑞士	4.14	2.28	-2.13	2.95	1.80	1.11	1.77	1.89	0.91
捷克	5.53	2.71	-4.84	2.30	1.96	-0.81	-0.53	1.98	4.20
德国	3.27	1.05	-5.64	4.09	3.59	0.38	0.30	1.60	1.69
丹麦	0.82	-0.72	-5.09	1.63	1.15	-0.66	-0.24	1.26	1.18
西班牙	3.77	1.12	-3.57	0.01	-0.62	-2.09	-1.67	1.36	3.21
英国	2.56	-0.33	-4.31	1.91	1.65	0.66	2.16	2.85	2.33
希腊	3.54	-0.44	-4.39	-5.45	-8.86	-6.57	-3.20	0.65	-0.23
意大利	1.47	-1.05	-5.48	1.71	0.59	-2.77	-1.75	-0.34	0.76
卢森堡	6.46	0.49	-5.33	5.14	2.61	-0.16	4.35	4.07	4.85
荷兰	4.20	2.08	-3.30	1.07	1.66	-1.59	-0.50	1.01	1.99

国家（地区）	2007 年	2008 年	2009 年	2010 年	2011 年	2012 年	2013 年	2014 年	2015 年
挪威	2.93	0.38	- 1.62	0.60	0.97	2.75	1.00	2.21	1.60
波兰	7.16	3.87	2.62	3.71	4.77	1.82	1.26	3.28	3.65
葡萄牙	2.49	0.20	- 2.98	1.90	- 1.83	- 4.03	- 1.13	0.91	1.45
斯洛伐克	10.68	5.45	- 5.29	4.83	2.70	1.60	1.43	2.52	3.60
斯洛文尼亚	6.94	3.30	- 7.80	1.22	0.61	- 2.64	- 1.06	3.05	2.88
瑞典	3.40	- 0.56	- 5.18	5.99	2.66	- 0.29	1.24	2.27	4.09
俄罗斯	8.54	5.25	- 7.82	4.50	4.26	3.41	1.28	0.71	- 3.73
白俄罗斯	8.60	10.20	0.20	7.74	5.54	1.73	1.07	1.72	- 3.89
匈牙利	0.51	0.88	- 6.55	0.79	1.81	- 1.48	1.89	3.67	2.94
哈萨克斯坦	8.90	3.30	1.20	7.30	7.50	5.00	5.80	4.10	1.20
土库曼斯坦	11.06	14.70	6.10	9.20	14.70	11.10	10.20	10.30	6.50
土耳其	4.67	0.66	- 4.83	9.16	8.77	2.13	4.19	3.02	3.98
格鲁吉亚	12.34	2.31	- 3.78	6.25	7.20	6.18	3.39	4.62	2.77
乌克兰	7.90	2.30	- 14.80	4.20	5.20	0.20	0.00	- 6.60	- 9.90
乌兹别克斯坦	9.50	9.42	8.10	8.50	8.30	8.20	8.00	8.10	8.00
吉尔吉斯	8.54	8.40	2.89	- 0.47	5.96	- 0.09	10.90	4.02	3.47
塔吉克斯坦	7.80	7.90	3.80	6.50	7.40	7.50	7.40	6.70	4.20
马尔代夫	10.64	10.93	- 6.05	7.20	10.83	1.49	4.70	6.48	1.51
不丹	17.93	4.77	6.66	11.73	7.89	5.07	2.14	5.46	3.25
印度	9.80	3.89	8.48	10.26	6.64	5.08	6.64	7.24	7.57
斯里兰卡	6.80	5.95	3.54	8.02	8.25	6.34	3.40	4.88	4.79
巴基斯坦	4.83	1.70	2.83	1.61	2.75	3.51	4.37	4.74	5.54
阿富汗	13.74	3.61	21.02	8.43	6.11	14.43	1.96	1.31	1.52
孟加拉国	7.06	6.01	5.05	5.57	6.46	6.52	6.01	6.06	6.55
加拿大	2.01	1.18	- 2.71	3.37	2.96	1.92	2.22	2.47	1.08
美国	1.78	- 0.29	- 2.78	2.53	1.60	2.32	1.49	2.43	2.43
阿联酋	9.84	3.18	3.19	- 5.24	1.64	4.89	4.68	4.32	4.57
沙特阿拉伯	5.58	5.99	8.43	1.83	4.76	9.96	5.38	2.67	3.64

续表

国家（地区）	2007 年	2008 年	2009 年	2010 年	2011 年	2012 年	2013 年	2014 年	2015 年
阿尔及利亚	1.70	3.40	2.00	1.60	3.60	2.80	3.30	2.80	3.80
伊朗	5.89	6.37	1.52	2.28	6.63	3.95	-6.56	-1.91	4.34
伊拉克	10.16	1.38	6.61	5.81	5.54	10.21	12.62	6.57	-2.12
埃及	6.84	7.09	7.15	4.69	5.14	1.82	2.19	2.11	2.23
摩洛哥	7.76	2.71	5.59	4.76	3.64	4.99	2.67	4.73	2.42
叙利亚	5.00	5.70	Na	Na	Na	Na	Na	Na	Na
阿根廷	8.40	7.97	3.07	0.05	9.45	8.39	0.80	2.89	0.45
巴西	4.00	6.01	5.02	-0.24	7.57	3.92	1.76	3.02	0.10
哥伦比亚	6.70	6.90	3.55	1.65	3.97	6.59	4.04	4.87	4.39
哥斯达黎加	8.78	7.94	2.73	-1.02	4.95	4.52	5.17	3.44	3.50
墨西哥	5.00	3.15	1.40	-4.70	5.11	4.04	4.01	1.35	2.25
巴拿马	8.53	12.11	9.15	3.97	5.85	10.77	10.25	6.62	6.05
秘鲁	7.53	8.52	1.05	1.05	8.45	6.45	5.95	5.85	2.38
委内瑞拉	9.87	8.75	5.28	-3.20	-1.49	4.18	5.63	1.34	-3.89

注：国际数据统计相对滞后，Na 代表数值缺失。

资料来源：根据世界银行相关数据整理所得。

从表 3-4 中的失业率情况看，主要发达国家（地区）失业率较高，2014 年，澳大利亚、加拿大和美国失业率都在 6% 以上。欧洲主要国家失业率更是居高不下，2014 年希腊、西班牙的失业率分别达到 26.3% 和 24.7%，法兰西、爱尔兰、意大利、葡萄牙失业率也居高不下，葡萄牙最高为 14.2%。德国、英国等的失业率也在 5% 以上。"一带一路"中"一带"沿线国家失业率相对较低，2014 年马来西亚、泰国、老挝、越南、柬埔寨、缅甸等国的失业率基本都在 3% 以下，且大多数都在 2% 以下。印度、斯里兰卡、孟加拉国等的失业率较高，也只有 4% 左右。"一路"沿线主要国家失率普遍较高，2014 年，土库曼斯坦、塔吉克斯坦、亚美尼亚、格鲁吉亚等国的失业率都在 10% 以上，亚美尼亚达到 17.1%。乌兹别克斯坦、吉尔吉斯斯坦和土耳其的失业率分别为 8%～11% 的水平。而俄罗斯、白俄罗斯和哈萨克斯坦等国失业率较低，2014 年失业率都在 6% 以下，呈现一定的差异性。非洲地区各国失业率差异性也较大，埃及、摩洛哥、苏丹、赞比亚等国的失业率较高，2014年都在10%以上。加纳、利比里亚、坦桑尼亚等国的失业率相对较低，都处于4%以下。

表3-4　　　　　　　总失业人数占劳动力总数比重　　　　　　单位：%

国家（地区）	2007年	2008年	2009年	2010年	2011年	2012年	2013年	2014年
澳大利亚	4.40	4.20	5.60	5.20	5.10	5.20	5.70	6.00
日本	3.90	4.00	5.00	5.00	4.50	4.30	4.00	3.70
韩国	3.20	3.20	3.60	3.70	3.40	3.20	3.10	3.50
新西兰	3.70	4.20	6.10	6.50	6.50	6.90	6.20	5.60
文莱	3.20	3.20	3.50	3.70	3.70	3.80	3.80	3.80
中国香港	4.00	3.60	5.20	4.30	3.40	3.30	3.30	3.20
中国澳门	3.00	3.00	3.50	2.80	2.60	2.00	1.80	1.50
新加坡	3.00	3.20	4.30	3.10	2.90	2.80	2.80	3.00
中国	3.80	4.40	4.40	4.20	4.30	4.50	4.60	4.70
斐济	8.60	9.00	8.70	8.40	8.40	8.50	8.30	7.90
马来西亚	3.20	3.30	3.70	3.40	3.10	3.00	3.20	2.00
泰国	1.20	1.20	1.50	1.00	0.70	0.70	0.70	0.90
印度尼西亚	9.10	8.40	7.90	7.10	6.60	6.10	6.30	6.20
老挝	1.40	1.40	1.40	1.40	1.40	1.40	1.30	1.40
蒙古国	7.20	5.60	5.90	6.50	4.80	5.20	5.00	4.80
菲律宾	7.40	7.30	7.50	7.30	7.00	7.00	7.10	7.10
巴布亚新几内亚	2.50	2.50	2.50	2.40	2.40	2.40	2.50	2.50
越南	2.30	2.40	2.60	2.60	2.00	1.80	2.20	2.30
柬埔寨	0.50	0.20	0.00	0.40	0.30	0.20	0.30	0.40
缅甸	3.40	3.60	3.50	3.50	3.40	3.30	3.30	3.30
比利时	7.50	7.00	7.90	8.30	7.10	7.50	8.40	8.50
瑞士	3.60	3.40	4.10	4.50	4.00	4.20	4.40	4.50
捷克	5.30	4.40	6.70	7.30	6.70	7.00	7.00	6.20
德国	8.60	7.50	7.70	7.10	5.90	5.40	5.30	5.00

国家（地区）	2007 年	2008 年	2009 年	2010 年	2011 年	2012 年	2013 年	2014 年
丹麦	3.80	3.40	6.00	7.50	7.60	7.50	7.00	6.60
西班牙	8.40	11.50	18.10	20.20	21.70	25.20	26.30	24.70
法兰西	8.00	7.40	9.10	9.30	9.20	9.90	10.40	9.90
英国	5.40	5.40	7.80	7.90	7.80	8.00	7.50	6.30
希腊	8.30	7.70	9.50	12.50	17.70	24.20	27.20	26.30
爱尔兰	4.60	6.00	12.00	13.90	14.60	14.70	13.10	11.60
冰岛	2.30	3.00	7.20	7.60	7.10	6.00	5.60	5.00
意大利	6.10	6.70	7.80	8.40	8.40	10.70	12.20	12.50
卢森堡	4.10	5.10	5.10	4.40	4.90	5.10	5.90	6.10
荷兰	3.20	2.80	3.40	4.50	4.40	5.30	6.70	6.90
挪威	2.50	2.60	3.20	3.60	3.30	3.20	3.50	3.40
波兰	9.60	7.10	8.20	9.60	9.60	10.10	10.40	9.20
葡萄牙	8.00	7.60	9.50	10.80	12.70	15.60	16.50	14.20
斯洛伐克	11.00	9.60	12.10	14.40	13.50	13.90	14.20	13.30
俄罗斯	6.00	6.20	8.30	7.30	6.50	5.50	5.50	5.10
白俄罗斯	6.20	6.00	6.10	6.10	6.00	5.90	6.00	5.90
匈牙利	7.40	7.80	10.00	11.20	10.90	10.90	10.20	7.80
哈萨克斯坦	7.30	6.60	6.60	5.80	5.40	5.30	5.20	4.10
土库曼斯坦	11.00	11.00	10.90	10.90	10.90	10.80	10.70	10.50
土耳其	10.30	11.00	14.00	11.90	9.80	9.20	8.70	9.20
亚美尼亚	28.40	16.40	18.70	19.00	18.40	17.30	16.20	17.10
格鲁吉亚	13.30	16.50	16.90	16.30	15.10	15.00	14.60	13.40
乌克兰	6.40	6.40	8.80	8.10	7.90	7.50	7.20	7.70
乌兹别克斯坦	11.10	11.10	11.00	11.00	11.00	10.90	10.80	10.60
吉尔吉斯	8.20	8.20	8.40	8.60	8.50	8.40	8.30	8.10
塔吉克斯坦	11.60	11.20	11.50	11.60	11.30	11.00	11.20	10.90
马尔代夫	12.60	12.80	12.20	11.70	11.50	11.10	11.30	11.60
印度	3.70	4.10	3.90	3.50	3.50	3.60	3.60	3.60

国家（地区）	2007 年	2008 年	2009 年	2010 年	2011 年	2012 年	2013 年	2014 年
斯里兰卡	6.00	5.20	5.90	4.90	4.20	4.00	4.40	4.60
巴基斯坦	5.10	5.00	4.90	5.00	5.00	5.00	5.10	5.20
阿富汗	8.50	8.30	8.80	8.50	8.40	8.70	9.20	9.10
孟加拉国	4.30	4.40	5.00	4.50	4.50	4.50	4.50	4.30
尼泊尔	2.60	2.70	2.70	2.70	2.70	2.70	2.70	2.70
加拿大	6.00	6.10	8.30	8.00	7.40	7.20	7.10	6.90
美国	4.70	5.90	9.40	9.70	9.00	8.20	7.40	6.20
阿联酋	3.40	4.00	4.20	4.20	4.10	4.00	3.80	3.60
巴林	8.20	7.80	7.60	7.40	7.40	7.40	3.70	3.90
科威特	1.50	1.80	1.60	1.80	3.60	3.40	3.20	3.00
沙特阿拉伯	5.70	5.10	5.40	5.40	5.80	5.60	5.70	5.60
阿尔及利亚	13.80	11.30	10.20	10.00	10.00	11.00	9.80	9.50
伊朗	10.60	10.50	12.00	13.50	13.30	13.10	12.90	12.80
伊拉克	16.90	15.30	15.20	15.20	15.20	15.10	15.10	16.40
埃及	8.90	8.70	9.40	9.00	12.00	12.70	13.20	13.20
摩洛哥	9.80	9.60	9.10	9.10	8.90	9.00	9.20	10.20
叙利亚	8.40	10.90	8.10	8.40	11.50	11.40	11.30	10.80
智利	7.10	7.80	9.70	8.10	7.10	6.40	6.00	6.40
阿根廷	8.50	7.80	8.60	7.70	7.20	7.20	7.10	8.20
巴西	8.10	7.10	8.30	7.90	6.70	6.10	6.50	6.80
哥伦比亚	11.20	11.10	11.80	12.00	11.10	10.60	9.60	10.10
哥斯达黎加	4.60	4.90	7.80	7.30	7.70	7.80	8.50	8.30
古巴	1.80	1.60	1.70	2.50	3.20	3.20	3.20	3.30
墨西哥	3.40	3.50	5.20	5.20	5.30	4.90	4.90	4.90
巴拿马	6.40	5.60	6.60	6.50	4.50	4.00	4.10	4.30
秘鲁	4.50	4.50	4.40	4.00	3.90	3.60	4.00	4.20
苏里南	8.60	7.30	9.00	7.60	7.40	7.40	4.80	5.60
委内瑞拉	7.50	6.90	7.80	8.60	8.30	8.10	7.50	8.60

国家（地区）	2007 年	2008 年	2009 年	2010 年	2011 年	2012 年	2013 年	2014 年
科特迪瓦	4.10	4.10	4.10	4.10	4.00	4.10	4.10	4.00
喀麦隆	4.00	4.50	4.70	3.80	3.80	3.80	4.10	4.30
刚果共和国	6.60	6.60	6.60	6.50	6.60	6.60	6.60	6.50
加纳	3.70	4.00	4.10	4.20	4.20	4.20	1.80	2.40
尼日利亚	7.60	7.60	7.60	7.60	7.60	7.50	7.50	7.50
苏丹	14.80	14.80	14.80	14.80	14.80	14.80	14.60	14.80
赞比亚	15.70	15.70	15.60	13.20	13.20	13.10	13.10	13.30
埃塞俄比亚	5.40	5.40	5.40	5.40	5.40	5.40	5.00	5.20
肯尼亚	9.50	9.40	9.40	9.30	9.30	9.20	9.10	9.20
利比里亚	5.60	5.10	4.60	3.70	3.70	3.70	3.70	3.80
马达加斯加	4.10	4.30	4.80	3.60	3.60	3.60	3.60	3.60
坦桑尼亚	2.00	2.50	4.50	3.50	3.50	3.50	2.90	3.10
刚果（金）	8.20	8.20	8.20	8.20	8.20	8.20	8.20	8.00
津巴布韦	5.10	5.70	6.40	5.50	5.40	5.30	5.30	5.40

注：国际数据统计相对滞后。

资料来源：根据国际货币基金组织、中国国家统计局相关数据整理所得。

从表 3-5 和图 3-2 所示关税表中达到国际最高关税税率的所有税目产品所占比例情况看，不论是高收入国家还是中、低收入国家占比都有所上升。2012 年，不同收入类别国家关税措施都有所加强，高收入国家关税表中达到国际最高关税税率的所有税目产品所占比例从 2011 年的 3.72% 上升到 2012 年的 5.2%。中上等收入国家和中等收入国家分别提高到 17.55% 和 16.61%。中低等收入国家、低收入和中等收入国家分别提高到 15.97% 和 17.93%。从地区情况看，东亚和太平洋地区及南亚地区关税表中达到国际最高关税税率的所有税目产品所占比例也有了较大幅度的提升，2012 年分别达到 15.38% 和 35.17%。中东和北非以及撒哈拉以南非洲地区分别提高到 32.03% 和 34.06%，欧盟 2014 年提高到 2.27%。

表3－5　关税表中达到国际最高关税税率的所有税目产品所占比例　单位：%

类型	2007 年	2008 年	2009 年	2010 年	2011 年	2012 年	2013 年	2014 年
高收入国家	6.29	5.79	4.97	3.72	Na	5.20	Na	Na
高收入：经合组织国家	6.19	5.77	5.13	3.35	Na	5.43	Na	Na
高收入：非经合组织国家	5.88	5.22	3.79	4.90	Na		Na	Na
中上等收入国家	23.05	24.59	20.72	14.14	Na	17.55	Na	Na
中等收入	23.26	23.21	20.05	14.44	Na	16.61	Na	Na
中低等收入国家	24.61	21.43	20.00	15.10	Na	15.97	Na	Na
低收入和中等收入国家	24.56	24.37	21.54	16.34	Na	17.93	Na	Na
低收入国家	33.72	34.84	41.38	35.30	Na	29.03	Na	Na
东亚和太平洋（不含高收入国家）	20.61	16.47	15.76	13.22	Na	15.38	Na	Na
欧洲和中亚（不含高收入国家）	17.35	13.32	13.06	7.92	Na	5.98	Na	Na
南亚	45.18	37.14	39.64	28.59	Na	35.17	Na	Na
中东和北非（不含高收入国家）	34.39	42.38	25.03	27.56	Na	32.03	Na	Na
拉丁美洲和加勒比地区（不含高收入国家）	22.18	22.24	18.11	17.52	Na	13.61	Na	Na
撒哈拉以南非洲地区（不含高收入国家）	34.57	38.01	36.70	33.54	Na	34.06	Na	Na
欧盟	5.48	4.69	4.11	1.86	1.35	1.07	1.50	2.27
经合组织成员国	6.16	6.51	6.20	3.85	Na	3.70	Na	Na

注：国际数据统计相对滞后，Na 代表数据缺失。

资料来源：根据世界银行 WDI 数据库相关数据整理所得。

19

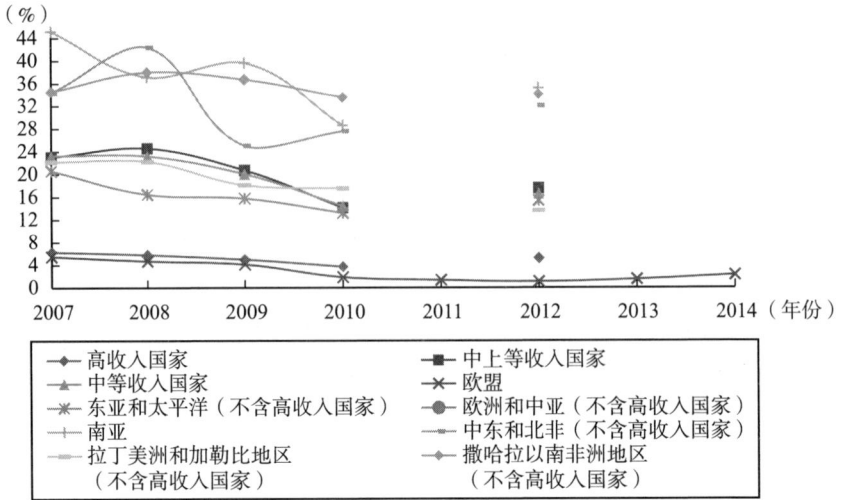

图 3 - 2　关税表中达到国际最高关税税率的税目产品所占比例

注：部分年份数据缺失。

资料来源：根据世界银行 WDI 数据库相关数据整理所得。

　　从表 3 - 6、表 3 - 7 所示的达到国际最高关税税率的工业、初级产品比例看，2012 年，高收入国家达到国际最高关税税率的工业产品比例为 4.34%，初级产品比例为 8.64%，比例相对较低。中上等收入国家工业产品和初级产品比例有了较大幅度的提升。中等收入国家、中低等收入国家工业产品比例也较高，呈现出经济发展水平越低，达到国际最高关税税率产品比例越高的特征。从地区情况看，2012 年，东亚和太平洋地区工业产品比例为 15.14%，初级产品比例为 16.52%。南亚地区占比较高工业产品比例为 32.68%，初级产品比例为 50.38%。欧洲和中亚地区工业产品比例很低，初级产品比例明显高于工业产品比例。欧盟 2014 年达到国际最高关税税率的工业产品比例为 0.21%，初级产品比例为 7.86%。中东和北非、撒哈拉以南非洲地区工业产品和初级产品比例都超过 30%，初级产品比例有的地区接近 40%。

表 3 - 6　　　　　达到国际最高关税税率的工业产品比例　　　　　单位：%

类型	2007 年	2008 年	2009 年	2010 年	2011 年	2012 年	2013 年	2014 年
高收入国家	3.72	3.55	2.64	2.34	Na	4.34	Na	Na
高收入：经合组织国家	2.90	2.79	2.44	2.06	Na	3.47	Na	Na

类型	2007 年	2008 年	2009 年	2010 年	2011 年	2012 年	2013 年	2014 年
高收入：非经合组织国家	4.38	4.07	2.50	3.17	Na	Na	Na	Na
中上等收入国家	22.66	24.31	20.28	13.50	Na	16.30	Na	Na
中等收入	22.87	22.54	19.37	13.76	Na	15.25	Na	Na
中低等收入国家	24.02	19.98	18.82	14.35	Na	14.91	Na	Na
低收入和中等收入国家	24.08	23.69	20.83	15.67	Na	16.81	Na	Na
低收入国家	32.93	34.30	40.95	34.98	Na	28.56	Na	Na
东亚和太平洋（不含高收入国家）	20.58	16.43	15.81	12.74	Na	15.14	Na	Na
欧洲和中亚（不含高收入国家）	15.91	11.51	11.10	6.15	Na	3.54	Na	Na
南亚	45.65	33.85	37.04	26.66	Na	32.68	Na	Na
中东和北非（不含高收入国家）	34.33	42.13	24.20	30.64	Na	31.26	Na	Na
拉丁美洲和加勒比地区（不含高收入国家）	21.95	21.99	18.23	17.08	Na	12.92	Na	Na
撒哈拉以南非洲地区（不含高收入国家）	33.20	37.30	35.85	33.08	Na	33.07	Na	Na
欧盟	0.27	0.24	0.24	0.20	0.13	0.12	0.11	0.21
经合组织成员国	2.77	3.86	3.60	2.33	Na	2.12	Na	Na

注：国际数据统计相对滞后，Na 代表数据缺失。
资料来源：根据世界银行 WDI 数据库相关数据整理所得。

表 3 - 7　　　　达到国际最高关税税率的初级产品比例　　　　单位：%

类型	2007 年	2008 年	2009 年	2010 年	2011 年	2012 年	2013 年	2014 年
高收入国家	16.62	14.43	13.87	8.53	Na	8.64	Na	Na
高收入：经合组织国家	18.00	16.14	14.62	7.66	Na	13.45	Na	Na
高收入：非经合组织国家	12.86	10.40	9.45	11.58	Na	Na	Na	Na

类型	2007 年	2008 年	2009 年	2010 年	2011 年	2012 年	2013 年	2014 年
中上等收入国家	25.46	26.10	23.19	18.13	Na	24.68	Na	Na
中等收入	25.68	26.99	24.07	18.55	Na	24.44	Na	Na
中低等收入国家	28.44	30.61	27.50	19.41	Na	22.07	Na	Na
低收入和中等收入国家	27.54	28.27	25.71	20.34	Na	24.30	Na	Na
低收入国家	38.19	38.10	43.64	36.76	Na	31.41	Na	Na
东亚和太平洋（不含高收入国家）	20.84	16.66	15.49	16.02	Na	16.52	Na	Na
欧洲和中亚（不含高收入国家）	23.80	21.23	21.91	15.65	Na	16.64	Na	Na
南亚	41.40	58.16	56.22	40.34	Na	50.38	Na	Na
中东和北非（不含高收入国家）	35.07	44.15	30.61	14.47	Na	37.12	Na	Na
拉丁美洲和加勒比地区（不含高收入国家）	24.01	24.39	16.68	21.51	Na	19.60	Na	Na
撒哈拉以南非洲地区（不含高收入国家）	42.73	42.23	41.75	36.23	Na	39.78	Na	Na
欧盟	20.17	17.92	15.73	6.30	4.59	3.97	5.26	7.86
经合组织成员国	19.68	17.67	17.18	9.81	Na	10.19	Na	Na

注：国际数据统计相对滞后，Na 代表数据缺失。
资料来源：根据世界银行 WDI 数据库相关数据整理所得。

达到国际最高关税税率的工业产品和初级产品比例不论是按收入水平还是按地区分布情况看，近几年基本都有上升趋势。高收入国家市场开放程度较高，达到国际最高关税税率的工业产品比例相对较低，过往下降趋势也较明显，但在 2012 年又增长到 4.34%。中上等收入国家和中等收入国家分别上升到 15% 左右。东亚和太平洋地区（不含高收入国家）2012 年增长到 15.14%，南亚地区、中东和北非（不含高收入国家）增长到 30% 以上。达到国际最高关税税率的初级产品比例上升趋势也较为明显，中上等和中等收入国家 2012 年分别增长到 24.68% 和 24.44%。南亚地区、中东和北非（不含高收入国家）分别增长到

50.38%和37.12%，欧盟国家2014年提高到7.86%，贸易环境恶化趋势明显。

从表3－8所示的中国对外贸易基本情况看，近年来货物进出口增速有所放缓，且2015年出现一定程度的下降，2017年又有所恢复。其中，出口总额从2011年的18983.8亿美元增长到2014年的23422.9亿美元，年均增速为7.26%，之后有所下降。初级产品出口额较少，工业制成品出口占绝对的比重。进口总额也出现了下降趋势，从2014年的19592.3亿美元下降到2016年的15879.3亿美元。初级产品进口额相比出口额较高，2013年最高为6580.8亿美元。工业制成品进口额2014年最高为13122.9亿美元，到2015年也有所下降。实际使用外资额稳步增长，但增速相对缓慢，2011～2017年均增速只有1.81%。对外承包工程完成营业额增速较快，2011～2017年均增速达到8.49%。在外贸出口形势恶化背景下，应注重"一带一路"沿线等多元化出口市场的培育，促进出口稳定增长。

表3－8 　　　　　　　　中国对外贸易基本情况 　　　　　单位：亿美元

指标	2011年	2012年	2013年	2014年	2015年	2016年	2017年
货物进出口总额	36418.6	38671.2	41589.9	43015.3	39530.3	36855.6	41071.6
出口总额	18983.8	20487.1	220909	23422.9	22734.7	20976.3	22633.7
其中：初级产品	1005.5	1005.6	1072.7	1126.9	1039.3	1051.9	1177.3
工业制成品	17978.4	19481.6	21017.4	22296	21695.4	19924.4	21456.4
进口总额	17434.8	18184.1	19499.9	19592.3	16795.6	15879.3	18437.9
其中：初级产品	6042.7	6349.3	6580.8	6469.4	4720.6	4410.5	5796.4
工业制成品	11392.1	11834.7	12919.1	13122.9	12075.1	11468.7	12641.5
实际使用外资额	1177.0	1132.9	1187.2	1197.2	1262.3	1260.0	1310.4
对外承包工程完成营业额	1034.2	1166.0	1371.4	1424.1	1540.7	1594.2	1685.9

资料来源：2018年《中国统计年鉴》。

3.1.2 劳动力成本等上升，资源环境约束加剧

随着世界经济形势的恶化、国内从事垂直专业化分工生产劳动力等

其他资源优势的丧失和环境约束的加强，破产倒闭现象出现。加工贸易主要行业城镇单位就业人员平均工资直线上升，如图 3-3 所示，电子计算机、通信和其他电子设备制造业年平均工资 2014 年达到 57123 元，2007~2014 年所有行业工资年均增速均为两位数，纺织业最高为16.42%。

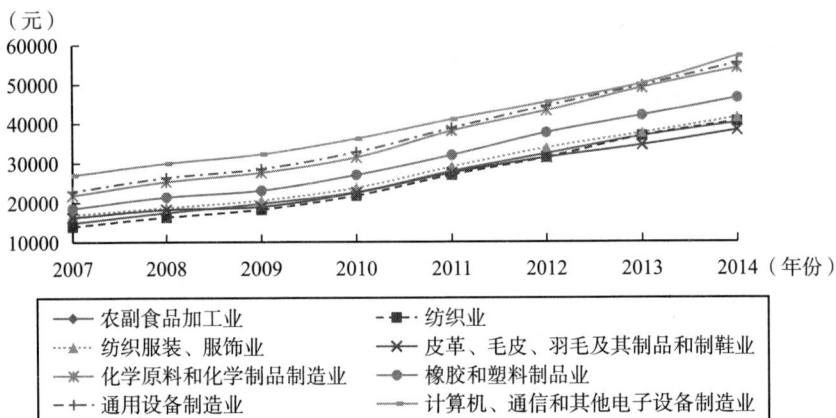

图 3-3　加工贸易主要行业城镇单位就业年平均工资

资料来源：《中国劳动统计年鉴》。

自 2001 年以来中国制造业工人的时薪的年平均增长高达 12%。目前劳动力成本已经远超过越南、印度等国家，传统制造业的劳动力成本优势丧失。劳动力成本不断上升，中国的劳动年龄人口（16~59 岁年龄段），2015 年减少 487 万，这直接反映到经济上就是导致中国的劳动力成本急剧上涨。① 随着经济社会的发展和国家法律、法规等政策体系的规范，职工社会保险、公积金等的缴纳提升了企业的成本，使得社会保障体系不完善的东南亚、南亚等国相比中国更有优势。同时，中国经济的腾飞，居民生活水平的提高，工业化水平的提升，第三产业等就业机会的增加，使得愿意进入工作环境相对恶劣的制造业工作的年轻工人数量大幅减少，企业招工难、员工频繁跳槽等问题凸显，也降低了中国在加工贸易投资方面的吸引力。

① 姚景源. 中国劳动力成本急剧上涨 [N]. 第一财经日报, 2016-08-20.

伴随着国内经济的持续快速增长，高耗能、高污染、附加值低的粗放型行业增长过快，资源、环境约束效应显现。对石化能源的消费持续增长，资源供应出现紧张，环境破坏和污染严重，对国外能源、矿产等原材料市场的依赖加强等问题日益凸显。传统的对外贸易模式面临着严峻的挑战，依靠资源禀赋优势发展对外贸易，吸引外资的发展模式不可持续。石油、天然气、煤炭等石化燃料是中国能源消耗的主体，消耗总量大幅超过美国，居世界第一位。国内能源短缺问题突出，环境承载力大。而同期越南、缅甸、印度尼西亚分别为 −8.8%、−59.32% 和 −88.78%，能源相对充沛，优势明显。① 核电、水电和其他可再生能源的供应以及在能源消费中占比太低，由此造成的环境污染问题已越来越严重。金融危机后国际环境的恶化使得这些问题更加凸显，客观要求降低对石化能源的消耗，走节能环保和绿色可持续的发展道路，抢占未来产业发展的制高点。加工贸易比重逐年下降，出料加工贸易进出口总额 2016 年降到 48576 万美元，生产优势逐渐丧失，转型升级成为必然。②

3.1.3　国内价值链"低端锁定"，价值链环节境外转移冲击

改革开放政策实施后，中国抓住了全球产业转移的机会，凭借劳动力成本和廉价资源等优势获得了机会与市场，产业综合配套能力大幅提升，但从事价值链低端环节生产的现实并没有根本改变。企业缺乏产品研发、管理升级、品牌打造、市场营销意识淡薄，企业市场竞争力差，低水平重复竞争问题突出。随着世界经济形势的恶化、国内从事垂直专业化分工生产劳动力等资源优势的丧失和环境约束的加强，代工企业过度依附主导厂商，被低端锁定，生产经营日益困难，破产倒闭现象出现，国内产业关联度低问题较为突出。国内企业在从事垂直专业化分工生产时缺乏主观能动性，特别是大量的中小代工企业，习惯于价值链主导环节国家的"发号施令"，机械的按照对方要求加工生产，自我意识丧失。既不能在承接加工环节时积极开拓新的国际市场，摆脱依附关系，增强自身谈判话语权，更缺乏创新意识。自我意识的丧失、创新主

①　国际货币基金组织的世界宏观经济数据库。
②　中国经济与社会发展统计数据库。

体的严重缺位，使国内企业被锁定在价值链的低端环节，且带来失业、产能过剩、脱"实"向"虚"等一系列的问题。

国际金融危机影响下，主要经济体为应对国内经济衰退、产业结构失衡等带来的失业增加问题，将国外的一些投资转移到国内进行生产，改善国内产业结构失衡和失业问题。全球价值链在全球范围内重新布局，发达国家的制造业环节有向劳动力成本、资源环境约束较低的东南亚、南亚等地区转移的趋势。在全球价值链重新布局的背景下，国内一些制造业环节向国外转移，"低端锁定"与"低端锁不定"境遇并存。中国各种成本的提升和优惠政策的减弱，东南亚等国对外商投资"优惠"政策力度的加大，一些曾经被中国地方政府娴熟使用的招商政策被越南等东南亚国家广泛使用。受优惠政策及低成本的影响，国内企业也有向外转移的趋势，珠三角、浙江温州、福建晋江等制鞋基地都在转移或关闭。新希望集团在越南胡志明市的优惠税率为免征 3 年，减半征收 5 年；在越南河内的公司主营业务的所得税税率为 10%，而当地的正常所得税税率为 22%。在国内屡受"禁摩"政策打压的摩托车企业在越南受到礼遇。宗申动力公告显示，在河内工业园企业的可以享受从实现利润当月起三年免征、七年减半的所得税政策，制造业境外转移趋势明显。

3.2　中国垂直专业化分工地位提升的驱动因素研究

3.2.1　区域、次区域合作趋势增强

当前经济全球化的驱动力正发生变化，区域经济一体化趋势日益盛行，呈现意大利"面条碗"现象。区域经济一体化使竞争加剧，同时也带了贸易和投资机会。发达国家主导的大型自贸区正在孕育，中韩、中澳自由贸易协定已签署，贸易，投资促进效应在一定程度上将得到体现。中国对于区域经济合作的重要性认识也不断提高，在党的十七大报告中，把自由贸易区建设上升为国家战略。美国等发达国家试图通过区

域经贸协定的签署，重构全球贸易、治理规则和秩序。为应对新一轮区
域经济一体化浪潮，十八大报告进一步提出加快实施自由贸易区战略。
十八届三中全会提出要以周边为基础加快实施自由贸易区战略，形成面
向全球的高标准自由贸易区网络。在条件具备的情况下逐步提升已有自
由贸易区的自由化水平，积极推动与周边大部分国家和地区建立自由贸
易区。

全球范围内自由贸易区的数量不断增加，自由贸易区谈判涵盖议题
快速拓展，自由化水平显著提高。我国加快实施自由贸易区战略是我国
适应经济全球化新趋势的客观要求，是构建开放型经济新体制的必然
选择。

中国自贸区的建设缺乏与大国的自贸区协定，与主要的经贸往来经
济体建设的自贸区还较少，自贸区的开放水平不高，合作领域不够广
泛。在新一轮区域经济一体化浪潮中中国应把握机遇，主动建设高水平
和高标准自由贸易区。推动大型自贸区建设，加强"一带一路"沿线
国家的经贸合作，积极融入美国等发达国家构建的自贸区网络，深度参
与国际规则制定，拓展开放型经济新空间，形成全方位开放新格局，开
创高水平开放新局面。

3.2.2　国内资本、技术要素及分工生产经验积累

在开放经济发展推动下，中国产业体系日益完备，对外直接投资
额快速增长，2017 年对外投资存量 1.36 万亿美元，居世界第 6 位。
中国对外直接投资净额增长迅速，按主要地区分对外直接投资情况如
表 3-9 所示，多数地区增长趋势明显。中国对亚洲地区的对外直接投
资占到对外投资总额的 70% ~ 80%。2017 年亚洲对外投直接投资净额
10919387 万美元，占对外总投资净额的比重 83.33%。这其中对中国香
港地区、新加坡、印度尼西亚地区的投资净额相对较高。中国对非洲地
区的直接投资净额并不高，这几年呈下降趋势，2017 年占中国对外直
接投资净额比重为 0.5%，投资拓展的空间仍较大。对欧洲和拉丁美洲
的投资有所波动，对北美洲的投资增长迅速，2017 年占比为 3.27%，
对大洋洲的投资净额相对较少，2017 年占比为 1.23%，并有所波动。

27

表 3 - 9　　　　　按主要国家（地区）分对外直接投资净额　　　单位：万美元

国家（地区）	2013 年	2014 年	2015 年	2016 年	2017 年
合计	10784371	12311986	14566715	12600142	13103513
亚洲	7560426	8498803	10837087	9883103	10919387
非洲	337064	320192	297792	112720	65746
欧洲	594853	1083791	711843	943439	883619
拉丁美洲	1435895	1054739	1261036	1221618	636273
北美洲	490101	920766	1071848	310421	428552
大洋洲	366032	433695	387109	126794	160950

资料来源：2015～2018 年《中国统计年鉴》。

按行业分对外直接投资情况如表 3 - 10 所示。租赁和商务服务业对外直接投资净额最高，2016 年占对外直接投资净额的比重为 33.54%。金融业、建筑业、交通运输、仓储和邮政业、房地产业的对外直接投资净额也相对较高。制造业"走出去"步伐加快，对外直接投资净额增长迅速，2013 年为 719715 万美元，到 2017 年增加到 2950737 万美元，占对外直接投资净额比重由 6.67% 提升到 18.64%。信息传输、软件和信息技术服务业等加工贸易占比较大的行业快速增长，2016 年对外直接投资净额是 2013 年的 13.32 倍，占总投资额的比重达到 9.51%，2013 年比重只有 1.30%，对外投资加快趋势明显，但在 2017 年又出现了一定的下降趋势，这可能与上年投资较为集中有关。

表 3 - 10　　　　　按行业分对外直接投资净额　　　单位：万美元

行业	2013 年	2014 年	2015 年	2016 年	2017 年
总计	10784371	12311986	14566715	19614943	15828830
农、林、牧、渔业	181313	203543	257208	328715	250769
采矿业	2480779	1654939	1125261	193020	-370152
制造业	719715	958360	1998629	2904872	2950737
电力、热力、燃气及水生产和供应业	68043	176463	213507	353599	234401
建筑业	436430	339600	373501	439248	652772
批发和零售业	1464682	1829071	1921785	2089417	2631102

行业	2013 年	2014 年	2015 年	2016 年	2017 年
交通运输、仓储和邮政业	330723	417472	272682	167881	546792
住宿和餐饮业	8216	24474	72319	162549	-18509
信息传输、软件和信息技术服务业	140088	316965	682037	1866022	443024
金融业	1510532	1591782	2424553	1491809	1878544
房地产业	395251	660457	778656	1524674	679506
租赁和商务服务业	2705617	3683059	3625788	6578157	5427321
科学研究和技术服务业	179221	166879	334540	423806	239065
水利、环境和公共设施管理业	14489	55139	136773	84705	21892
居民服务、修理和其他服务业	112918	165175	159948	542429	186526
教育	3566	1355	6229	28452	13372
卫生和社会工作	1703	15338	8387	48719	35267
文化、体育和娱乐业	31085	51915	174751	386869	26401

资料来源：2015~2018 年《中国统计年鉴》。

从对外承包工程情况看（如表 3 - 11 所示），近年来对外承包工程合同金额及完成营业额不断增长。2007 年合同金额 776.21 亿美元，到 2017 年增长到 2652.76 亿美元，年均增速 13.08%。完成营业额年均增速达 15.28%。年末在外人数也不大断增加，2014 年末在外人数达到 40.89 万人。从对外劳务合作情况看，派出劳务人数也基本呈增长趋势，2017 年最高为 30.02 万人，年均增速 3.40%。年末在外人数 2007 年为 50.51 万人，之后有所下降和波动，到 2017 年又增加到 60.23 万人，对外经济合作发展势头良好。

表 3 - 11　　　　　　　　　　对外经济合作情况

年份	对外承包工程				对外劳务合作	
	合同数（份）	合同金额（亿美元）	完成营业额（亿美元）	年末在外人数（万人）	派出劳务人数（万人）	年末在外人数（万人）
2007	6282	776.21	406.43	23.60	21.49	50.51
2008	5411	1045.62	566.12	27.16	22.49	46.71

年份	对外承包工程				对外劳务合作	
	合同数（份）	合同金额（亿美元）	完成营业额（亿美元）	年末在外人数（万人）	派出劳务人数（万人）	年末在外人数（万人）
2009	7280	1262.10	777.06	32.69	18.01	45.03
2010	9544	1343.67	921.70	37.65	18.68	47.01
2011	6381	1423.32	1034.24	32.40	20.91	48.84
2012	6710	1565.29	1165.97	34.46	27.84	50.56
2013	11578	1716.29	1371.43	37.01	25.57	48.26
2014	7740	1917.56	1424.11	40.89	29.26	59.69
2015	8662	2100.74	1540.74	40.86	27.68	61.83
2016	19157	2440.10	1594.17	37.29	26.40	59.60
2017	22774	2652.76	1685.87	37.68	30.02	60.23

资料来源：2018 年《中国统计年鉴》。

近年来，中国企业研发实力和技术水平也在不断提升，规模以上工业企业有科学研究与试验发展（R&D）活动企业所占比重提高到 2017 年的 27.4%。2017 年研发人员全是当量达到 273.6 万人年，研发经费支出快速增长，2004～2017 年年均增速达到 13.26%，R&D 经费支出与主营业务收入之比提高到 2017 年的 1.06%，企业研发机构、人员及经费支出大幅增加。研发产出效果良好，有效发明专利数 2017 年达到 933990 件，引进国外技术经费支出、引进技术消化吸收经费支出、技术改造经费支出都经历了一个先增加后下降的过程，而购买国内技术经费支出呈现不断增加趋势，说明国内对外技术依赖程度在降低，国内研发实力和水平提升明显，如表 3-12 所示。

表 3-12　　　　规模以上工业企业的科技活动基本情况

指标	2004 年	2009 年	2014 年	2015 年	2016 年	2017 年
有 R&D 活动企业所占比重（%）	6.2	8.5	16.9	19.2	23.0	27.4
R&D 人员全时当量（万人年）	54.2	144.7	264.2	263.8	270.2	273.6
R&D 经费支出（亿元）	1104.5	3775.7	9254.3	10013.9	10944.7	12013.0

续表

指标	2004 年	2009 年	2014 年	2015 年	2016 年	2017 年
R&D 经费支出与主营业务收入之比（%）	0.56	0.69	0.84	0.90	0.94	1.06
企业办 R&D 机构数	17555	29879	57199	62954	72963	82667
机构人员数（万人）	64.4	155	246.4	266.8	292.4	325.4
机构经费支出（亿元）	841.6	2983.6	6257.6	6793.9	7664.5	8955.5
新产品开发经费支出（亿元）	965.7	4482	10123.2	10270.8	11766.3	13497.8
有效发明专利数（件）	30315	118245	448885	573765	769847	933990
引进国外技术经费支出（亿元）	397.4	422.2	387.5	414.1	475.4	399.3
引进技术消化吸收经费支出（亿元）	61.2	182	143.2	108.4	109.2	118.5
购买国内技术经费支出（亿元）	82.5	203.4	213.5	229.9	208.0	200.9
技术改造经费支出（亿元）	2953.5	4344.7	3798	3147.6	3016.6	3103.4

资料来源：2016 年、2018 年《中国统计年鉴》。

高新技术产业科技活动及相关情况如表 3-13 所示，R&D 机构数增长较为迅速，到 2017 年增加到 7018 个。R&D 人员全时当量年均增速 10.76%。2017 年 R&D 经费和新产品开发经费分别达到 2644.7 亿元和 3421.3 亿元，2005~2017 年增速分别为 18.01% 和 19.20%。专利申请数 2017 年最高达到 158354 件，有效发明专利数从 2005 年的 6658 件增加到 2017 年的 306431 件，年均增速 37.59%。从研发情况看，中国高新技术产业发展情况总体良好，研发投入和产出都呈现高速增长趋势。

表 3-13　　　　　高技术产业科技活动及相关情况

研发情况	2005 年	2010 年	2014 年	2015 年	2016 年	2017 年
R&D 机构数（个）	1619	3184	4763	5572	6456	7018
R&D 人员全时当量（万人年）	17.3	39.9	57.3	59	58.0	59.0
R&D 经费（亿元）	362.5	967.8	1922.2	2219.7	2437.6	2644.7
新产品开发经费支出（亿元）	415.7	1006.9	2350.6	2574.6	3000.4	3421.3

研发情况	2005 年	2010 年	2014 年	2015 年	2016 年	2017 年
专利申请数（件）	16823	59683	120077	114562	131680	158354
有效发明专利数（件）	6658	50166	147927	199728	257234	306431

注：数据口径为大中型工业企业。

资料来源：2015 年、2018 年《中国统计年鉴》。

3.2.3 国内区域产业发展战略调整，促进国内价值链环节整合

20 世纪 90 年代以来区域协调发展受到关注，国家"九五"规划明确加快中西部地区发展，"十一五""十二五"时期，强调区域总体发展和打造主体功能区，对不同主体功能区实行分类管理和评价，引发区域经济行为、区域经济格局的重大变革。成了由沿海、沿江、沿边向内陆纵深推进的全方位开放格局，推动了中、西部、东北三大区域的发展，特别是中、西部地区的一些经济增长指标已经超过东部地区，发展势头和发展动力良好，地区差距逐步缩小。"十三五"期间，区域经济合作进一步推进，京津冀协同发展、长江经济带等战略应运而出，建设区域经济共同体，在竞争与合作中实现互利共赢。在垂直专业化分工生产面临困境，国内产业亟待转型升级的背景下，区域协调发展有利于参与全球化竞争，提升产业分工层次与竞争能力。区域内各方可以利用不同的发展条件，发挥各自比较优势，从区域整体发展的要求，明确产业合作基础、产业分工层次，促进空间布局合理化，形成优势互补、分工合作、协同发展的区域格局。建立相应的与之互补、依附性强的产业合作，实现产业链条的合作对接，打造完整的分工价值链条。

在国内区域经济合作趋势加强，产业发展战略调整的背景下，国内价值链环节整合提升，产业转型发展面临重要的机遇。区域及全球垂直专业化分工价值链条中，国内企业生产并不是都集中在同一环节，有的占据了价值链的几个环节，且有的企业积累了大量的生产经验，获取了相关技术，竞争能力增强。应系统研究垂直专业化分工聚集地区的资源禀赋条件、区域及产业转移规划、贸易投资政策等，引导不同价值链环节的企业向经济园区集聚，依托处于价值链核心环节，竞争力强的企

32

业，整合国内价值链环节，进一步通过创新型企业引入、研发创新，延长、完善及打造国内价值链条。突破原有的价值链条"低端锁定"，赢取分工发展的主导权。

3.2.4 "构建开放型经济新体制"、"一带一路"倡议支撑，促进区域及全球价值链重构

当前我国改革开放正站在新的起点上，经济结构深度调整，各项改革全面推进，经济发展进入新常态。面对新形势新挑战新任务，国家统筹开放型经济顶层设计，加快构建开放型经济新体制。国家在创新外商投资管理体制、建立促进"走出去"战略的新体制、构建外贸可持续发展新机制、优化对外开放区域布局、拓展国际经济合作新空间、构建开放安全的金融体系、打造良好的营商环境、完善支持保障机制、建立健全开放型经济安全保障体系等方面都提出了明确的要求。开放型经济发展的动力从政策依赖向制度红利转变，国家贸易、投资等便利化制度的实施，为开放型经济发展制度、体制、机制等变革提出了新要求，提供了新机遇，有利于贸易、投资开展。"构建开放型经济新体制"必将为新时期中国外经贸及产业转型升级提供极大的引导和支撑。

国家"一带一路"倡议也逐渐付诸实施，有利于挖掘区域合作潜力，降低对传统市场的依赖和影响，促进国际贸易和投资的开展。"一带一路"倡议下中国企业"走出去"的步伐必将加快，境外经贸合作区是"走出去"投资合作的重要平台，按照商务部的定义境外经济贸易合作区是指在中华人民共和国境内（不含香港、澳门和台湾地区）注册、具有独立法人资格的中资控股企业，通过在境外设立的中资控股的独立法人机构，具有集聚和辐射效应的产业园区。利用境外经贸合作园区平台抱团"走出去"，既有利于解决中小企业"走出去"实力不够、经验不足、对东道国投资环境不熟等问题，也有利于形成贴近市场的企业集群、提高境外投资的集中度和投资回报率。自 2006 年以来，商务部会同有关部门，按照"政府引导、企业决策、市场化运作"的原则，积极、稳步推进合作区建设。近年来，中国境外经贸合作区的建设步伐进一步加快，并且合作区功能日益完善，从最初的只供建区企业作

为生产基地，逐步形成集工业、商业、多功能发展的工商贸综合功能区。

经过十余年的发展，中国在赞比亚、泰国、柬埔寨、俄罗斯等国设立上百家境外经贸合作区，截至 2018 年，经过确认考核的国家级境外经贸合作区有 20 家，主要分为资源利用型、加工制造性和商贸物流性三类。境外经贸合作区的建立，形成了一批境外生产基地，推动了中小企业抱团出海，降低了入区企业的经营风险。在帮助东道国增加就业、提升技术水平，带动其经济转型方面发挥了作用，实现了我国与当地的共同发展，通过确认考核的国家级境外经贸合作区名录，如表 3 - 14 所示。

表 3 - 14　　通过确认考核的国家级境外经贸合作区名录

合作区名称	境内合作企业名称	成立年份
柬埔寨西哈努克港经济特区	江苏太湖柬埔寨国际经济合作区投资有限公司	2012
泰国泰中罗勇工业园	华立产业集团有限公司	2006
越南龙江工业园	前江投资管理有限责任公司	2007
巴基斯坦海尔—鲁巴经济区	海尔集团电器产业有限公司	2006
赞比亚中国经济贸易合作区	中国有色矿业集团有限公司	2007
埃及苏伊士经贸合作区	中非泰达投资股份有限公司	2008
尼日利亚莱基自由贸易区（中尼经贸合作区）	中非莱基投资有限公司	2010
俄罗斯乌苏里斯克经贸合作区	康吉国际投资有限公司	2006
俄罗斯中俄托木斯克木材工贸合作区	中航林业有限公司	2008
埃塞俄比亚东方工业园	江苏永元投资有限公司	2015
中俄（滨海边疆区）农业产业合作区	黑龙江东宁华信经济贸易有限责任公司	2015
俄罗斯龙跃林业经贸合作区	黑龙江省牡丹江龙跃经贸有限公司	2012
匈牙利中欧商贸物流园	山东帝豪国际投资有限公司	2012
吉尔吉斯斯坦亚洲之星农业产业合作区	河南贵友实业集团有限公司	2016
老挝万象赛色塔综合开发区	云南省海外投资有限公司	2016
乌兹别克斯坦"鹏盛"工业园	温州市金盛贸易有限公司	2016
中匈宝思德经贸合作区	烟台新益投资有限公司	2016

合作区名称	境内合作企业名称	成立年份
中国·印度尼西亚经贸合作区	广西农垦集团有限责任公司	2016
中国印度尼西亚综合产业园区青山园区	上海鼎信投资（集团）有限公司	2016
中国·印度尼西亚聚龙农业产业合作区	天津聚龙集团	2016

资料来源：根据商务部网站资料整理所得。

"一带一路"倡议下境外经贸合作区建设步伐必将加快，中国应积极引导境外企业、国际资金参与到境外经贸合作区建设中来，建立利益分享和风险共担机制，加快"走出去"的效率，降低"走出去"的风险。企业应根据自身发展需要、产业特点、国际合作条件，把握机遇，积极有序地推进境外经贸合作区建设。

3.2.5 跨境电商塑造国际贸易新动能，为价值链重构提供新通道

跨境电商近年来逆势迅猛发展，据阿里巴巴与埃森哲公司（Accenture）发布的《2020 全球跨境电商趋势报告》显示，2014～2020 年跨境电商市场份额年复合增长率将达 27.3%，市场规模达到 9940 亿美元。跨境电商降低了国际贸易的门槛，国际贸易主体、贸易形态、商业模式、组织方式都在发生重大变革，为中小企业、普通消费者提供了参与全球贸易的机会，并推动中小企业融入全球价值链，跨境电商为贸易新动能塑造和"供给侧改革"提供了新通道。

全球数字经济和电子贸易正在快速崛起，大量企业从线下贸易转变为线上贸易，突破时间、空间限制，打破所有的贸易壁垒，提供了一个让世界每个人都有机会参与的平台，以最低的成本、最高效的渠道促进了国际贸易的深化。跨境电商下消费者需求驱动生产的模式流行，大量中小企业进入国际贸易市场，自身具备的灵活特点，使其借助电商平台给消费者提供全方位、多层次、多角度的互动式商贸服务，激活了大量的潜在客户和潜在市场。借助信息技术和大数据，通过真实的数据沉淀，准确地发现目标市场及客户，差异化的制定销售策略，积极开拓国际市场，表现出在传统贸易模式下不具有的活力。带有颠覆性的技术和

商业变革，正对全球经济社会产生巨大而深远的影响。中国以阿里巴巴为代表的电商企业在这方面有相对的优势，在全球处于领先位置，给中国贸易突破和新动能塑造创造了条件。中小企业和消费者正在成为全球化的新主体和驱动力量，活跃于国际经贸活动之中，逐步融入全球市场和价值链体系，引领贸易和投资的发展。①

3.3　本章小结

在全球经贸格局深入调整、国内经济发展步入新常态的背景下，中国垂直专业化分工位置提升有其客观要求。从制约因素来看，主要体现为国际经贸环境恶化，经济增速下滑；劳动力成本等上升，资源环境约束加剧；国内价值链"低端锁定"，价值链环节境外转移冲击三个方面。发达国家除美国复苏较快外，其他发达经济体如欧洲等地区受债务危机等因素影响，经济衰退明显。其他发展中经济体由于全球经济增速放缓、需求不振、国际大宗商品价格下降、劳动力成本上升、资源环境约束加剧等因素影响，经济增速下降也较为明显，并且呈现差异性。达到国际最高关税税率的所有税目产品所占比例，不论是高收入国家还是中、低收入国家占比都有所上升。随着世界经济形势的恶化、国内从事垂直专业化分工生产劳动力等其他资源优势的丧失和环境约束的加强，代工企业过度依附主导厂商，被低端锁定，生产经营日益困难，破产倒闭现象出现。加工贸易主要行业城镇单位就业人员平均工资直线上升，资源、环境约束效应显现。全球价值链在全球范围内重新布局，发达国家的制造业环节有向劳动力成本、资源环境约束较低的东南亚、南亚等地区转移的趋势，"低端锁定"与"低端锁不定"境遇并存。

从驱动因素看，表现为区域、次区域合作趋势增强；国内资本、技术要素及分工生产经验积累；国内区域产业发展战略调整，促进国内价值链环节整合；"构建开放型经济新体制""一带一路"倡议支撑，促进区域及全球价值链重构；跨境电商贸易塑造国际贸易新动能，促进价值链重构等五个方面。区域经济一体化使竞争加剧，带来了新的贸易和

① 本部分内容作为阶段性成果已刊发。赵明亮，臧旭恒. 国际贸易新动能塑造与全球价值链重构 [J]. 改革，2018（7）：150-160.

投资机会。随着综合国力提升，我国在国际经济治理体系中的话语权和影响力不断增加。在国内区域经济合作趋势加强的背景下，国内价值链环节整合提升，产业转型发展面临重要的机遇。国家开放型经济发展战略的实施，境外经贸合作区的建设，有利于价值链合作平台的搭建，促进价值链的整合重构。跨境电商降低了国际贸易的门槛，国际贸易主体、贸易形态、商业模式、组织方式都在发生重大变革，为中小企业、普通消费者提供了参与全球贸易的机会，并推动中小企业融入全球价值链，跨境电商为贸易新动能塑造和"供给侧改革"提供了新通道。

第4章 基于增加值核算的中国参与垂直专业化分工程度

中国广泛参与垂直专业化分工，获取的价值增值较少，贸易额存在高估，这对外经贸发展和国内产业转型升级带来了深刻影响。要实现垂直专业化分工价值链地位的提升和产业转型升级，首先需要明确中国参与垂直专业化分工的程度。本章将在最新的增加值贸易核算方法下，就中国总体贸易情况进行分析，把握我国传统贸易和增加值贸易现状，进而测算增加值统计下的中国参与垂直专业化分工程度，明晰中国参与垂直专业化分工合作的总体特征和行业特征。

4.1 垂直专业化分工模式下增加值贸易核算方法

自20世纪90年代以来，伴随着信息通信技术发展和运输方式的革命，国际分工从产业内分工深化到产品内分工，中间品贸易占比不断增加。在垂直专业化分工生产模式下，中间产品多次跨越国界产生价值增值，存在重复统计问题，且传统官方国际贸易统计将出口额仅归于最终出口该产品的国家，不能反映真实的贸易价值来源和贸易利益分配情况。为解决传统官方贸易统计方法导致的贸易额、贸易依存度高估及贸易增值来源不明问题，国内外学者们展开了一系列的研究。代表性的研究如赫迈尔斯等（Hummels et al.，2001）的开创性研究，最早从出口国和进口国两个角度提出了系统测算垂直专业化分工程度的指标，但对于中间品比例确定上有一定的随意性，研究结果存在一定的偏差。之后，刘遵义等（2007）、库普曼等（Koopman et al.，2012）等通过编制非竞争性投入产出占用模型，测算了出口品中的国内价值增值和垂直专业化分工（VS）水平。约翰逊和诺格拉（Johnson & Noguera，2012）基于全球贸易分析项目（GTAP）数据，构建了增加值出口的度量方法。蒂默等（Timmer et al.，2014）利用全球投入产出数据库（WIOD）对价值链进一步分解，将最终品中的增加值细分为劳动和资本收入。库普曼等（2014）提出了一国总出口的分解方法，将出口分解为国外增加值、被国外吸收的国内增加值、返回国内增加值额和纯重复计算的中间品贸易。

　　王直等（2015）扩展了库普曼等（2014）的分解方法，提出了包括国家/部门层面、双边层面、双边/部门层面的总贸易流分解法，可以全面追踪贸易价值增值的来源、各国的依存关系、在全球价值链中的地位和收益。王直等利用国际投入产出模型，将所有层面中间品贸易流根据产地和最终吸收地分解为被不同国家的不同部门最终品生产所吸收的各个增加值部分，这一分解技术将总产出和总出口转变为总贸易核算法中的外生变量（最终需求），实现了对双边中间品贸易流的彻底分解。王直等（2015）[①] 以 S、R、T 三国贸易为例，阐述了基于增加值贸易的双边贸易流量分解方法。在对中间品流量彻底分解的基础上，代入增加值系数，根据出口品的价值来源和最终吸收地，将双边总出口分解为 16 个增加值和重复计算部分。S 国向 R 国出口 E^{SR} 分解公式可以表示为：

$$E^{SR} = A^{SR}X^R + Y^{SR}$$

$$= (V^S B^{SS})' \times Y^{SR} + (V^R B^{RS})' \times Y^{SR} + (V^T B^{TS})' \times Y^{SR} + (V^S B^{SS})'$$
$$\times (A^{SR}X^R) + (V^R B^{RS})' \times (A^{SR}X^R) + (V^T B^{TS})' \times (A^{SR}X^R)$$

$$= (V^S B^{SS})' \times Y^{SR} + (V^S L^{SS})' \times (A^{SR} B^{RR} Y^{RR}) + (V^S L^{SS})'$$
$$\times (A^{SR} B^{RT} Y^{TT}) + (V^S L^{SS})' \times (A^{SR} B^{RR} Y^{RT}) + (V^S L^{SS})'$$
$$\times (A^{SR} B^{RT} Y^{TR}) + (V^S L^{SS})' \times (A^{SR} B^{RR} Y^{RS}) + (V^S L^{SS})'$$
$$\times (A^{SR} B^{RT} Y^{TS}) + (V^S L^{SS})' \times (A^{SR} B^{RS} Y^{SS}) + (V^S L^{SS})'$$
$$\times [A^{SR} B^{RS} (Y^{SR} + Y^{ST})] + (V^S B^{SS} - V^S L^{SS})' \times (A^{SR}X^R)$$
$$+ (V^R B^{RS})' \times Y^{SR} + (V^R B^{RS})' \times (A^{SR} L^{RR} Y^{RR}) + (V^R B^{RS})'$$
$$\times (A^{SR} L^{RR} E^R) + (V^T B^{TS})' \times Y^{SR} + (V^T B^{TS})' \times (A^{SR} L^{RR} Y^{RR})$$
$$+ (V^T B^{TS})' \times (A^{SR} L^{RR} E^R)$$

---

① 具体分解方法、各部分的计算公式和经济含义较为复杂，在此不再一一赘述。详见：王直，魏尚进，祝坤福. 总贸易核算法：官方贸易统计与全球价值链的度量 [J]. 中国社会科学，2015（9）：108 - 127.

此分解公式可以拓展到三国以上情形。总出口按照增加值来源可以分解为国内价值增值、国外价值增值和纯重复计算三大部分，各部分可以进一步细分。贸易价值链的完全分解，可以真实衡量双边贸易的价值增值来源、贸易关联和贸易收益等情况。其中，一国出口隐含的进口国增加值（MVA）=11 部分 +12 部分 = $(V^R B^{RS})' \times Y^{SR} + (V^R B^{RS})' \times (A^{SR} L^{RR} Y^{RR})$，一国出口隐含的第三国增加值（OVA）= 14 部分 +15 部分 = $(V^T B^{TS})' \times Y^{SR} + (V^T B^{TS})' \times (A^{SR} L^{RR} Y^{RR})$。

其根据出口品的价值来源和最终吸收地，将双边总出口分解为增加值和重复计算两个大的部分，并进一步具体细分，分解框架如图 4 -1 所示：总出口分解为国内价值增值、国外价值增值和纯重复计算三大部分。国内价值增值由被国外吸收的国内增加值（DVA）和返回并被本国吸收的国内增加值（RDV）构成，被国外吸收的国内增加值进一步细分为最终出口的国内增加（DVA_FIN）、被直接进口国吸收的中间出口（DVA_INT）和被直接进口国生产向第三国出口所吸收的中间出口（DVA_IN-TEX）三部分。国外增加值（FVA）由出口隐含的进口国增加值和出口隐含的第三（其他）国增加值构成。纯重复计算部分（PDC）包含来自有国内账户的纯重复计算（DDC）和来自国外账户的纯重复计算（FDC）。

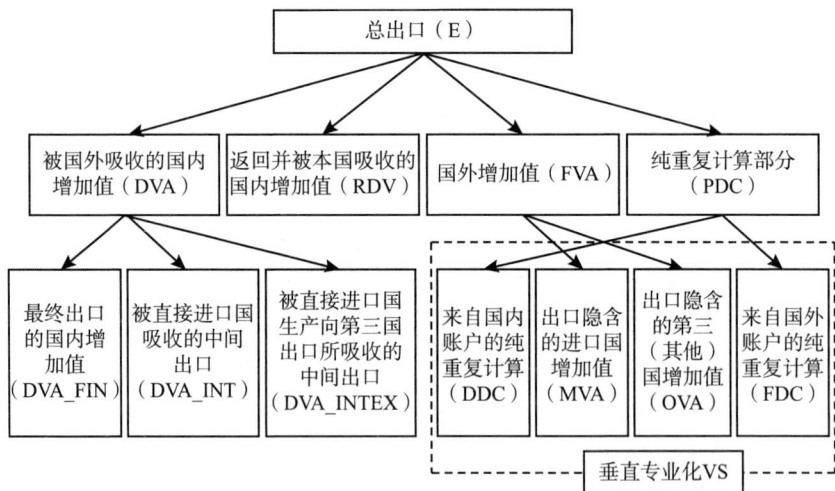

图 4 -1　总贸易核算法框架

国外增加值与纯重复计算部分之和构成垂直专业化分工值 VS。① 对垂直专业化分工价值链的完全分解，可以有效构建指标度量贸易的价值增值、贸易关联、经济增长需求依赖度指标、基于增加值贸易的产业显示性比较优势指数，真实、有效地反映各国的贸易依存关系和收益。

4.2　研究数据来源

基于增加值贸易的总出口及全球价值链分解，分解测算原始数据为国际间投入产出表（ICIO）数据，目前国际上知名和常用的国际间投入产出表有欧盟（EU）的 WIOD、经济合作与发展组织（OECD）的 ICIO、全球贸易分析项目（GTAP）的 ICIO 以及亚洲发展银行（ADB）的多区域投入产出表（MRIO）。每个 ICIO 所涵盖的国家（地区）数目、产业部门数、表的时间跨度都存在差异。经济合作与发展组织的 ICIO、全球贸易分析项目的 ICIO 年份只更新到 2011 年，资料相对陈旧，且由于 ICIO 的编制较为复杂，涉及多国，不是每年都编制，所提供的资料也相对有限。2016 年发布的欧盟 WIOD 数据更新到 2014 年，涵盖的欧洲国家较多。相比之下，亚洲发展银行的 MRIO 涵盖更多亚洲国家数据，表的编制更多考虑亚洲国家的特点和需要，且数据较新，已更新到 2015 年，因此，研究采用亚洲发展银行的 MRIO 数据。亚洲发展银行的 MRIO 数据涵盖 45 个国家（地区），35 个产业部门，② 目前发布 2000

---

① 具体分解方法和各部分的计算公式较为复杂，在此不再赘述。详见：王直，魏尚进，祝坤福. 总贸易核算法：官方贸易统计与全球价值链的度量 [J]. 中国社会科学，2015（9）：108 – 127.

② 亚洲发展银行的 MRIO 中的 45 个国家（地区）涵盖中国、日本、韩国、俄罗斯等国家（地区）。35 个产业部门包括 C1 农林牧渔业，C2 采掘业，C3 食品、饮料、烟草业，C4 纺织材料和纺织产品，C5 皮革、制鞋业，C6 木材和木材加工业，C7 纸浆、纸张、印刷和出版业，C8 焦炭、精炼石油和核燃料，C9 化学品和化工产品，C10 橡胶和塑料制品业，C11 其他非金属矿物，C12 金属和金属制品，C13 机械设备制造业，C14 光电设备制造业，C15 运输设备制造业，C16 其他制造业，C17 电力、煤气和供水，C18 建筑业，C19 汽车、摩托车的销售、维修和修理、燃料零售，C20 批发贸易（汽车和摩托车除外），C21 零售贸易（汽车和摩托车除外），家庭用品维修，C22 酒店和餐饮业，C23 内陆运输，C24 水路运输，C25 航空运输，C26 其他运输活动、旅行社活动，C27 邮电业，C28 金融业，C29 房地产，C30 机电租赁和其他商业活动的租赁，C31 公共管理和国防、强制性社会保障，C32 教育，C33 卫生和社会工作，C34 其他社区、社会和个人服务，C35 家庭雇用服务。

年、2005 年、2008 年、2011 年和 2015 年五张多区域投入产出表。

4.3　中国总体贸易结构与增加值贸易

从贸易额情况看，与中国贸易差额最高的前十个国家主要是发达国家（见表 4 - 1），其中与印度、英国、荷兰等的贸易差额在金融危机后有较大幅度的下降，与美国的贸易顺差最高，且呈逐年扩大趋势。与日本、德国的贸易在很长一段时间都是逆差，但近几年逆差逐渐缩小，并且顺差不断增加，2015 年与日本的顺差增加到 136805 百万美元，中国贸易差额出现了新的变化趋势。

表 4 - 1　　　　　中国贸易差额最高的前十个国家

（以 2015 年为准）　　　　　　　单位：百万美元

国家	2000 年	2005 年	2008 年	2011 年	2015 年
美国	55045	159332.4	223076	237696	487596
日本	658	− 1665	− 10249	3395	136805
印度	1049	6943	32434	8147	98708
德国	2284	− 281	− 226	667	76701
英国	5653	15499	30915	26879	54305
墨西哥	2342	14427	26181	39347	50897
加拿大	3117	12766	24242	25748	50779
法国	1717	8106	11552	18007	44077
荷兰	5267	4195	14091	7522	37161
意大利	209	3861	10533	11071	28365

资料来源：根据 ADB - MRIO 数据整理计算所得。

在垂直专业化分工生产模式下，贸易差额的产生可能是由于存在大量中间品贸易导致的，各国间真实的贸易差额可能并没有那么高。中国贸易差额最高的前十个国家的中间品贸易额与总贸易额比重如表 4 - 2 所示，各国全部产业平均中间品贸易额占比都在 40% 以上，加拿大最高为 56.23%，印度最低为 43.%。随着发达国家服务业的深化发展，制造业中间品贸易额比重相比服务业要低，法国服务业中间品贸易额占比达到70.08%。从各国具体产业情况看，美国、日本、德国、加拿大、法国、意大利机电租赁和其他商业活动的租赁（C30）产业占比最高，都在90%以上，制造业中美国、墨西哥、加拿大、法国、荷兰都是木材和木材加工业（C6）占比最高，加拿大占比最高达到83.21%，德国、英国、意大利纸浆、纸张、印刷和出版业（C7）占比最高，英国占比最高达到69.09%，日本金属和金属制品（C12）产业占比最高为82.70%，印度其他非金属矿物（C11）产业占比最高为64.69%。

表4-2　　　　　2015年中国贸易差额最高的前十个国家

中间品贸易额/总贸易额比重　　　　　单位：%

国家	全部产业平均比重	制造业平均比重	服务业平均比重
美国	46.20	39.73	59.18
日本	52.01	46.76	57.75
印度	43.26	42.89	49.77
德国	50.44	35.74	66.46
英国	47.78	43.55	53.05
墨西哥	45.17	41.71	64.33
加拿大	56.23	47.18	61.24
法国	48.73	34.10	70.08
荷兰	45.80	34.07	58.98
意大利	57.14	45.34	68.45

注：全部产业包含35个产业，制造业14个部门不存在缺失问题，服务业有的产业中间品贸易数据缺失，我们将缺失数据产业剔除后计算均值。

资料来源：根据 ADB-MRIO 数据整理计算所得。

　　从中国增加值贸易差额最高的前十个国家情况看（如表4-3所示），前十个国家与传统贸易统计下的前十个国家有所区别，土耳其取代意大利进入前十个国家行列，且多数国家贸易差额都有了一定程度的下降，2015年美国的贸易差额下降为404658百万美元，日本下降幅度较大。在增加值统计下，各国中间品贸易的重复计算等被剔除，贸易额相应出现下降，对判断国际贸易关系有一定帮助，但由于中间品的循环流转和价值不同, 各国的增加值分配和真实贸易收益需要更细致的考察。

表 4 - 3 　　　　　中国增加值贸易差额最高的前十个国家

（以 2015 年为准）　　　　　　　单位: 百万美元

国家	2000 年	2005 年	2008 年	2011 年	2015 年
美国	46897	125362	189896	196280	404658
日本	-398	-693	-947	3155	99274
印度	912	6061	23992	39174	78022
德国	1266	-3705	-2231	-7509	47914
英国	4515	12252	24178	21310	44482
加拿大	2181	8886	18692	20617	39485
墨西哥	1518	6793	13506	17210	32402
法国	1286	5918	11421	14001	32353
荷兰	2565	1134	7008	1344	25347
土耳其	764	4035	13295	23497	19694

资料来源: 根据 ADB - MRIO 数据整理计算所得。

4.4　基于前向产业关联的中国参与垂直专业化分工指数

赫迈尔斯等 (2001) 最早界定了前向垂直专业化 (VS_1) 和后向垂直专业化 (VS) 的概念。前向垂直专业化程度是指某一经济体出口商品或服务作为中间投入供给其他经济体的份额, VS_{1sr} 表示被其他国家用来生产向 R 国出口的来源于 S 国的出口品, 反映了该经济体出口贡献其他经济体出口的程度。后向垂直专业化程度是指某一经济体出口商品或服务中所使用进口中间投入的份额, VS_{sr} 表示 S 国出口的来源于 R 国的价值, 反映了该经济体出口依赖其他经济体出口的程度。基于总贸易核算框架和垂直专业化分工定义, 基于前后向关联的垂直专业化分工指数 VS_1 和 VS 可以分别表示为:

$$VS_1 = (DVA\_ INTER + RDV + DDC)/E;$$

$$VS = (MVA + OVA + DDC + FDC)/E$$

中国与贸易差额最高的前十个国家制造业 VS_1 比重情况如表 4 - 4

所示，虽然各国占比趋势转折点出现的时间不太一样，但除印度占比一直下降外，其他国家占比基本呈现倒 U 形发展趋势。美国、日本比重相对较低，2015 年，日本占比只有 5.72%。多数欧洲国家占比较高，2000 年，意大利比重达到 65.42%，北美地区墨西哥比重为 68.04%，但近几年下降趋势十分明显。中国出口被其他国家用来向贸易差额较高国家出口的比重越来越低，反映了垂直专业化分工合作的新趋势。

表 4 - 4　　　　中国与贸易差额最高的前十个国家

制造业 VS1 值／总贸易额比重　　　　单位：%

国家	2000 年	2005 年	2008 年	2011 年	2015 年
美国	15.76	19.18	20.66	19.90	11.10
日本	8.89	9.84	13.10	9.83	5.72
印度	31.21	29.02	24.86	20.62	9.94
德国	26.48	34.41	39.20	36.40	20.42
英国	26.39	33.16	45.39	32.41	22.07
墨西哥	68.04	43.15	41.53	31.15	14.83
加拿大	26.97	25.83	23.45	30.11	17.05
法国	34.75	43.43	45.69	41.23	25.56
荷兰	23.36	33.91	39.86	30.42	19.54
意大利	65.42	45.72	45.40	45.55	27.04

注：制造业 14 个部门 C3～C16。

资料来源：根据 ADB - MRIO 数据整理计算所得。

从制造业主要行业 VS$_1$ 值来看（如表 4 - 5 所示），木材和木材加工业、造纸印刷和出版业比重较高，该行业参与垂直专业化分工的程度较高，来自中国的出口主要还是从其他国家（地区）进口的中间投入品。金属和金属制品、运输设备制造产业（C15）比重也超过 40%，垂直专业化分工的程度较高，化学品和化工产品（C9）VS$_1$ 值 39.08%，这些行业都是中国中间品出口较多的行业。光电设备制造业（C14）占比仅为 20.96%，而我国在这一产业参与垂直专业化分工程度最高，这也说明中国在这一产业往往是最终组装国，中间品出口相对较少。中国食品饮料烟草业（C3）、纺织材料和纺织品（C4）、皮革和制鞋业（C5）等劳动密集型产业，中国具有相对比较优势，主要生产最终品出口，参与垂直专业化分工程度相对较低。

表 4 – 5　　2015 年中国制造业 14 个部门 VS1 值/总贸易额比重　　　单位：%

部门	C3	C4	C5	C6	C7
VS$_1$ 比值	25.16	11.15	8.66	56.24	73.54
部门	C9	C10	C11	C12	C13
VS$_1$ 比值	39.08	24.14	25.57	48.11	10.97
部门	C14	C15	C16	所有部门均值	
VS$_1$ 比值	20.96	48.78	9.57	42.60	

注：涉及与 47 个国家或地区的贸易。
资料来源：根据 ADB – MRIO 数据整理计算所得。

4.5　基于后向产业关联的中国参与
垂直专业化分工指数及结构

根据总贸易核算框架和垂直专业化分工定义，基于后向关联的垂直专业化分工指数可以表示为：$VS = (MVA + OVA + DDC + FDC)/E$[①]。中国垂直专业化分工值近十几年来有了较大幅度的增长，但在 2011 年后出现下降趋势。VS 指数值也呈现先升后降的趋势，2006 年占比最高为 26.26%。在 VS 构成中，出口中隐含的进口国增加值在 2011 年前变化不大，之后呈现上升趋势。出口隐含的第三（其他）国增加值（OVA）占比高，呈现先降后升趋势，2015 年达到 72.27%，说明中国产品出口中包含的中间投入来自较多的国家，产品生产在多国间循环流转。来自国内账户的纯重复计算比重较低，在国内的深加工程度较弱。来自国外账户的纯重复计算占比在 2008 年后出现下降，中间产品在国外的循环流转次数减少，垂直专业化深化程度有所下降，如表 4 – 6 所示。

————————

① VS 值 = DDC + MVA + OVA + FDC，VS 指数 = VS 值/出口额，MVA 出口隐含的进口国增加值，OVA 出口隐含的第三（其他）国增加值，DDC 为来自国内账户的纯重复计算，FDC 来自国外账户的纯重复计算。

表 4－6　　　　　　　历年中国 VS 值、VS 比值及构成情况　单位：%、百万美元

年份	VS 值	VS 指数	MVA	OVA	DDC	FDC
2000	49048.49	17.56	8.13	70.35	1.41	20.11
2005	220230.97	26.26	8.12	67.07	2.83	21.99
2008	370376.49	23.45	8.46	65.62	3.44	22.49
2011	472460.54	22.57	8.02	67.05	3.54	21.38
2015	390660.29	16.96	10.64	72.27	2.26	14.83

资料来源：根据 ADB－MRIO 数据整理计算所得。

从中国分行业的 VS 值来看（如表 4－7 所示），制造业的 VS 指数相对较高，服务业指数偏低，且基本呈现先增后降趋势。制造业中焦炭、精炼石油和核燃料产业（C8）VS 指数最高，2011 年最高达到 43.77%。光电设备制造产业在 2005 年、2008 年、2011 年 VS 比重也在 30% 以上。造纸、印刷和出版产业 VS 比重一直呈现增长趋势，侧面反映国内资源紧张，对国际市场的依赖增加。服务业 VS 指数多数在 20% 以下，发展水平还相对较低，参与国际分工合作程度低。航空运输（C25）、卫生和社会工作产业（C33）的垂直专业化分工值数在部分年份超过 25%，2008 年和 2005 年分别为 23.59% 和 25.43%，分工合作水平相对较高。

表 4－7　　　　　　　　历年中国分行业部门 VS 比值　　　　　　　单位：%

部门	2000 年	2005 年	2008 年	2011 年	2015 年
C1	6.20	8.18	7.74	7.66	6.11
C2	9.12	14.75	14.89	15.53	11.13
C3	7.91	11.05	11.36	11.10	8.39
C4	18.07	19.12	15.45	14.51	12.60
C5	17.49	18.83	15.85	14.43	11.33
C6	14.05	18.04	17.39	17.20	16.65
C7	14.56	19.03	19.26	19.27	21.56
C8	28.90	35.00	41.94	43.77	28.27
C9	17.98	25.10	24.79	24.98	17.96

部门	2000 年	2005 年	2008 年	2011 年	2015 年
C10	18.63	25.56	23.61	23.57	21.93
C11	12.44	17.38	16.96	17.21	14.24
C12	16.49	25.51	25.96	27.63	23.70
C13	15.91	25.35	21.87	23.15	26.66
C14	26.19	38.20	31.98	30.15	20.35
C15	16.00	25.13	22.06	22.80	20.54
C16	13.73	17.41	15.48	15.34	16.14
C17	10.07	16.08	17.48	17.98	14.65
C18	14.47	19.81	18.09	18.21	13.95
C19	Na	Na	Na	Na	Na
C20	8.07	9.83	8.24	7.87	4.00
C21	8.57	9.77	8.39	8.13	4.11
C22	6.56	9.39	9.66	9.25	6.07
C23	8.40	12.41	12.33	12.32	9.99
C24	13.12	16.77	16.60	16.80	15.06
C25	12.83	22.16	23.59	23.57	19.02
C26	8.33	14.75	14.26	14.22	12.67
C27	12.42	14.81	11.47	10.53	6.81
C28	6.04	8.01	6.19	5.83	3.81
C29	2592.75	181.07	29.04	29.85	4.60
C30	13.90	18.91	16.73	15.49	9.70
C31	8.63	10.92	9.42	9.21	4.81
C32	8.97	11.05	10.17	9.93	5.12
C33	16.58	25.43	17.65	17.72	12.87
C34	11.24	14.46	12.72	12.23	6.89
C35	Na	Na	Na	Na	Na

注：Na 代表数据缺失。

资料来源：根据 ADB – MRIO 数据整理计算所得。

对各产业 VS 构成情况进行分析，能把握产业发展的具体情况和差

48

异化特征，更好地指导各产业垂直专业化分工位置的提升。接下来，将对改革开放以来，中国广泛参与和重点发展产业的垂直专业化分工指数情况进行具体的分解研究。就食品制造及烟草业垂直专业化分工情况看（如表 4-8 所示），VS 指数总体不高，在 2008 年后出现下降趋势。从 VS 指数构成看，出口隐含的第三（其他）国增加值占比最高，说明产品生产进口中间投入品中来自较多的国家，来自进口国的占比在 1% 左右，比重不高。来自国外账户的纯重复计算占比都在 0.5% 以下，产品生产在各国间合作深加工程度较低，循环流转程度低，主要还是各国分别加工组装。来自国内账户的纯重复计算部分占比较低，产品生产在国内循环流转程度也较低，对其他部门带动作用有限，附加值较低。

表 4-8　食品制造及烟草业（C3）垂直专业化分工及构成情况

年份	MVA	OVA	DDC	FDC	VS 指数
2000	0.83	6.84	0.02	0.21	7.91
2005	1.12	9.54	0.06	0.33	11.05
2008	1.42	9.36	0.09	0.49	11.36
2011	1.20	9.40	0.08	0.41	11.10
2015	0.90	7.21	0.05	0.24	8.39

注：MVA、OVA、DDC、FDC、VS 均为各部分在总出口中的占比。
资料来源：根据 ADB-MRIO 数据整理计算所得。

就纺织业垂直专业化分工情况看（如表 4-9 所示），VS 指数在 2005 年最高为 19.12%，之后出现下降趋势。从 VS 指数构成看，出口隐含的第三（其他）国增加值占比最高，2005 年占比达到 14.31%，说明产品生产中进口中间投入品来源国家较多。来自进口国的增加值呈现波动变化趋势，在 VS 指数总体下降的情况下，2015 年占比仍达到 1.45%，说明进口国分工合作中的重要性提升。随之而来的是来自国外账户的纯重复计算占比下降，除进出口国之外的各国间的合作减少，来自国内账户的纯重复计算部分占比较低，产品生产在国内循环流转程度也较低。

表 4 - 9   纺织业（C4）垂直专业化分工及构成情况

年份	MVA	OVA	DDC	FDC	VS 指数
2000	1.45	13.67	0.31	2.64	18.07
2005	1.48	14.31	0.30	3.02	19.12
2008	1.26	11.74	0.24	2.22	15.45
2011	1.21	10.95	0.26	2.10	14.51
2015	1.45	9.71	0.18	1.26	12.60

资料来源：根据 ADB - MRIO 数据整理计算所得。

就皮革制鞋业垂直专业化分工情况看（如表 4 - 10 所示），与纺织业情况类似。VS 指数在 2005 年最高为 18.83%，之后出现明显的下降趋势。从 VS 指数构成看，出口隐含的第三（其他）国增加值占比最高，2005 年占比达到 16.50%，说明产品生产中进口中间投入品来源国家较多。来自进口国的增加值呈现波动变化趋势。来自国外账户的纯重复计算占比下降，除进出口国之外的各国间的合作减少，来自国内账户的纯重复计算部分占比较低，产品生产在国内循环流转程度也较低。

表 4 - 10   皮革制鞋业（C5）垂直专业化分工及构成情况

年份	MVA	OVA	DDC	FDC	VS 指数
2000	1.48	15.12	0.08	0.81	17.49
2005	1.43	16.50	0.09	0.81	18.83
2008	1.11	14.01	0.09	0.64	15.85
2011	1.19	12.65	0.09	0.51	14.43
2015	0.88	10.19	0.03	0.22	11.33

资料来源：根据 ADB - MRIO 数据整理计算所得。

就造纸及印刷出版业垂直专业化分工情况看（如表 4 - 11 所示），VS 指数不同于其他劳动密集型产业，一直呈现增长趋势，2015 年达到 21.56%，说明该产业中国出口中来自国外增加值较多，受制于国内资源短缺情况，该行业产品生产及出口对国外依赖大，分工合作日益密切。从 VS 指数构成看，出口隐含的第三（其他）国增加值占比最高，

2015 年占比达到 15.29%。来自进口国的增加值呈现持续增长趋势，与
进口国合作也较为密切。来自国外账户的纯重复计算占比在 2008 年后
下降，除进出口国之外的各国间的合作减少，来自国内账户的纯重复计
算部分占比较低，产品生产在国内循环流转程度也较低，附加值较低。

表 4-11　　造纸及印刷出版业（C7）垂直专业化分工及构成情况

年份	MVA	OVA	DDC	FDC	VS 指数
2000	1.21	10.81	0.22	2.32	14.56
2005	1.71	13.66	0.50	3.16	19.03
2008	1.90	13.01	0.61	3.74	19.26
2011	2.00	12.96	0.67	3.64	19.27
2015	2.48	15.29	0.48	3.30	21.56

资料来源：根据 ADB-MRIO 数据整理计算所得。

就化学工业垂直专业化分工情况看（如表 4-12 所示），VS 指数总
体较高，2005 年最高为 25.10%。但 VS 指数在 2011 年后呈现下降趋势，
2015 年为 17.96%，低于 2000 年的水平。说明该产业中国出口中来自国
外的增加值较多，国际分工合作弱化，国内附加值增加。从 VS 指数构成
看，出口隐含的第三（其他）国增加值占比最高，2005 年占比达到
15.04%。来自进口国的增加值 2011 年后也出现下降趋势，来自国外账户
的纯重复计算占比较高，2008 年最高达到 8.16%，在 2011 年后大幅下
降，除进出口国之外的各国间的合作减少，来自国内账户的纯重复计算部
分占比较低，产品生产在国内循环流转程度低，附加值也相应要低。

表 4-12　　化学工业（C9）垂直专业化分工及构成情况

年份	MVA	OVA	DDC	FDC	VS 指数
2000	1.19	11.32	0.41	5.05	17.98
2005	1.66	15.04	0.95	7.45	25.10
2008	1.84	13.66	1.13	8.16	24.79
2011	1.81	14.20	1.18	7.80	24.98
2015	1.64	11.77	0.59	3.96	17.96

资料来源：根据 ADB-MRIO 数据整理计算所得。

就橡胶和塑料制品业垂直专业化分工情况看（如表 4 - 13 所示），VS 指数总体较高，2005 年最高为 25.56%。但 VS 指数在之后呈现下降趋势，2015 年降为 21.93%。说明该产业中国出口中来自国外中间投入较多，但国际分工合作出现弱化趋势。从 VS 指数构成看，出口隐含的第三（其他）国增加值占比最高，2005 年占比达到 17.74%。来自进口国的中间投入品增加值呈现不断增长趋势，与进口国的分工合作程度更加紧密。来自国外账户的纯重复计算占比较高，2008 年最高达到5.21%，之后又有所下降，除进出口国之外的各国间的合作减少。

表 4 - 13　橡胶和塑料制品业（C10）垂直专业化分工及构成情况

年份	MVA	OVA	DDC	FDC	VS 指数
2000	1.38	13.31	0.21	3.73	18.63
2005	2.15	17.74	0.57	5.11	25.56
2008	2.14	15.59	0.67	5.21	23.61
2011	2.26	15.40	0.73	5.17	23.57
2015	2.74	15.27	0.41	3.50	21.93

资料来源：根据 ADB - MRIO 数据整理计算所得。

就主要金属及压延业垂直专业化分工情况看（如表 4 - 14 所示），VS 指数总体较高，2011 年最高为 27.63%，金融危机带来的国际合作减弱负面影响未立即显现。VS 指数在之后呈现下降趋势，2015 年降为 23.70%，仍然较高，说明该产业中国出口中来自国外中间投入较多，但国际分工合作程度较高。从 VS 指数构成看，出口隐含的第三（其他）国增加值占比最高，2011 年占比达到 15.75%。来自进口国的中间投入品增加值呈现不断增长趋势，与进口国的分工合作程度更加紧密。来自国外账户的纯重复计算占比较高，2008 年最高达到 9.14%，产品生产工序复杂，在各国间的流转合作较多，分工深化程度较高。来自进口国的附加值近年呈增长趋势，合作日益紧密，来自国内账户的纯重复计算部分（DDC）占比较低，产品生产在国内环节较少。

表4-14　主要金属及压延业（C12）垂直专业化分工及构成情况

年份	MVA	OVA	DDC	FDC	VS指数
2000	1.06	10.31	0.33	4.79	16.49
2005	1.64	14.92	0.93	8.01	25.51
2008	1.91	13.96	0.96	9.14	25.96
2011	1.74	15.75	1.03	9.11	27.63
2015	2.60	14.58	0.55	5.96	23.70

资料来源：根据ADB-MRIO数据整理计算所得。

就机械及电器设备制造业垂直专业化分工情况看（如表4-15所示），VS指数总体较高，但有所波动，近几年又呈现增长趋势，2015年最高为26.66%，受金融危机影响不大，该产业中国出口中来自国外中间投入较多，但国际分工合作程度较高。从VS指数构成看，出口隐含的第三（其他）国增加值占比最高，2015年占比达到21.21%。来自进口国的中间投入品增加值呈现不断增长趋势，与进口国的分工合作程度更加紧密。来自国外账户的纯重复计算占比较高，2011年最高达到3.38%，分工深化程度较高。来自进口国的附加值近年呈增长趋势，合作日益紧密。

表4-15　机械及电器设备制造业（C13）垂直专业化分工及构成情况

年份	MVA	OVA	DDC	FDC	VS指数
2000	1.30	12.55	0.11	1.95	15.91
2005	1.96	20.29	0.30	2.81	25.35
2008	1.75	16.71	0.38	3.03	21.87
2011	1.73	17.58	0.47	3.38	23.15
2015	2.43	21.21	0.37	2.65	26.66

资料来源：根据ADB-MRIO数据整理计算所得。

就光电设备制造业垂直专业化分工情况看（如表4-16所示），VS指数总体较高，但有所波动，2005年后呈现下降趋势，2005年最高为38.20%，该产业中国出口中来自国外中间投入较多，国际分工合作程度较高，但近几年下降幅度较大，垂直专业化分工合作程度弱化，出现新的合作趋势。从 VS 指数构成看，出口隐含的第三（其他）国增加值占比最高，2015 年占比达到 24.67%。来自进口国的中间投入品增加值占比相对稳定，与进口国的分工合作较为平稳。来自国外账户的纯重复计算占比较高，2005 年最高达到 9.33%，分工深化程度较高。

表 4-16　　光电设备制造业（C14）垂直专业化分工及构成情况

年份	MVA	OVA	DDC	FDC	VS 指数
2000	2.13	17.19	0.33	6.54	26.19
2005	2.98	24.67	1.21	9.33	38.20
2008	2.54	20.61	1.31	7.52	31.98
2011	2.48	19.85	1.27	6.55	30.15
2015	2.32	14.29	0.56	3.17	20.35

资料来源：根据 ADB-MRIO 数据整理计算所得。

就运输设备制造业垂直专业化分工情况看（如表 4-17 所示），VS 指数总体较高，但有所波动，2005 年最高为 25.13%，该产业中国出口中来自国外中间投入较多，国际分工合作程度较高，垂直专业化分工指数下降幅度相比光电设备制造业小，目前指数值基本相当。从 VS 指数构成看，出口隐含的第三（其他）国增加值占比最高，2015 年占比达到 17.89%。来自进口国的中间投入品增加值占比在 VS 指数下降的情况下，仍有较大幅度的增长，说明中国与进口国的分工合作紧密程度在不断提升。来自国外账户的纯重复计算占比较高，2005 年最高达到 4.79%，分工深化程度较高，之后出现下降趋势。

表 4-17　　运输设备制造业（C15）垂直专业化分工及构成情况

年份	MVA	OVA	DDC	FDC	VS 指数
2000	1.37	11.69	0.14	2.81	16.00
2005	2.03	17.89	0.42	4.79	25.13
2008	1.87	15.23	0.47	4.48	22.06
2011	2.08	15.80	0.55	4.37	22.80
2015	3.58	13.30	0.41	3.25	20.54

资料来源：根据 ADB-MRIO 数据整理计算所得。

4.6　本　章　小　结

　　本章在王直等（2015）扩展了库普曼等（2014）的增加值贸易核算方法基础上，应用亚洲发展银行（ADB）的多区域投入产出表（MRIO）数据，就中国总体贸易情况进行分析，把握我国传统贸易和增加值贸易现状，进而计算增加值统计下的中国参与垂直专业化分工程度，明晰中国参与垂直专业化分工合作的总体特征和行业特征，以更好地实现垂直专业化分工价值链地位的提升和产业转型升级。从贸易额情况看，与中国贸易差额最高的前十个国家主要是发达国家，与美国的贸易顺差最高，且呈逐年扩大趋势。与日本、德国的贸易在很长一段时间都是逆差，但近几年逆差逐渐缩小，并且顺差不断增加，中国贸易差额出现了新的变化趋势。在垂直专业化分工生产模式下，贸易差额的产生可能是由于存在大量中间品贸易导致的，各国间真实的贸易差额可能并没有那么高。中国贸易差额最高的前十个国家的中间品贸易额与总贸易额比重，各国全部产业平均中间品贸易额占比都在 40% 以上。增加值贸易统计下，中国与多数国家贸易差额都有了一定程度的下降。

　　基于前向产业关联的中国参与垂直专业化分工指数分析表明，中国与贸易差额最高的前十个国家制造业 VS1 比重，虽然各国占比趋势转折点出现的时间不太一样，但除印度占比一直下降外，其他国家占比基本呈现倒 U 形发展趋势。中国出口被其他国家用来向贸易差额较高国家出口的比重越来越低，反映了垂直专业化分工合作的新趋势。劳动密集型产业，中国具有相对比较优势，主要生产最终品出口，参与垂直专业化分工程度相对较低。基于后向产业关联的中国参与垂直专业化分工指数及结构分析表明，中国垂直专业化分工值近十几年来有了较大幅度的增长，但在 2011 年后出现下降趋势。VS 指数值也呈现先升后降的趋势。在 VS 构成中，出口中隐含的进口国增加值在 2011 年前变化不大，之后呈现上升趋势。出口隐含的第三（其他）国增加值占比高，呈现先降后升趋势，说明中国产品出口中包含的中间投入来自较多的国家，产品生产在多国间循环流转。来自国内账户的纯重复计算比重较低，在国内的深加工程度较弱。来自国外账户的纯重复计算占比在 2008 年后

55

出现下降，中间产品在国外的循环流转次数减少，垂直专业化深化程度有所下降。从分行业的 VS 指数及构成看，制造业的 VS 指数相对较高，服务业指数偏低，且基本呈现先增后降趋势。制造业中能源、光电设备制造产业等高技术产业比重较高。造纸及印刷出版业垂直专业化分工指数不同于其他劳动密集型产业，一直呈现增长趋势。从 VS 指数构成看，食品制造及烟草业、纺织业、皮革制鞋业等劳动密集型产业出口隐含的第三（其他）国增加值占比最高，说明产品生产进口中间投入品中来自较多的国家，来自国外账户的纯重复计算占比较低，产品生产在各国间循环流转合作深加工程度低，主要还是各国分别加工组装。来自国内账户的纯重复计算部分占比低，产品生产在国内循环流转程度也较低，对其他部门带动作用有限。造纸及印刷出版业来自进口国的增加值呈现持续增长趋势，与进口国合作也较为密切。资本和技术密集型产业的 VS 指数总体较高，化学工业、主要金属及压延业的 VS 指数近年呈现下降趋势。机械及电器设备制造业有所波动，近几年又呈现增长趋势。光电设备制造业 VS 指数 2005 年后呈现下降趋势，近几年下降幅度较大，垂直专业化分工合作程度弱化。运输设备制造业垂直专业化分工指数下降幅度相比光电设备制造业小，目前指数值基本相当。从 VS 指数构成看，资本和技术密集型产业出口隐含的第三（其他）国增加值占比最高，来自国外账户的纯重复计算相比劳动密集型产业占比较高，产品生产工序复杂，在各国间的流转合作较多，分工深化程度较高，来自国内账户的纯重复计算部分占比较低，产品生产在国内环节较少。

第5章 垂直专业化分工生产模式下中国出口的国内附加值与位置

垂直专业化分工生产模式下中国出口的国内附加值及构成，能较好地反映中国参与全球价值链合作的增值能力和分工收益，本章将对历年中国总体、各产业国内附加值占比及其构成进行详细分析，进而构建指标体系，分工合作参与程度以及位置进行测度，探明当前的合作程度、真实竞争力及发展趋势，为获取更多的分工收益和促进价值链地位提升提供参考。

5.1 垂直专业化分工生产模式下中国出口国内附加值及构成

从中国出口中国内附加值占比及其构成看（如表 5-1 所示），国内总体附加值经历了一个先降后升的发展趋势，在 2000 年国内附加值相对较高，这可能是由于中国当时参与国际垂直专业化分工程度相对较低，产品生产来自国内的价值较多有关。在此之后有所下降，2005 年最低为 73.68%，说明国内参与垂直专业化分工生产增加。近几年国内增加值占比增加趋势明显，一定程度上说明了国际垂直专业化分工产品生产来自国内的部件增加。从国内附加值构成来看，最终产品出口中的国内价值增值（DVA_FIN）最高，被直接进口国吸收的中间出口价值增值（DVA_INT）也相对较高，两部分占比合计在 60% ~ 70%。被直接进口国生产向第三国出口所吸收的中间出口增加值（DVA_INTrex）占比有所下降，中国中间品出口在国家间的流转程度较低，出于价值链的下游环节。返回国内被本国吸收的国内增加值（RDV）占比较低，产品返回国内的比重较低。

表 5 – 1   历年中国总体国内附加值占比及其构成   单位：%

年份	DV_share	DVA_FIN	DVA_INT	DVA_INTrex	RDV
2000	82. 39	39. 50	27. 46	14. 66	0. 77
2005	73. 68	34. 67	24. 08	13. 70	1. 23
2008	76. 53	36. 01	24. 60	14. 48	1. 44
2011	77. 41	35. 86	25. 90	13. 69	1. 95
2015	83. 03	45. 70	25. 44	10. 36	1. 53

资料来源：根据 ADB – MRIO 数据整理计算所得。

从 2015 年中国各产业国内附加值占比看（如表 5 – 2 所示），农业、资源行业国内附加值高，参与垂直专业化分工的程度低。制造业中垂直专业化分工合作在资本、技术密集型产业更深入，这与这些行业生产程序更加复杂，便于分工合作相关。机械制造业的国内附加值较低，为73.33%，且最终产品出口中的国内附加值更多，说明生产环节在国内较多，并在国内完成组装。服务业相比制造业国内附加值高，参与垂直专业化分工的程度相对较低。

表 5 – 2   2015 年中国各产业国内附加值占比及其构成   单位：%

行业	DV_share	DVA_FIN	DVA_INT	DVA_INTrex	RDV
C1	93. 88	35. 31	38. 44	18. 72	1. 41
C2	88. 88	36. 88	30. 65	19. 00	2. 36
C3	91. 59	80. 95	8. 10	2. 25	0. 28
C4	87. 38	66. 35	12. 34	8. 20	0. 49
C5	88. 66	79. 12	7. 84	1. 61	0. 08
C6	83. 32	25. 74	47. 03	9. 68	0. 88
C7	78. 43	26. 46	39. 98	10. 75	1. 24
C8	71. 73	23. 32	35. 05	11. 51	1. 85
C9	82. 03	30. 64	33. 21	15. 56	2. 63
C10	78. 05	34. 69	30. 96	10. 88	1. 53

行业	DV_share	DVA_FIN	DVA_INT	DVA_INTrex	RDV
C11	85.76	27.70	49.18	7.97	0.90
C12	76.30	19.45	37.59	16.68	2.57
C13	73.33	51.12	15.03	6.37	0.82
C14	79.64	45.90	21.40	10.06	2.29
C15	79.45	41.58	25.28	11.09	1.51
C16	83.86	69.54	10.31	3.68	0.33
C17	85.37	30.32	34.92	18.59	1.54
C18	86.05	47.53	31.17	6.98	0.36
C19	Na	Na	Na	Na	Na
C20	95.99	21.77	52.95	18.47	2.80
C21	95.89	67.54	18.98	8.30	1.07
C22	93.93	57.81	27.18	8.55	0.39
C23	90.01	27.80	41.08	19.91	1.22
C24	84.94	23.74	35.19	23.75	2.26
C25	80.98	31.09	40.48	8.72	0.70
C26	87.33	21.49	33.96	30.23	1.66
C27	93.19	18.60	55.11	18.32	1.16
C28	96.20	23.79	54.80	15.86	1.76
C29	96.69	15.42	50.41	28.56	2.30
C30	90.30	10.19	66.98	12.44	0.69
C31	95.19	87.72	5.47	1.73	0.27
C32	94.89	78.43	13.43	2.63	0.40
C33	87.14	82.38	4.24	0.48	0.05
C34	93.11	54.52	23.97	14.22	0.41
C35	Na	Na	Na	Na	Na

注：Na 代表数据缺失。

资料来源：根据 ADB – MRIO 数据整理计算所得。

从各产业具体情况看，食品制造及烟草业国内附加值占比（如表 5 – 3 所示）经历了一个先降后升的发展趋势，在 2000 年国内附加值相对较高，占比达到92.03%，食品制造及烟草业参与国际垂直专业化分工程度相对较低，产品出口来自国内的价值较多有关。在此之后有所下降，2008年最低为88.49%，随着参与全球化生产水平的提升，该产业垂直专业化分工生产增加，国内增加值出现下降。受国际金融危机的负面影响，国际经贸合作的障碍增加，产业国内增加值比重提升，到2015年增加到91.59%。从国内附加值构成来看，最终产品出口中的国内价值增值最高，2000年最高为81.95%。被直接进口国吸收的中间出口价值增值占比基本都在10%以内，被直接进口国生产向第三国出口所吸收的中间出口增加值占比基本在3%以内，中国中间品出口在国家间的流转程度较低，出于价值链的下游环节。返回国内被本国吸收的国内增加值占比很低，产品主要用于直接出口消费。

表5-3　　食品制造及烟草业（C3）国内增加值及构成情况　　单位：%

年份	DVA_FIN	DVA_INT	DVA_INTrex	RDV	DVA_S
2000	81.95	7.66	2.31	0.11	92.03
2005	79.16	7.14	2.36	0.20	88.86
2008	74.98	9.83	3.36	0.33	88.49
2011	75.45	10.12	2.84	0.37	88.78
2015	80.95	8.10	2.25	0.28	91.59

资料来源：根据ADB-MRIO数据整理计算所得。

从纺织业出口国内附加值占比看（如表5-4所示），经历了一个先降后升的发展趋势，上升的时间节点出现的更早，在2015年国内附加值相对较高，占比达到87.38%，纺织业参与国际垂直专业化分工程度相对较低，产品生产来自国内的价值较多。受国际金融危机的负面影响，垂直专业化生产模式下产业国内增加值比重提升。从国内附加值构成来看，最终产品出口中的国内价值增值最高，2015年最高为66.35%。被直接进口国吸收的中间出口价值增值占比都在12%以上，被直接进口国生产向第三国出口所吸收的中间出口增加值占比基本在10%以上，纺织业中间品出口以及在国家间的流转程度高，参与垂直专业化分工程度增加。返回国内被本国吸收的国内增加值占比很低，产品主要用于直接出口消费。

表 5 – 4　　　　　　纺织业（C4）国内增加值及构成情况　　　　单位：%

年份	DVA_FIN	DVA_INT	DVA_INTrex	RDV	DVA_S
2000	56.14	13.83	11.29	0.52	81.78
2005	54.67	13.43	12.29	0.35	80.74
2008	60.09	12.34	11.70	0.36	84.49
2011	58.26	14.81	11.81	0.55	85.43
2015	66.35	12.34	8.20	0.49	87.38

资料来源：根据 ADB – MRIO 数据整理计算所得。

　　从皮革制鞋业国内附加值占比看（如表 5 – 5 所示），出口国内附加值也较高，纺织业参与国际垂直专业化分工程度相对较低，2005 年之前有小幅下降，受国际金融危机的负面影响，分工合作程度下降，国内增加值占比之后呈不断增长趋势，在 2015 年国内附加值占比达到 88.66%。从国内附加值构成来看，最终产品出口中的国内价值增值最高，并且呈现不断增长趋势，2015 年最高为 79.12%，说明中国为最终产品生产的组装国和出口国。被直接进口国吸收的中间出口价值增值占比呈波动下降趋势，2015 年为 7.84%，被直接进口国生产向第三国出口所吸收的中间出口增加值占比，呈现逐年下降趋势，近几年降到 2% 以下，为其他国家产品生产提供的中间投入品较少。返回国内被本国吸收的国内增加值占比很低，产品主要用于直接出口消费。

表 5 – 5　　　　　皮革制鞋业（C5）国内增加值及构成情况　　　　单位：%

年份	DVA_FIN	DVA_INT	DVA_INTrex	RDV	DVA_S
2000	64.91	13.89	3.57	0.12	82.50
2005	69.61	8.17	3.25	0.13	81.15
2008	73.21	7.61	3.20	0.15	84.17
2011	73.43	9.17	2.72	0.22	85.53
2015	79.12	7.84	1.61	0.08	88.66

资料来源：根据 ADB – MRIO 数据整理计算所得。

　　从造纸及印刷出版业出口国内附加值占比看（如表 5 – 6 所示），

国内附加值也较高，但一直呈现下降趋势，2015 年占比降为 78.43%，国际分工合作程度在不断提升，且未受国际金融危机的影响，一定程度上说明了造纸及印刷出版业原材料的短缺，需要从国际市场进口原材料。从国内附加值构成来看，被直接进口国吸收的中间出口价值增值，并且呈现不断增长趋势，2015 年最高为 79.12%，与进口国分工合作关系十分密切。最终产品出口中的国内价值增值占比在不断下降后，近几年又出现上升趋势，最终品出口中来自国内的价值增值增加，分工位置有所提升。被直接进口国生产向第三国出口所吸收的中间出口增加值占比，呈现波动下降趋势，近几年降到 10% 左右，但占比仍然较高，国内该行业出口的中间产品广泛的参与到了垂直专业化分工生产合作中。回国内被本国吸收的国内增加值占比低，产品主要用于直接出口消费。

表 5 - 6　　　造纸及印刷出版业（C7）国内增加值及构成情况　　单位：%

年份	DVA_FIN	DVA_INT	DVA_INTrex	RDV	DVA_S
2000	28.91	43.01	12.73	0.80	85.45
2005	21.55	46.05	12.35	0.98	80.94
2008	20.88	44.16	14.42	1.25	80.72
2011	19.12	46.31	13.45	1.80	80.69
2015	26.46	39.98	10.75	1.24	78.43

资料来源：根据 ADB - MRIO 数据整理计算所得。

从化学工业出口国内附加值占比看（如表 5 - 7 所示），国内附加值呈现先降后升趋势，2005 年最低为 74.87%，近年增长趋势明显，2015 年占比提升为 82.03%，国际分工合作程度弱化，国内生产合作程度提升。从国内附加值构成来看，被直接进口国吸收的中间出口价值增值，占比波动变化，但占比一直较高，与进口国分工合作关系十分密切。被直接进口国生产向第三国出口所吸收的中间出口增加值占比，呈现波动下降趋势，但占比仍然较高，国内该行业出口的中间产品广泛地参与到了垂直专业化分工生产合作中。最终产品出口中的国内价值增值占比在不断下降后，近几年又出现快速上升趋势，2015 年达到 30.64%，最终品出口中来自国内的价值增值增加，对于国内各部门经济的拉动作用提升。返回国内被本国吸收的国内增加值占比低，产品主要用于直接出口消费。

表 5 – 7　　　　　化学工业（C9）国内增加值及构成情况　　　　单位：%

年份	DVA_FIN	DVA_INT	DVA_INTrex	RDV	DVA_S
2000	19. 48	39. 44	21. 52	1. 54	81. 99
2005	19. 15	33. 43	20. 08	2. 20	74. 87
2008	15. 49	34. 69	22. 16	2. 83	75. 18
2011	14. 61	36. 71	19. 87	3. 82	75. 00
2015	30. 64	33. 21	15. 56	2. 63	82. 03

资料来源：根据 ADB – MRIO 数据整理计算所得。

从橡胶和塑料制品业出口国内附加值占比看（如表 5 – 8 所示），国内附加值呈现先降后升趋势，2005 年最低为 74. 38%，近年出现增长趋势，2015 年占比提升为 78. 05%，国际分工合作程度弱化，国内生产合作程度提升。被直接进口国吸收的中间出口价值增值占比多年来高于最终产品出口中的国内价值增值（DVA_FIN）占比，近年出现反转，最终产品出口中的国内价值增值占比提升明显。被直接进口国生产向第三国出口所吸收的中间出口增加值占比，呈现波动下降趋势，中间产品出口中的国内价值部分占比呈现不断下降趋势，分工合作弱化趋势显现。

表 5 – 8　　　橡胶和塑料制品业（C10）国内增加值及构成情况　　　单位：%

年份	DVA_FIN	DVA_INT	DVA_INTrex	RDV	DVA_S
2000	32. 31	32. 85	15. 55	0. 61	81. 32
2005	29. 46	30. 21	13. 69	1. 02	74. 38
2008	27. 22	32. 35	15. 50	1. 29	76. 36
2011	24. 97	34. 63	14. 91	1. 88	76. 40
2015	34. 69	30. 96	10. 88	1. 53	78. 05

资料来源：根据 ADB – MRIO 数据整理计算所得。

从主要金属及压延业出口国内附加值占比看（如表 5 – 9 所示），国内附加值呈现先降后升趋势，2011 年最低为 72. 34%，近年出现增长趋势，2015 年占比提升为 76. 30%，国际分工合作程度弱化，国内生产合作程度提升。被直接进口国吸收的中间出口价值增值占比最高，多年来高于最终产品出口中的国内价值增值占比，中国与进口国分工合作关系密切。被直接进口国生产向第三国出口所吸收的中间出口增加值占比也高于最终产品出口中的国内价值增值占比，说明金属及压延业中间产品出口带来的国内增加值较高，广泛参与到了全球垂直专业化分工生产中。

表 5-9　　　　主要金属及压延业（C12）国内增加值及构成情况　　单位：%

年份	DVA_FIN	DVA_INT	DVA_INTrex	RDV	DVA_S
2000	17.51	41.68	22.66	1.63	83.49
2005	12.20	38.74	21.14	2.38	74.46
2008	10.45	37.31	23.76	2.50	74.02
2011	10.74	37.53	20.65	3.42	72.34
2015	19.45	37.59	16.68	2.57	76.30

资料来源：根据 ADB - MRIO 数据整理计算所得。

从机械设备制造业出口国内附加值占比看（如表 5-10 所示），国内附加值呈现先降后升再降趋势，国际金融危机影响后，制造业国内附加值出现下降，来自国外的增加值占比提升，参与垂直专业化分工程度提高，这可能与我国机械设备制造业发展处于快速发展阶段，需要更多的国际合作有关。从国内增加值构成情况看，最终产品出口中的国内价值增值占比最高，并且近几年有增加趋势。相对应的中间产品出口的国内增加值呈现下降趋势，而被直接进口国生产向第三国出口所吸收的中间出口增加值占比较低，说明机械设备制造业中间产品出口带来的国内增加值较低，主要还是低附加值环节的生产出口。

表 5-10　　　　机械设备制造业（C13）国内增加值及构成情况　　单位：%

年份	DVA_FIN	DVA_INT	DVA_INTrex	RDV	DVA_S
2000	57.76	16.10	9.76	0.47	84.09
2005	53.14	13.38	7.49	0.61	74.62
2008	50.66	16.77	9.80	0.89	78.12
2011	47.64	18.10	9.71	1.38	76.82
2015	51.12	15.03	6.37	0.82	73.33

资料来源：根据 ADB - MRIO 数据整理计算所得。

从光电设备制造业出口国内附加值占比看（如表 5 – 11 所示），国内附加值呈现先降后升趋势，国际金融危机影响后，制造业国内附加值出现上升，来自国内的增加值占比提升，参与垂直专业化分工程度下降。从国内增加值构成情况看，最终产品出口中的国内价值增值占比最高，并且近几年增加趋势明显。被直接进口国吸收的中间出口价值增值也呈增长趋势，中国与进口国经贸及分工合作较为密切。而被直接进口国生产向第三国出口所吸收的中间出口增加值占比呈不断下降趋势，说明光电设备制造业中间产品在国际不同国家流转带来的国内增加值较低，主要还是低附加值环节的生产出口。

表 5 – 11　　　　光电设备制造业（C14）国内增加值及构成情况　　　单位：%

年份	DVA_FIN	DVA_INT	DVA_INTrex	RDV	DVA_S
2000	38. 77	16. 72	17. 30	0. 96	73. 75
2005	32. 24	14. 74	13. 21	1. 55	61. 74
2008	35. 70	16. 49	13. 98	1. 83	68. 00
2011	36. 04	18. 74	12. 67	2. 37	69. 82
2015	45. 90	21. 40	10. 06	2. 29	79. 64

资料来源：根据 ADB – MRIO 数据整理计算所得。

从运输设备制造业出口国内附加值占比看（如表 5 – 12 所示），国内附加值呈波动变化趋势，2011 年后，出现增长趋势，2015 年达到 79.45%，参与垂直专业化分工程度下降。从国内增加值构成情况看，最终产品出口中的国内价值增值占比最高，并且近几年增加趋势明显，国内生产技术和附加值含量提升。被直接进口国吸收的中间出口价值增值有下降趋势，中国与进口国中间品分工合作弱化。被直接进口国生产向第三国出口所吸收的中间出口增加值占比近年呈不断下降趋势，说明运输设备制造业中间产品在不同国家流转带来的国内收益较低，此类中间产品主要还是低附加值环节的生产出口。

表5－12　　　运输设备制造业（C15）国内增加值及构成情况　　　单位：%

年份	DVA_FIN	DVA_INT	DVA_INTrex	RDV	DVA_S
2000	37.75	31.60	14.23	0.33	83.91
2005	32.90	27.76	13.58	0.55	74.80
2008	36.16	25.94	15.05	0.76	77.91
2011	35.67	26.71	13.49	1.28	77.15
2015	41.58	25.28	11.09	1.51	79.45

资料来源：根据 ADB－MRIO 数据整理计算所得。

5.2　中国参与垂直专业化分工全球价值链的程度

库普曼等人（2010）将全球价值链参与度指数（GVC_Position Index）定义为一国参与全球生产网络的程度，为一国间接附加值出口与国外附加值出口之和与总出口的比重。计算公式如下：

$$GVC\_Participation_{ir} = \frac{IV_{ir} + FV_{ir}}{E_{ir}}$$

IV_{ir}是指 r 国 i 产业出口中的间接增加值，该指标衡量的是有多少增加值被包含在 r 国 i 产业的中间品出口中，经他国加工后又出口至第三国，即 DVA_INTrex；FV_{ir}是指 r 国 i 产业出口中的国外增加值，即本国出口最终产品中包含的进口中间品价值，即最终品出口中的国外增加值和中间品出口中的国外增加值之和，FVA_FIN + FVA_INT。EX_{ir}是 r 国 i 产业的出口总值。指标值越大，代表参与全球生产网络的程度越高。[①]

中国全球价值链参与度指数（如表5－13所示）总体较高，在2005年最高为0.33，国际金融危机后出现下降趋势，到2015年降到0.24，参与全球生产网络的程度下降明显。从各产业情况看，食品、饮料烟草业参与度较低，指数近年已降到10%。纺织材料和纺织品、皮革、制鞋产业的参与度指数也降到20%以下，可见劳动密集型产业的全球价值链参与度指数较低。造纸、印刷和出版产业全球价值链参与度

---

① Koopman R., Powers W., Wang Z., Wei S J. Give credit where credit isdue: tracing value added in global production chains [R]. NBER Working Paper, 2010, 16426.

指数较高，并且相对稳定，没有出现下降趋势，资源的短缺需要国际合作。化学品和化学工业、金属和金属制品业、光电设备制造产业全球价值链参与度指数在 2008 年后有了较大幅度的下降，反映了全球价值链合作和转移的趋势，尤其是光电设备制造业下降幅度较大，全球价值链参与程度弱化。橡胶和塑料制品业、运输设备制造业的全球价值链参与度指数也有了一定程度的下降，但下降幅度较小，机械制造产业全球价值链参与度指数相对平稳，参与垂直专业化分工程度一直较高，代表了价值链合作的趋势。

表 5 - 13　　　　　　　中国全球价值链参与度指数　　　　　　单位：%

产业	2000 年	2005 年	2008 年	2011 年	2015 年
总体	0.20	0.33	0.32	0.31	0.24
C3	0.03	0.13	0.14	0.13	0.10
C4	0.15	0.28	0.25	0.24	0.19
C5	0.07	0.21	0.18	0.16	0.13
C7	0.20	0.28	0.29	0.28	0.29
C9	0.30	0.37	0.38	0.36	0.29
C10	0.23	0.34	0.33	0.33	0.29
C12	0.31	0.38	0.40	0.38	0.34
C13	0.13	0.30	0.28	0.29	0.30
C14	0.23	0.41	0.37	0.35	0.27
C15	0.20	0.33	0.32	0.31	0.28

注：制造业 14 个部门 C3 ~ C16。
资料来源：根据 ADB - MRIO 数据整理计算所得。

美国全球价值链参与度总体指数（如表 5 - 14 所示）相比中国要低，在 2008 年最高为 0.24，到 2015 年降到 0.18，参与全球生产网络的程度下降明显。从各产业情况看，劳动密集型产业与资本、技术密集型产业的参与度差距相对较小，劳动密集型产业食品、饮料烟草业、纺织材料和纺织品、皮革、制鞋产业的参与度指数近几年都出现了下降趋势，皮革制鞋业降到了 0.10。造纸、印刷和出版产业全球价值链参与度指数出现下降趋势，资源相对丰富，参与全球价值链的程度降低。化学品和化学工业产业在国际金融危机后参与度有所下降，近几年出现大幅下降。橡胶和塑料制品业、金属和金属制品业、光电设备制造业产业全球价值链参与度在金融危机后小幅下降，在 2011 年后下降幅度较大，垂直专业化分工合作遇到障碍增加。机械、电器业、运输设备制造业产业受国际金融危机影响小，2008 年后全球价值链参与度指数仍保持平稳或小幅增长趋势，2011 年后也有了较大幅的下降，参与垂直专业化分工合作程度下降，跟美国国内产业振兴计划，制造业回归等相关。

表 5 - 14　　　　　　　　美国全球价值链参与度指数　　　　　　　单位：%

产业	2000 年	2005 年	2008 年	2011 年	2015 年
总体	0.19	0.21	0.24	0.24	0.18
C3	0.12	0.15	0.18	0.17	0.15
C4	0.15	0.20	0.23	0.25	0.15
C5	0.19	0.22	0.21	0.21	0.10
C7	0.20	0.22	0.24	0.24	0.18
C9	0.26	0.30	0.33	0.32	0.21
C10	0.20	0.23	0.28	0.27	0.20
C12	0.21	0.26	0.31	0.30	0.24
C13	0.19	0.23	0.25	0.25	0.17
C14	0.25	0.29	0.30	0.26	0.19
C15	0.21	0.24	0.28	0.30	0.19

注：制造业 14 个部门 C3 ~ C16。
资料来源：根据 ADB - MRIO 数据整理计算所得。

　　日本全球价值链参与度总体指数（如表 5 - 15 所示）在 2008 年最高为 0.29，到 2015 年降到 0.24，呈现先升后降趋势，近几年参与全球生产网络的程度小幅下降。日本对国际市场依赖性大，全球价值链参与度指数下降较小。劳动密集型、资本和技术密集型参与度指数都较高。从各产业情况看，劳动密集型产业中纺织材料和纺织产品产业参与度指数最高，最近几年出现下降，2015 年仍达到 0.39。化学品和化工产品、橡胶和塑料制品业、金属和金属制品业这些劳动、资本相对密集的产业参与全球价值链程度也较高，部分年份达到 0.4 以上，在国际金融危机后参与度有所下降。机械、电器业、运输设备制造业受国际金融危机影响小，2008 年后全球价值链参与度指数仍保持平稳或小幅下降趋势，光电设备制造业全球价值链参与度指数较高，2008 年达到 0.38，之后呈下降趋势，参与全球价值链的程度弱化，这与产业转型升级，发展绿色产业、高技术产业，传统制造业弱化有关。

表 5－15　　　　　　　日本全球价值链参与度指数　　　　　　单位：%

产业	2000 年	2005 年	2008 年	2011 年	2015 年
总体（35 个产业）	0.23	0.26	0.29	0.27	0.24
C3	0.12	0.16	0.25	0.19	0.20
C4	0.38	0.45	0.45	0.42	0.39
C5	0.24	0.25	0.31	0.26	0.28
C7	0.26	0.27	0.31	0.29	0.28
C9	0.34	0.39	0.43	0.41	0.36
C10	0.32	0.37	0.40	0.39	0.37
C12	0.35	0.40	0.44	0.41	0.37
C13	0.17	0.22	0.26	0.26	0.23
C14	0.32	0.37	0.38	0.34	0.29
C15	0.17	0.20	0.26	0.25	0.25

注：制造业 14 个部门 C3～C16。
资料来源：根据 ADB－MRIO 数据整理计算所得。

印度全球价值链参与度总体指数（如表 5－16 所示）也较高，2000 年时最高为 0.56，但从制造业全球价值链参与度看，制造业的参与度平均指数要低于 0.4，服务业参与度指数较高，这跟印度大量承接服务外包有关。在此之后全球价值链参与度指数大幅下降并渐趋平稳，这与像中国这样的发展中国家广泛参与到垂直专业化分工生产中，带来分工市场的分散和竞争有关。不同于其他国家，劳动密集型产业中食品、饮料烟草业、纺织材料和纺织产品、皮革和制鞋业等产业参与度指数在国际金融危机后有小幅下降，但近几年都有了极大程度的增长，印度在全球价值链参与度上大幅提升，这与全球价值链在全球范围内重新布局，中国等承接的环节向东南亚、南亚等国家转移有关。资本、技术密集型产业的参与度整体也较高，金融危机后有小幅下降，近几年又有小幅回升，目前各产业参与度指数都在 0.3 以上，可以预期在未来一段时期印度将会是全球价值链合作的一个重要区域，将承接更多的价值链转移环节。

表 5 – 16　　　　　　　印度全球价值链参与度指数　　　　　　单位：%

产业	2000 年	2005 年	2008 年	2011 年	2015 年
总体（34 个产业无 C35）	0.56	0.26	0.28	0.27	0.27
C3	0.23	0.23	0.25	0.20	0.30
C4	0.22	0.22	0.24	0.21	0.33
C5	0.20	0.25	0.24	0.22	0.33
C7	0.61	0.31	0.31	0.27	0.29
C9	0.48	0.40	0.40	0.35	0.34
C10	0.44	0.36	0.37	0.35	0.36
C12	0.43	0.41	0.42	0.38	0.36
C13	0.39	0.32	0.32	0.30	0.32
C14	0.51	0.38	0.35	0.33	0.34
C15	0.37	0.31	0.33	0.29	0.30

注：制造业 14 个部门 C3 ~ C16。
资料来源：根据 ADB – MRIO 数据整理计算所得。

德国全球价值链参与度总体指数（如表 5 – 17 所示）也较高，2008年时最高为 0.31，之后有了一定程度的下降，德国作为制造业大国和强国，也广泛参与到了垂直专业化分工生产中。从各产业价值链参与度看，劳动密集型产业中造纸、印刷和出版业参与度指数最高，2015 年仍达到 0.31，参与全球分工生产程度高，对国外市场的依赖高。其他劳动密集型产业的参与度大多在 0.2 左右，特别是近几年下降幅度较大。资本、技术密集型产业的参与度近几年也有了下降，但整体程度相对较高，金属和金属制品业 2015 年参与度达到 0.39。C13、C14、C15等技术水平较高产业全球价值链参与度指数 2015 年降到 0.3 左右，参与全球分工生产的程度降低，这与德国工业 4.0 计划，产业转型升级发展存在一定关系。

表 5 - 17 德国全球价值链参与度指数 单位: %

产业	2000 年	2005 年	2008 年	2011 年	2015 年
总体	0. 28	0. 30	0. 31	0. 30	0. 26
C3	0. 21	0. 22	0. 26	0. 28	0. 24
C4	0. 33	0. 34	0. 35	0. 35	0. 24
C5	0. 30	0. 32	0. 32	0. 33	0. 20
C7	0. 32	0. 32	0. 33	0. 34	0. 31
C9	0. 37	0. 37	0. 39	0. 38	0. 27
C10	0. 37	0. 38	0. 40	0. 40	0. 34
C12	0. 41	0. 43	0. 44	0. 43	0. 39
C13	0. 27	0. 30	0. 32	0. 33	0. 28
C14	0. 35	0. 36	0. 37	0. 37	0. 29
C15	0. 33	0. 34	0. 38	0. 38	0. 31

注: 制造业 14 个部门 C3 ~ C16。
资料来源: 根据 ADB - MRIO 数据整理计算所得。

5.3　中国参与垂直专业化分工全球价值链的位置

库普曼等（2010）通过分解总出口的价值增值, 提出了全球价值链位置指数（GVC_Position Index）, 见下式。其中, IV_{ir} 是指 r 国 i 产业出口中的间接增加值, 该指标衡量的是有多少增加值被包含在 r 国 i 产业的中间品出口中, 经他国加工后又出口至第三国; FV_{ir} 是指 r 国 i 产业出口中的国外增加值, 即本国出口最终产品中包含的进口中间品价值。EX_{ir} 是 r 国 i 产业的出口总值。

$$GVC\_ Position_{ir} = \ln\left(1 + \frac{IV_{ir}}{E_{ir}}\right) - \ln\left(1 + \frac{FV_{ir}}{E_{ir}}\right)$$

该指标值越大, 表明一国某产业在全球价值链中越靠近上游, 即更多的是为他国提供中间品, 其 IV 占总出口的比例高于 FV, 则本国创造的国内增加值较高。[1]

---

[1] Koopman R. , Powers W. , Wang Z. , Wei S J. Give credit where credit isdue: tracing value added in global production chains [R]. NBER Working Paper, 2010, 16426.

71

中国全球价值链位置指数在 2000 年后呈现下降趋势（如表 5 – 18 所示），这可能主要是因为在这之前中国参与垂直专业化分工生产的程度较低，只有一些较具竞争力的环节参与到分工生产中，提供中间投入品导致，总出口中的间接附加值相比国外增加值较高，此时还没有大规模的最终品组装生产。劳动密集型中的 C3、C5 产业位置指数一直较低，处于价值链的低端环节，但呈现位置提升趋势。纺织材料和纺织产品的垂直专业化位置指数相对较高，部分年份已经大于 0。资本、技术密集型产业中化学品和化工产品、金属和金属制品产业的全球价值链位置指数大于 0，处于分工合作的上游环节，中间品出口的国内附加值较高。机械电器业的位置指数较低，2015 年为 – 0.15，光电设备制造业的指数近年呈现上升趋势，与运输设备制造业的位置指数基本相当，还有很大的提升空间。

表 5 – 18　　　　　　　　　中国全球价值链位置指数　　　　　　　单位：%

产业	2000 年	2005 年	2008 年	2011 年	2015 年
总体	0.08	– 0.05	– 0.03	– 0.03	– 0.03
C3	0.01	– 0.08	– 0.07	– 0.07	– 0.06
C4	0.07	– 0.03	– 0.01	0.00	– 0.03
C5	0.00	– 0.13	– 0.11	– 0.10	– 0.09
C7	0.05	– 0.03	– 0.01	– 0.01	– 0.06
C9	0.11	0.03	0.06	0.03	0.02
C10	0.07	– 0.05	– 0.02	– 0.02	– 0.06
C12	0.13	0.04	0.07	0.03	0.00
C13	0.06	– 0.13	– 0.08	– 0.08	– 0.15
C14	0.10	– 0.12	– 0.08	– 0.08	– 0.06
C15	0.07	– 0.05	– 0.02	– 0.04	– 0.05

注：制造业 14 个部门 C3 ~ C16。
资料来源：根据 ADB – MRIO 数据整理计算所得。

美国全球价值链位置指数相对稳定，一直为正值，2015 年为 0.04（如表 5 – 19 所示），说明多数产业处于价值链的上游环节，中间品出口的国内附加值较高。从各产业情况看，劳动密集型产业的位置指数显著

低于资本、技术密集型产业，食品、饮料烟草业位置指数最低，2015
年为 -0.09，中间品出口中的国内附加值较低。纺织材料和纺织产品的
垂直专业化位置指数高于皮革和制鞋业的位置指数，但仍为负值，也处
于价值链的低附加值环节。造纸、印刷和出版业的位置指数大于 0，附
加值较高，但处于下降趋势。资本、技术密集型产业中，绝大多数产业
位置指数都大于 0，化学品和化工产品位置指数较高，但处于下降趋
势。金属和金属制品业位置指数不断提升，2015 年达到 0.08，光电设
备制造业位置指数有小幅下降，但仍然较高，2015 年为 0.08。机械电
器业的位置指数不断提升，在 2015 年已经大于 0，运输设备制造业的位
置指数较低，中间品出口的附加值较低，处于价值链的下游环节。

表 5 -19　　　　　　　　美国全球价值链位置指数　　　　　　单位：%

产业	2000 年	2005 年	2008 年	2011 年	2015 年
总体	0.05	0.05	0.05	0.05	0.04
C3	-0.06	-0.07	-0.08	-0.08	-0.09
C4	-0.03	-0.02	0.00	-0.04	-0.02
C5	-0.13	-0.14	-0.12	-0.12	-0.05
C7	0.07	0.07	0.07	0.06	0.03
C9	0.08	0.06	0.05	0.05	0.04
C10	0.02	0.01	0.00	0.02	0.04
C12	0.05	0.06	0.06	0.06	0.08
C13	-0.02	-0.03	-0.05	-0.03	0.01
C14	0.06	0.09	0.09	0.09	0.08
C15	-0.03	-0.06	-0.08	-0.12	-0.05

注：制造业 14 个部门 C3～C16。
资料来源：根据 ADB－MRIO 数据整理计算所得。

日本全球价值链位置指数较高，但呈现下降趋势，2015 年降为
0.04（如表 5 -20 所示），说明多数产业处于价值链的上游环节，中间
品出口的国内附加值较高。从各产业情况看，劳动密集型产业的位置指
数普遍呈现逐年下降趋势。食品、饮料烟草业位置指数逐渐降到 0 以
下，2015 年为 -0.01，中间品出口中的国内附加值越来越低。皮革和

制鞋业的位置指数已经降到 0，可以预期未来一段时间将进一步恶化。纺织材料和纺织产品业位置指数虽下降，但 2015 年仍有 0.19，处于价值链合作的上游，中间品出口的国内附加值较高。橡胶和塑料制品业位置指数也较高，2015 年位置指数为 0.12。资本、技术密集型产业中，除 C13、C15 产业外，其他产业位置指数都大于 0。金属和金属制品业2015 年价值链位置指数为 0.11，光电设备制造业的位置指数下降明显，在垂直专业化分工过程中，技术优势逐渐丧失。机械、电器业的位置指数不断下降，在 2015 年已经低于 0，运输设备制造业的位置指数更低，中间品出口的附加值较低，处于价值链的下游环节。

表 5 - 20　　　　　　　　　日本全球价值链位置指数　　　　　　单位：%

产业	2000 年	2005 年	2008 年	2011 年	2015 年
总体	0.11	0.09	0.07	0.05	0.04
C3	0.02	0.02	0.03	- 0.01	- 0.01
C4	0.25	0.28	0.25	0.23	0.19
C5	0.13	0.13	0.07	0.07	0.00
C7	0.16	0.15	0.12	0.13	0.10
C9	0.19	0.17	0.12	0.13	0.11
C10	0.19	0.20	0.16	0.15	0.12
C12	0.19	0.18	0.13	0.09	0.11
C13	0.02	0.02	- 0.01	0.01	- 0.01
C14	0.16	0.18	0.14	0.10	0.04
C15	0.03	0.01	- 0.03	- 0.01	- 0.08

注：制造业 14 个部门 C3 ~ C16。
资料来源：根据 ADB - MRIO 数据整理计算所得。

印度全球价值链位置指数均大于 0，但呈现下降趋势，2015 年降为0.01（如表 5 - 21 所示），但从制造业全球价值链位置指数看，2015 年除金属和金属制品业大于 0，其他产业均小于 0，并且位置指数较低，说明印度价值链总体位置指数高，主要是由于服务业位置指数高，印度在服务业全球价值链分工中处于上游环节，中间品出口的国内附加值较高，但也呈现下降趋势，优势在逐渐丧失。从各产业情况看，劳动密集型产业中 C3、C4、C5 全球价值链位置指数下降幅度都较大，中间产品出口中的附加值下降明显，由价值链的上游环节向下游环节滑落。资本、技术密集型产业中，金属和金属制品业的价值链位置指数为正，处于价值链的上游，但指数值呈不断下降趋势。C13、C14、C15 产业的价值链位置指数均为负，且呈指数值不断下降趋势，中间品出口中的附加值在不断减少，处于价值链的下游。

表 5 – 21　　　　　　　　印度全球价值链位置指数　　　　　　　单位：%

产业	2000 年	2005 年	2008 年	2011 年	2015 年
总体（34 个产业无 C35）	0.12	0.03	0.03	0.04	0.01
C3	0.00	0.04	0.04	− 0.01	− 0.12
C4	0.01	− 0.07	− 0.09	− 0.07	− 0.19
C5	0.01	0.04	0.00	0.03	− 0.14
C7	0.10	0.02	− 0.02	0.00	− 0.05
C9	0.12	0.08	0.04	0.05	− 0.04
C10	0.09	0.06	0.01	0.05	− 0.02
C12	0.12	0.11	0 11	0.08	0.02
C13	0.00	− 0.02	− 0.02	− 0.01	− 0.09
C14	0.16	0.09	0.03	0.01	− 0.08
C15	0.03	− 0.02	− 0.03	− 0.03	− 0.10

注：制造业 14 个部门 C3 ~ C16。
资料来源：根据 ADB – MRIO 数据整理计算所得。

德国全球价值链总体位置指数均大于 0，中间品出口中的国内附加值也较高，但也呈现下降趋势，2015 年降为 0.002（如表 5 – 22 所示）。从制造业各产业情况看，劳动密集型产业中食品、饮料烟草业、纺织材料和纺织产品、皮革和制鞋业全球价值链位置指数均为负，处于全球价值链的下游，但近几年位置指数值有所上升。造纸、印刷和出版业全球价值链位置指数大于 0，处于价值链的上游，且位置比较稳定。橡胶和塑料制品业全球价值链位置指数也较高，并且近几年有上升趋势，2015 年为 0.08，德国在此产业处于价值链的上游。资本、技术密集型产业中，金属和金属制品业的价值链位置指数为正，处于价值链的上游，且指数值呈上升趋势。光电设备制造业等产业的价值链位置指数均为负，但指数值有上升趋势，德国作为制造业强国，在机械制造业、光电设备制造业、运输设备造业价值链位置指数为负，可能是由于德国的国内增加值更多地体现在中间品直接出口或最终品出口中。

表 5 – 22   德国全球价值链位置指数   单位：%

产业	2000 年	2005 年	2008 年	2011 年	2015 年
总体	0.035	0.032	0.018	0.011	0.002
C3	– 0.11	– 0.13	– 0.15	– 0.18	– 0.14
C4	– 0.05	– 0.09	– 0.12	– 0.14	– 0.07
C5	– 0.12	– 0.17	– 0.15	– 0.17	– 0.08
C7	0.05	0.04	0.02	0.03	0.03
C9	0.05	0.05	0.03	0.01	– 0.02
C10	0.07	0.07	0.05	0.04	0.08
C12	0.12	0.10	0.07	0.06	0.09
C13	– 0.08	– 0.07	– 0.10	– 0.09	– 0.08
C14	0.00	0.00	– 0.01	– 0.05	– 0.02
C15	– 0.11	– 0.12	– 0.13	– 0.15	– 0.13

注：制造业 14 个部门 C3 ~ C16。
资料来源：根据 ADB – MRIO 数据整理计算所得。

5.4　本章小结

从中国出口中内总体附加值经历了一个先降后升的发展趋势，近几年国内增加值占比增加趋势明显，一定程度上说明了国际垂直专业化分工产品生产来自国内的部件增加。从国内附加值构成来看，最终产品出口中的国内价值增值最高。被直接进口国生产向第三国出口所吸收的中间出口增加值占比有所下降，中国中间品出口在国家间的流转程度较低，出于价值链的下游环节。从中国各产业国内附加值占比看，农业、资源行业国内附加值高，参与垂直专业化分工的程度低。制造业垂直专业化分工合作在资本、技术密集型产业更深入，这与这些行业生产程序更加复杂，便于分工合作相关。机械制造业的国内附加值较低，且最终产品出口中的国内附加值更多，说明生产环节在国内较多，并在国内完成组装。服务业相比制造业国内附加值高，参与垂直专业化分工的程度较低。

中国全球价值链参与度指数总体较高，国际金融危机后出现下降趋势，参与全球生产网络的程度下降明显。从各产业情况看，劳动密集型产业的全球价值链参与度指数较低，食品饮料烟草业、纺织材料和纺织品业，皮革、制鞋产业的参与度指数都已降到 20% 以下。造纸、印刷和出版产业全球价值链参与度指数较高，并且相对稳定，没有出现下降趋势，资源的短缺需要国际合作。多数资本和技术密集型产业全球价值链参与度指数在 2008 年后有了较大幅度的下降，反映了全球价值链合作和转移的趋势，尤其是光电设备制造业下降幅度较大，全球价值链参与程度弱化。机械制造产业全球价值链参与度指数相对平稳，参与垂直专业化分工程度一直较高。从主要国家价值链参与度指数的比较看，美国全球价值链参与度总体指数相比中国要低，且参与全球生产网络的程度下降明显。从各产业情况看，不同要素密集度产业参与度差距较小，分工合作程度下降，可能跟美国国内产业振兴计划，制造业回归等相关。日本全球价值链参与度总体指数呈现先升后降趋势，近几年参与全球生产网络的程度小幅下降。日本作为一个资源匮乏的岛国对国际市场依赖大，全球价值链参与度指数下降较小。劳动密集型、资本和技术密集型参与度指数都较高。印度全球价值链参与度总体指数也较高，但从制造业全球价值链参与度看，制造业的参与度平均指数要低于 0.4，服务业参与度指数较高，这跟印度大量承接服务外包有关。在此之后全球价值链参与度指数大幅下降并渐趋平稳，这与像中国这样的发展中国家广泛参与到垂直专业化分工生产中，带来分工市场的分散和竞争有关。不同于其他国家，印度多数劳动密集型产业参与度指数近几年都有了极大幅度的增长，印度在全球价值链参与度上大幅提升，这与全球价值链在全球范围内重新布局，中国等承接的环节向东南亚、南亚等国家转移有关。资本、技术密集型产业的参与度整体也较高，金融危机后有小幅下降，近几年又有小幅回升，可以预期在未来一段时期印度将会是全球价值链合作的一个重要区域，将承接更多的价值链转移环节。德国全球价值链参与度总体指数较高，金融危机之后有了一定程度的下降，资本、技术密集型产业的参与度相比劳动密集型产业要高。

中国全球价值链位置指数在 2000 年后呈现下降趋势，这可能主要是因为在这之前中国参与垂直专业化分工生产的程度较低，只有一些较具竞争力的环节参与到分工生产中，提供中间投入品导致，总出口中的间接附加值相比国外增加值较高，此时还没有大规模的最终品组装生产。劳动密集型产业位置指数一直较低，处于价值链的低端环节，但呈现位置提升趋势。资本、技术密集型产业中化学工业、金属和金属制品产业的全球价值链位置指数大于 0，处于分工合作的上游环节，中间品出口的国内附加值较高。机械制造业的位置指数较低，光电设备制造业的位置近年呈现上升趋势，与运输设备制造业的位置指数基本相当，还有很大的提升空间。美国全球价值链位置指数相对稳定，一直为正值，说明多数产业处于价值链的上游环节，中间品出口的国内附加值较高。从各产业情况看，劳动密集型产业的位置指数相对较低。日本全球价值链位置指数较高，但呈现下降趋势。食品、饮料烟草业位置指数逐渐降到 0 以下，中间品出口中的国内附加值越来越低。皮革和制鞋业的位置指数已经降到 0，可以预期未来一段时间将进一步恶化。资本、技术密集型产业中，除机械、电器业、运输设备制造业外，其他产业位置指数较高。从印度制造业全球价值链位置指数看，2015 年除金属和金属制品产业大于 0，其他产业均小于 0，并且位置指数较低，说明印度价值链总体位置指数高，主要是由于服务业位置指数高，印度在服务业全球价值链分工中处于上游环节，但也呈现下降趋势，优势在逐渐丧失。从各产业情况看，劳动密集型产业全球价值链位置指数下降幅度都较大，由价值链的上游环节向下游环节滑落，资本、技术密集型产业位置指数普遍较低。德国全球价值链总体位置指数均大于 0，中间品出口中的国内附加值也较高，但也呈现下降趋势。多数劳动密集型产业处于全球价值链的下游，但近几年位置指数值有所上升。而德国作为制造业强国，在机械制造业、光电设备制造业、运输设备造业价值链位置指数为负，可能是由于德国的国内增加值更多地体现在中间品直接出口或最终品出口中。

第6章 中国典型产业双边贸易流分解、垂直专业化分工结构与国别比较

　　中国的改革开放是与国际产业转移和国际分工合作紧密关联的，为充分发挥国内资源禀赋优势和受国际产业转移特征影响，一些特定产业在中国改革开放和垂直专业化分工合作过程中发挥了非常重要的作用，对于带动国内就业、经济增长、技术水平和产业竞争力提升至关重要。本章依据要素密集度差异及产业对经济发展影响的不同，充分考虑劳动密集型和在资本技术密集型产业发展的差异，选取纺织材料和纺织产品、光电设备制造业、运输设备制造业三个在改革开放和经济发展过程中发挥重要作用的产业进行分析。纺织材料和纺织产品、光电设备制造业、运输设备制造业等贸易的开展，主要集中在美国、日本等发达国家，同时考虑到中国在这些产业竞争力有所增强，为了前瞻性探寻中国与发展中国家合作可能存在的机会，选取越南、印度等与中国经贸关系紧密、国内市场较大、未来将会是国际产业重要承接地的发展中国家进行研究。探讨这些产业在中美、中日、中印、中越等双边贸易价值构成情况，分析这些产业的垂直专业化分工结构，并进行国际比较，更好地把握中国重点产业的垂直专业化分工结构，与重点贸易合作伙伴国的合作关系。

6.1　中国典型产业双边贸易流分解研究

6.1.1　中美典型产业双边贸易流分解研究

中国向美国出口纺织材料和纺织产品业（C4）双边贸易分解情况

（如表 6 - 1 所示），从价值构成看，最终产品出口中的国内价值增值（DVA_FIN）占到 70% 以上，金融危机后出现了下降趋势。金融危机后，被直接进口国吸收的中间出口价值增值（DVA_INT）上升幅度较大，说明中间品出口中国内增加值增加明显，垂直专业化分工位置有所提升。在此之后，最终产品出口中的国内价值增值又有大幅提升，2015 年达到 78.76%，中国参与垂直专业化分工生产中最终品加工组装环节承担的较多。从国外增加值看，出口隐含的进口国增加值（MVA）、出口隐含的第三（其他）国增加值（OVA）呈现下降趋势，垂直专业化分工国内附加值增加，位置提升。来自国内外账户的纯重复计算都呈现下降趋势，说明垂直专业化分工在弱化。

美国向中国出口纺织材料和纺织产品业双边贸易分解情况看（如表 6 - 2 所示），被直接进口国吸收的中间出口价值增值占比最高，并且呈逐年增加趋势，被直接进口国生产向第三国出口所吸收的中间出口增加值（DVA_INTrex）占比也较高，在 2008 年时占比达到 26.98%，近几年有所下降。可见，美国在垂直专业化分工价值链中处于上游，主要提供中间投入品，且附加值高。最终产品出口中的国内价值增值占比要低于中间品出口中的国内价值增值。从国外增加值看，出口隐含的进口国增加值、出口隐含的第三（其他）国增加值占比都比较低，来自国内外账户的纯重复计算都呈现下降趋势，说明垂直专业化分工在弱化，但相比于中国对美贸易，美国垂直专业化深化程度更高，有更多的环节在国外完成。

中国向美国出口光电设备制造业（C14）双边贸易分解情况（如表 6 - 3 所示），最终产品出口中的国内价值增值占比最高，2015 年为 48.68%，相对于纺织材料和纺织产品业国内价值增值要低。被直接进口国吸收的中间出口价值增值占比也较高，并且呈逐年增加趋势。DVA_INTrex 占比较低，在 2011 年时最高只有 5.27%，近几年有所下降。中国在光电设备制造业垂直专业化分工价值链中提供中间投入品的附加值相比劳动密集型要高，在价值链中的位置更高。从国外增加值看，出口隐含的第三（其他）国增加值占比较高，出口隐含的进口国增加值、来自国内外账户的纯重复计算呈现下降趋势，说明垂直专业化分工在弱化。

表6-1　中国向美国出口纺织材料和纺织产品业（C4）双边贸易分解

项目		DVA_FIN	DVA_INT	DVA_INTrex	RDV	MVA	OVA	DDC	FDC
		a	b	c	d	e	f	g	h
2005年	价值（百万美元）	18802.08	1426.22	123.92	580.07	420.58	4310.39	13.38	74.05
	占比（%）	74.19	5.63	0.49	2.29	1.66	17.01	0.05	0.29
2008年	价值（百万美元）	22928.23	1871.04	123.92	26.74	488.87	3977.89	18.78	90.13
	占比（%）	76.81	6.27	0.42	0.09	1.64	13.33	0.06	0.30
2011年	价值（百万美元）	25181.73	4434.86	704.42	65.99	541.17	4407.58	37.42	135.32
	占比（%）	70.92	12.49	1.98	0.19	1.52	12.41	0.11	0.38
2015年	价值（百万美元）	54931.03	5499.94	580.07	29.12	472.51	8116.80	23.36	89.67
	占比（%）	78.76	7.89	0.83	0.04	0.68	11.64	0.03	0.13

资料来源：根据 ADB - MRIO 数据整理计算所得。

表 6 - 2　美国向中国出口织料材料和纺织产品业（C4）双边贸易分解

项目		DVA_FIN	DVA_INT	DVA_INTrex	RDV	MVA	OVA	DDC	FDC
		a	b	c	d	e	f	g	h
2005 年	价值（百万美元）	181.69	231.17	80.42	115.01	9.61	64.37	6.73	53.73
	占比（%）	21.58	27.45	9.55	13.66	1.14	7.64	0.80	6.38
2008 年	价值（百万美元）	137.71	303.33	248.29	81.64	13.33	67.54	6.99	61.49
	占比（%）	14.96	32.95	26.98	8.87	1.45	7.34	0.76	6.68
2011 年	价值（百万美元）	257.01	348.45	229.45	63.63	30.53	114.02	8.07	71.42
	占比（%）	22.89	31.04	20.44	5.67	2.72	10.16	0.72	6.36
2015 年	价值（百万美元）	169.20	193.58	115.01	55.17	9.44	33.17	2.21	20.25
	占比（%）	28.29	32.37	19.23	9.23	1.58	5.55	0.37	3.39

资料来源：根据 ADB - MRIO 数据整理计算所得。

表6-3　中国向美国出口光电设备制造业（C14）双边贸易分解

	项目	DVA_FIN a	DVA_INT b	DVA_INTrex c	RDV d	MVA e	OVA f	DDC g	FDC h
2005年	价值（百万美元）	33534.34	16323.95	959.97	7957.17	3683.69	25726.05	570.97	2890.19
	占比（%）	38.46	18.72	1.10	9.13	4.23	29.51	0.65	3.31
2008年	价值（百万美元）	58862.97	25846.58	959.97	694.96	4848.53	32771.25	933.37	3698.44
	占比（%）	43.72	19.20	0.71	0.52	3.60	24.34	0.69	2.75
2011年	价值（百万美元）	74162.51	39850.57	9328.05	1297.08	5602.03	40950.33	1276.91	4651.53
	占比（%）	41.87	22.50	5.27	0.73	3.16	23.12	0.72	2.63
2015年	价值（百万美元）	96370.27	53396.39	7957.17	554.18	2231.64	34763.35	496.13	2184.87
	占比（%）	48.68	26.97	4.02	0.28	1.13	17.56	0.25	1.10

资料来源：根据ADB－MRIO数据整理计算所得。

美国向中国出口光电设备制造业双边贸易分解情况（如表 6 - 4 所示），被直接进口国吸收的中间出口价值增值占比最高，并且呈逐年增加趋势，2015 年达到 46.70%。被直接进口国生产向第三国出口所吸收的中间出口增加值占比逐年下降，在 2015 年时为 11.71%。可见，美国在垂直专业化分工价值链中处于上游，主要提供中间投入品，且附加值高，但与中国的垂直专业化分工深化合作程度在降低。最终产品出口中的国内价值增值占比要低于中间品出口中的国内价值增值，但呈现逐年增加趋势，这与垂直专业化分工的弱化，美国制造业的回归有一定关系。从国外增加值看，出口隐含的进口国增加值、出口隐含的第三（其他）国增加值占比都比较低，来自国内账户的纯重复计算（DDC）、来自国外账户的纯重复计算（FDC）都呈现下降趋势，说明与中国垂直专业化分工也在弱化，但相比于中国对美贸易，美国垂直专业化深化程度更高，有更多的环节在国外完成。

中国向美国出口运输设备制造业（C15）双边贸易分解情况（如表 6 - 5 所示）。被直接进口国吸收的中间出口价值增值虽近几年有所下降，但占比较高，2011 年最高为 42.05%。被直接进口国生产向第三国出口所吸收的中间出口增加值占比相对较低，在 2011 年时最高只有 13.53%，近几年有所下降。中国运输设备制造业在对美出口中中间品附加值较高，处于价值链的环节高。最终产品出口中的国内价值增值占比也较高，2015 年为 33.41%，运输设备制造业最终产品出口的国内价值增值相比 C4、C14 产业要低。从国外增加值看，出口隐含的第三（其他）国增加值占比较高，2015 年为 16.85%。出口隐含的进口国增加值、来自国内账户的纯重复计算、来自国外账户的纯重复计算都呈现下降趋势。

美国向中国出口运输设备制造业双边贸易分解情况看（如表 6 - 6 所示），最终产品出口中的国内价值增值占比最高，且呈现逐年增加趋势，2015 年达到 53.79%。被直接进口国吸收的中间出口价值增值占比也较高，2015 年为 23.75%。被直接进口国生产向第三国出口所吸收的中间出口增加值占比较低，且呈逐年下降趋势，在 2015 年时为 5.81%。可见，美国在中美垂直专业化分工关系中处于价值链的下游环节，中间品出口附加值较低。从国外增加值看，出口隐含的第三（其他）国增加值占比相对较高，但下降趋势明显，2015 年降为 10.67%。出口隐含的进口国增加值、来自国内账户的纯重复计算、来自国外账户的纯重复计算都呈现下降趋势，说明该产业与中国垂直专业化分工也在弱化。

表6-4　美国向中国出口光电设备制造业（C14）双边贸易分解

项目		DVA_FIN a	DVA_INT b	DVA_INTrex c	RDV d	MVA e	OVA f	DDC g	FDC h
2005年	价值（百万美元）	3258.83	5037.50	736.12	2300.40	233.38	1265.95	227.15	1016.28
	占比（%）	19.84	30.67	4.48	14.01	1.42	7.71	1.38	6.19
2008年	价值（百万美元）	4055.34	8158.29	6016.64	2257.30	461.98	1749.42	306.83	1565.21
	占比（%）	16.50	33.20	24.49	9.19	1.88	7.12	1.25	6.37
2011年	价值（百万美元）	9427.21	12227.42	6742.81	2483.48	719.11	2069.64	274.88	1243.62
	占比（%）	26.79	34.75	19.16	7.06	2.04	5.88	0.78	3.53
2015年	价值（百万美元）	6036.82	9174.90	2300.40	917.86	234.04	713.57	61.96	206.14
	占比（%）	30.73	46.70	11.71	4.67	1.19	3.63	0.32	1.05

资料来源：根据ADB-MRIO数据整理计算所得。

表 6 - 5　中国向美国出口运输设备制造业（C15）双边贸易分解

项目		DVA_FIN a	DVA_INT b	DVA_INTrex c	RDV d	MVA e	OVA f	DDC g	FDC h
2005年	价值（百万美元）	1838.55	1903.99	107.77	928.11	123.00	1107.70	20.18	160.31
	占比（%）	32.75	33.92	1.92	16.53	2.19	19.73	0.36	2.86
2008年	价值（百万美元）	2617.51	3484.33	107.77	54.47	176.90	1505.16	45.94	315.72
	占比（%）	28.33	37.71	1.17	0.59	1.91	16.29	0.50	3.42
2011年	价值（百万美元）	2431.85	5054.44	1626.26	149.40	220.87	1929.52	77.54	530.17
	占比（%）	20.23	42.05	13.53	1.24	1.84	16.05	0.65	4.41
2015年	价值（百万美元）	3841.52	4320.25	928.11	52.33	123.57	1938.15	41.01	254.54
	占比（%）	33.41	37.57	8.07	0.46	1.07	16.85	0.36	2.21

资料来源：根据 ADB - MRIO 数据整理计算所得。

表 6-6　美国向中国出口运输设备制造业（C15）双边贸易分解

项目		DVA_FIN	DVA_INT	DVA_INTrex	RDV	MVA	OVA	DDC	FDC
		a	b	c	d	e	f	g	h
2005 年	价值（百万美元）	1774.38	850.57	56.54	525.62	65.63	646.37	35.34	123.27
	占比（%）	45.12	21.63	1.44	13.37	1.67	16.44	0.90	3.13
2008 年	价值（百万美元）	2890.34	2086.76	917.10	285.90	207.85	1365.91	85.97	396.11
	占比（%）	35.09	25.34	11.14	3.47	2.52	16.58	1.04	4.81
2011 年	价值（百万美元）	6529.54	2878.53	948.79	265.84	584.46	2913.16	112.14	473.80
	占比（%）	44.40	19.57	6.45	1.81	3.97	19.81	0.76	3.22
2015 年	价值（百万美元）	4864.76	2148.18	525.62	188.60	197.18	964.82	32.92	121.91
	占比（%）	53.79	23.75	5.81	2.09	2.18	10.67	0.36	1.35

资料来源：根据 ADB - MRIO 数据整理计算所得。

6.1.2 中日典型产业双边贸易流分解研究

中国向日本出口纺织材料和纺织产品业双边贸易分解情况（如表6－7所示），最终产品出口中的国内价值增值占比高，从构成情况看，最终产品出口中的国内价值增值占到70%以上，金融危机后出现了小幅下降趋势，2015年又增加到72.94%。金融危机后，被直接进口国吸收的中间出口价值增值出现了小幅增加趋势，但近几年又出现了下降，被直接进口国生产向第三国出口所吸收的中间出口增加值占比较低，说明中间品出口中国内增加值增加较少，垂直专业化分工位置较低，处于价值链的下游。从国外增加值看，出口隐含的进口国增加值、出口隐含的第三（其他）国增加值呈现下降趋势，且占比较低。来自国内账户的纯重复计算、来自国外账户的纯重复计算都呈现下降趋势，说明垂直专业化分工在弱化。

日本向中国出口纺织材料和纺织产品业双边贸易分解情况看（如表6－8所示），被直接进口国吸收的中间出口价值增值占比最高，并且呈逐年增加趋势，被直接进口国生产向第三国出口所吸收的中间出口增加值占比也较高，在2015年时占比为34.04%。可见，日本在垂直专业化分工价值链中处于上游，主要提供中间投入品，且附加值高。最终产品出口中的国内价值增值占比要低于中间品出口中的国内价值增值，2015年只有7.53%。从国外增加值看，出口隐含的进口国增加值、出口隐含的第三（其他）国增加值占比都比较低，来自国内账户的纯重复计算、来自国外账户的纯重复计算都呈现下降趋势，说明垂直专业化分工在弱化。

中国向日本出口光电设备制造业双边贸易分解情况（如表6－9所示），最终产品出口中的国内价值增值占比最高，2015年为62.88%。被直接进口国吸收的中间出口价值增值占比较低，并且呈逐年下降趋势。被直接进口国生产向第三国出口所吸收的中间出口增加值占比较低，在2008年时最高只有7.97%。可见，中国在垂直专业化分工价值链中位置较低，提供中间投入品的附加值还较低，处于价值链中的下游环节。从国外增加值看，出口隐含的第三（其他）国增加值占比较高，出口隐含的进口国增加值、来自国内账户的纯重复计算、来自国外账户的纯重复计算都呈现下降趋势，说明垂直专业化分工在弱化，国内价值增加。

表6-7 中国向日本出口纺织材料和纺织产品业（C4）双边贸易分解

项目		DVA_FIN a	DVA_INT b	DVA_INTrex c	RDV d	MVA e	OVA f	DDC g	FDC h
2005年	价值（百万美元）	10379.30	1614.19	298.93	62.10	428.15	2378.83	45.15	93.77
	占比（%）	67.84	10.55	1.95	0.41	2.80	15.55	0.30	0.61
2008年	价值（百万美元）	12434.81	1894.91	441.00	96.71	294.20	2288.36	52.83	105.58
	占比（%）	70.62	10.76	2.50	0.55	1.67	13.00	0.30	0.60
2011年	价值（百万美元）	14840.69	2638.31	510.54	151.83	282.09	2640.11	60.36	119.41
	占比（%）	69.86	12.42	2.40	0.71	1.33	12.43	0.28	0.56
2015年	价值（百万美元）	18939.11	3023.25	642.52	92.82	135.32	2987.09	35.49	108.67
	占比（%）	72.94	11.64	2.47	0.36	0.52	11.50	0.14	0.42

资料来源：根据 ADB - MRIO 数据整理计算所得。

表6-8　日本向中国出口纺织材料和纺织产品业（C4）双边贸易分解

项目		DVA_FIN a	DVA_INT b	DVA_INTrex c	RDV d	MVA e	OVA f	DDC g	FDC h
2005年	价值（百万美元）	127.18	1032.80	856.14	515.67	37.54	105.20	10.39	200.88
	占比（%）	4.07	33.03	27.38	16.49	1.20	3.37	0.33	6.43
2008年	价值（百万美元）	159.09	1118.43	1303.76	134.26	51.66	159.86	9.73	241.13
	占比（%）	5.01	35.19	41.03	4.22	1.63	5.03	0.31	7.59
2011年	价值（百万美元）	270.76	1373.43	1245.76	120.03	75.27	166.66	7.81	203.96
	占比（%）	7.82	39.65	35.97	3.47	2.17	4.81	0.23	5.89
2015年	价值（百万美元）	114.09	628.31	515.67	52.59	38.95	74.73	2.57	88.00
	占比（%）	7.53	41.48	34.04	3.47	2.57	4.93	0.17	5.81

资料来源：根据 ADB - MRIO 数据整理计算所得。

表6-9　中国向日本出口光电设备制造业（C14）双边贸易分解

项目		DVA_FIN a	DVA_INT b	DVA_INTrex c	RDV d	MVA e	OVA f	DDC g	FDC h
2005年	价值（百万美元）	13686.11	2555.15	1470.01	294.41	1583.65	7999.04	168.97	1112.72
	占比（%）	47.41	8.85	5.09	1.02	5.49	27.71	0.59	3.85
2008年	价值（百万美元）	18895.56	5311.81	3301.88	807.46	1480.49	9275.89	395.95	1958.41
	占比（%）	45.61	12.82	7.97	1.95	3.57	22.39	0.96	4.73
2011年	价值（百万美元）	29874.83	6597.58	3392.75	1254.79	1752.40	13122.66	451.53	2030.15
	占比（%）	51.09	11.28	5.80	2.15	3.00	22.44	0.77	3.47
2015年	价值（百万美元）	38292.09	5869.52	3767.24	751.47	489.34	10414.61	163.15	1148.90
	占比（%）	62.88	9.64	6.19	1.23	0.80	17.10	0.27	1.89

资料来源：根据 ADB - MRIO 数据整理计算所得。

日本向中国出口光电设备制造业双边贸易分解情况（如表 6 - 10 所示），被直接进口国吸收的中间出口价值增值占比最高，并且呈逐年增加趋势，2015 年达到 49.55%。被直接进口国生产向第三国出口所吸收的中间出口增加值占比逐年下降，在 2015 年时为 13.48%。可见，日本在垂直专业化分工价值链中处于上游，主要提供中间投入品，且附加值高，但与中国的垂直专业化分工深化合作程度在降低。最终产品出口中的国内价值增值占比要低于中间品出口中的国内价值增值，且近几年有下降趋势，日本与中国在垂直专业化分工合作中关系仍然比较紧密。从国外增加值看，出口隐含的进口国增加值、出口隐含的第三（其他）国增加值占比都比较低，来自国内账户的纯重复计算、来自国外账户的纯重复计算都呈现下降趋势，这也说明与中国垂直专业化分工合作在弱化。

中国向日本出口运输设备制造业双边贸易分解情况（如表 6 - 11 所示）。被直接进口国吸收的中间出口价值增值虽近几年有所下降，但占比较高。被直接进口国生产向第三国出口所吸收的中间出口增加值占比也较高，并呈现逐年增加趋势，在 2015 年最高为 31.11%。中国 C15 产业在对日本出口中中间品附加值较高，相对处于价值链的上游环节。最终产品出口中的国内价值增值占比相对较低，2015 年为 15.92%，垂直专业化分工较为盛行。从国外增加值看，出口隐含的第三（其他）国增加值占比相对较高，2015 年为 10.95%。出口隐含的进口国增加值，来自国内账户的纯重复计算在不断下降，来自国外账户的纯重复计算都呈现上升趋势，说明垂直专业化分工模式有深化趋势。

日本向中国出口运输设备制造业双边贸易分解情况（如表 6 - 12 所示），最终产品出口中的国内价值增值占比最高。被直接进口国吸收的中间出口价值增值占比也较高，且呈增加趋势，2015 年为 34.96%。被直接进口国生产向第三国出口所吸收的中间出口增加值占比较低，且呈逐年下降趋势，2015 年为 8.85%。可见，日本在该产业中日垂直专业化分工关系中处于价值链的下游环节，中间品出口附加值较低。从国外增加值看，出口隐含的第三（其他）国增加值占比相对较高，2015 年为 13.17%。出口隐含的进口国增加值、来自国内账户的纯重复计算、来自国外账户的纯重复计算占比都较低，说明与中国垂直专业化分工合作深化程度较低。

表6-10　日本向中国出口光电设备制造业（C14）双边贸易分解

项目		DVA_FIN a	DVA_INT b	DVA_INTrex c	RDV d	MVA e	OVA f	DDC g	FDC h
2005年	价值（百万美元）	9191.25	12710.92	2421.18	4382.59	418.98	2601.67	222.37	1567.21
	占比（%）	24.36	33.69	6.42	11.62	1.11	6.90	0.59	4.15
2008年	价值（百万美元）	11108.87	17766.80	13800.08	1123.55	986.02	4886.14	304.45	3139.70
	占比（%）	20.91	33.45	25.93	2.12	1.86	9.20	0.57	5.91
2011年	价值（百万美元）	14981.62	24464.16	13578.83	1200.08	1594.55	5947.44	266.64	2929.87
	占比（%）	23.06	37.66	20.90	1.85	2.45	9.16	0.41	4.51
2015年	价值（百万美元）	6381.77	16107.26	4382.59	375.32	925.92	3321.83	91.47	921.05
	占比（%）	19.63	49.55	13.48	1.15	2.85	10.22	0.28	2.83

资料来源：根据 ADB - MRIO 数据整理计算所得。

表6－11 中国向日本出口运输设备制造业（C15）双边贸易分解

项目		DVA_FIN a	DVA_INT b	DVA_INTrex c	RDV d	MVA e	OVA f	DDC g	FDC h
2005年	价值（百万美元）	387.44	636.05	422.64	20.97	60.13	278.06	11.06	148.75
	占比（%）	19.72	32.37	21.51	1.07	3.06	14.15	0.56	7.57
2008年	价值（百万美元）	663.66	1177.07	1079.11	81.38	73.93	435.33	29.15	326.78
	占比（%）	17.16	30.44	27.91	2.10	1.91	11.26	0.75	8.45
2011年	价值（百万美元）	755.51	1599.55	1170.97	151.57	92.71	586.20	41.46	388.51
	占比（%）	15.78	33.42	24.46	3.17	1.94	12.25	0.87	8.12
2015年	价值（百万美元）	913.53	1723.77	1784.71	123.87	39.21	628.13	35.66	488.25
	占比（%）	15.92	30.05	31.11	2.16	0.68	10.95	0.62	8.51

资料来源：根据ADB－MRIO数据整理计算所得。

表 6 - 12　日本向中国出口运输设备制造业（C15）双边贸易分解

项目		DVA_FIN a	DVA_INT b	DVA_INTrex c	RDV d	MVA e	OVA f	DDC g	FDC h
2005 年	价值（百万美元）	1990.58	2087.66	116.96	771.76	66.34	442.36	19.02	102.50
	占比（%）	36.12	37.88	2.12	14.00	1.20	8.03	0.35	1.86
2008 年	价值（百万美元）	4531.39	3994.80	1537.31	108.25	263.23	1528.11	47.34	354.71
	占比（%）	36.65	32.31	12.43	0.88	2.13	12.36	0.38	2.87
2011 年	价值（百万美元）	7498.08	6909.85	2105.62	159.95	530.02	2152.24	55.37	433.88
	占比（%）	37.78	34.82	10.61	0.81	2.67	10.85	0.28	2.19
2015 年	价值（百万美元）	3124.06	3047.08	771.76	59.03	339.84	1147.93	20.49	205.50
	占比（%）	35.84	34.96	8.85	0.68	3.90	13.17	0.24	2.36

资料来源：根据 ADB - MRIO 数据整理计算所得。

95

6.1.3 中印典型产业双边贸易流分解研究

中国向印度出口纺织材料和纺织产品业双边贸易分解情况（如表6-13所示），最终产品出口中的国内价值增值占比高，且呈逐年增加趋势，2015年为47.73%。金融危机后，被直接进口国吸收的中间出口价值增值出现了下降趋势，近几年下降幅度较大，与最终产品出口中的国内价值增值相比呈现此消彼长的趋势。被直接进口国生产向第三国出口所吸收的中间出口增加值占比也有了较大幅度的下降，2015年占比仅为9.99%，说明中间品出口中国内增加值增加较少，垂直专业化分工位置降低。从国外增加值看，出口隐含的进口国增加值、出口隐含的第三（其他）国增加值呈现下降趋势，且占比较低。来自国内账户的纯重复计算、来自国外账户的纯重复计算都呈现下降趋势，说明垂直专业化分工在弱化。

印度向中国出口纺织材料和纺织产品业双边贸易分解情况（如表6-14所示），国内价值增值占比较高，最终产品出口中的国内价值增值、被直接进口国吸收的中间出口价值增值占比基本相当，2015年基本都在30%以上。被直接进口国生产向第三国出口所吸收的中间出口增加值占比也较高，在2015年时占比为20.39%。可见，印度在垂直专业化分工价值链中处于上游，主要提供中间投入品，且附加值高。从国外增加值看，出口隐含的进口国增加值占比较低，出口隐含的第三（其他）国增加值占比也不高，但占有一定的比重，2015年占比为9.09%来自国内账户的纯重复计算、来自国外账户的纯重复计算都呈现下降趋势，说明垂直专业化分工在弱化。

中国向印度出口光电设备制造业双边贸易分解情况（如表6-15所示），最终产品出口中的国内价值增值占比最高，且近几年增速较快，2015年为59.64%。被直接进口国吸收的中间出口价值增值占比相对较低，并且呈逐年下降趋势。被直接进口国生产向第三国出口所吸收的中间出口增加值占比较低，在2011年时最高只有10.51%，且近几年下降趋势明显。可见，中国相比印度在C14产业垂直专业化分工合作价值链中位置较低，提供中间投入品的附加值还较低，在价值链中的下游环节。从国外增加值看，出口隐含的第三（其他）国增加值占比相对较高，

表6-13 中国向印度出口纺织材料和纺织产品业（C4）双边贸易分解

项目		DVA_FIN a	DVA_INT b	DVA_INTrex c	RDV d	MVA e	OVA f	DDC g	FDC h
2005年	价值（百万美元）	142.33	683.61	104.50	7.98	2.95	191.06	8.46	100.07
	占比（%）	9.18	0.44	0.07	0.01	0.00	0.12	0.01	0.06
2008年	价值（百万美元）	348.46	774.47	410.30	7.96	2.81	200.09	7.48	76.11
	占比（%）	19.07	42.37	22.45	0.44	0.15	10.95	0.41	4.16
2011年	价值（百万美元）	652.24	1037.32	463.22	26.60	5.41	277.65	10.22	82.83
	占比（%）	25.52	40.59	18.13	1.04	0.21	10.86	0.40	3.24
2015年	价值（百万美元）	2029.39	1253.42	424.86	26.60	4.24	462.86	6.43	62.03
	占比（%）	47.73	29.48	9.99	0.63	0.10	10.89	0.15	1.46

资料来源：根据ADB-MRIO数据整理计算所得。

表6-14 印度向中国出口纺织材料和纺织产品业（C4）双边贸易分解

项目		DVA_FIN a	DVA_INT b	DVA_INTrex c	RDV d	MVA e	OVA f	DDC g	FDC h
2005年	价值（百万美元）	49.02	87.29	144.51	56.46	4.69	21.33	0.57	19.10
	占比（%）	17.46	31.09	51.47	20.11	1.67	7.60	0.20	6.80
2008年	价值（百万美元）	51.31	67.81	65.84	1.28	4.93	21.61	0.37	15.15
	占比（%）	22.47	29.70	28.84	0.56	2.16	9.46	0.16	6.64
2011年	价值（百万美元）	208.20	203.08	147.96	4.26	18.41	59.85	1.01	29.46
	占比（%）	30.97	30.21	22.01	0.63	2.74	8.90	0.15	4.38
2015年	价值（百万美元）	86.86	86.61	56.46	2.35	7.88	25.18	0.23	11.33
	占比（%）	31.37	31.23	20.39	0.85	2.84	9.09	0.08	4.09

资料来源：根据 ADB–MRIO 数据整理计算所得。

表6-15　中国向印度出口光电设备制造业（C14）双边贸易分解

项目		DVA_FIN	DVA_INT	DVA_INTrex	RDV	MVA	OVA	DDC	FDC
		a	b	c	d	e	f	g	h
2005年	价值（百万美元）	1289.88	457.85	27.10	11.76	10.82	1023.44	16.76	127.20
	占比（%）	41.14	14.60	0.36	0.38	0.35	32.64	0.53	4.06
2008年	价值（百万美元）	3369.65	1421.76	630.29	25.71	17.32	2117.39	49.35	299.42
	占比（%）	42.49	17.93	7.95	0.32	0.22	26.70	0.62	3.78
2011年	价值（百万美元）	4150.48	2505.80	1189.69	108.99	26.37	2700.47	88.77	544.17
	占比（%）	36.68	22.15	10.51	0.96	0.23	23.87	0.78	4.81
2015年	价值（百万美元）	9709.76	2383.21	898.51	108.99	15.78	2972.18	26.68	234.34
	占比（%）	59.64	14.64	5.52	0.67	0.10	18.26	0.16	1.44

资料来源：根据ADB-MRIO数据整理计算所得。

说明出口中隐含大量来自第三国的增加值。出口隐含的进口国增加值、来自国内账户的纯重复计算、来自国外账户的纯重复计算都呈现下降趋势，说明垂直专业化分工在弱化，国内价值增加。

印度向中国出口光电设备制造业双边贸易分解情况（如表 6 - 16 所示），最终产品出口中的国内价值增值占比最高，国际金融危机后增加趋势明显，2015 年占比为 52.96%。被直接进口国吸收的中间出口价值增值占比也相对较高，并且有增加趋势，2015 年为 23.03%。被直接进口国生产向第三国出口所吸收的中间出口增加值占比逐年下降，2015 年为 8.06%。可见，印度在垂直专业化分工价值链中提供中间投入品的附加值越来越低，垂直专业化分工深化合作程度在弱化。从国外增加值看，出口隐含的进口国增加值占比较低，出口隐含的第三（其他）国增加值相对较高，2015 年为 11.58%。来自国内账户的纯重复计算、来自国外账户的纯重复计算都呈现下降趋势，说明与中国垂直专业化分工也在弱化。

中国向印度出口运输设备制造业双边贸易分解情况（如表 6 - 17 所示）。最终产品出口中的国内价值增值占比较高，近几年增加趋势明显，2015 年为 53.67%。被直接进口国吸收的中间出口价值增值虽近几年有所下降，但占比相对较高，2015 年最高为 20.01%。被直接进口国生产向第三国出口所吸收的中间出口增加值占比较低，并呈现逐年下降趋势，2015 年为 5.77%。中国 C15 产业在对印度出口中中间品附加值较低，相比较处于价值链的下游环节。从国外增加值看，出口隐含的第三（其他）国增加值占比相对较高，2015 年为 18.51%。出口隐含的进口国增加值（MVA），来自国内账户的纯重复计算、来自国外账户的纯重复计算（FDC）在不断下降，说明垂直专业化分工有弱化趋势。

印度向中国出口运输设备制造业双边贸易分解情况（如表 6 - 18 所示），出口价值较低，从国内增加值结构看，被直接进口国吸收的中间出口价值增值占比最高，2015 年为 40.05%。最终产品出口中的国内价值增值占比也较高，但近几年有下降趋势。被直接进口国生产向第三国出口所吸收的中间出口增加值占比相对较低，且呈逐年下降趋势，2015 年为 12.32%。印度在印中垂直专业化分工关系中相对处于价值链的上游环节，中间品出口附加值较高。从国外增加值看，出口隐含的

表6－16　　印度向中国出口光电设备制造业（C14）双边贸易分解

项目		DVA_FIN a	DVA_INT b	DVA_INTrex c	RDV d	MVA e	OVA f	DDC g	FDC h
2005年	价值（百万美元）	93.18	105.36	10.23	110.58	4.18	46.95	0.45	24.88
	占比（%）	25.23	28.53	2.77	29.94	1.13	12.71	0.12	6.74
2008年	价值（百万美元）	130.88	155.73	123.20	2.64	10.07	66.57	0.70	34.56
	占比（%）	24.96	29.70	23.50	0.50	1.92	12.70	0.13	6.59
2011年	价值（百万美元）	1385.71	538.30	425.43	10.08	83.67	389.94	2.27	110.52
	占比（%）	47.04	18.27	14.44	0.34	2.84	13.24	0.08	3.75
2015年	价值（百万美元）	726.39	315.91	110.58	4.79	32.87	158.80	0.46	21.65
	占比（%）	52.96	23.03	8.06	0.35	2.40	11.58	0.03	1.58

资料来源：根据 ADB－MRIO 数据整理计算所得。

表6－17　中国向印度出口运输设备制造业（C15）双边贸易分解

项目		DVA_FIN a	DVA_INT b	DVA_INTrex c	RDV d	MVA e	OVA f	DDC g	FDC h
2005 年	价值（百万美元）	167.95	97.36	1.08	2.64	1.21	86.41	1.45	16.09
	占比（%）	40.13	23.26	0.26	0.63	0.29	20.65	0.35	3.85
2008 年	价值（百万美元）	507.74	456.21	192.90	6.97	2.58	264.27	6.49	56.02
	占比（%）	34.00	30.55	12.92	0.47	0.17	17.70	0.43	3.75
2011 年	价值（百万美元）	1152.34	788.32	302.73	23.75	5.72	553.24	12.54	95.34
	占比（%）	39.28	26.87	10.32	0.81	0.19	18.86	0.43	3.25
2015 年	价值（百万美元）	1886.87	703.48	202.74	23.75	3.77	650.75	7.05	53.60
	占比（%）	53.67	20.01	5.77	0.68	0.11	18.51	0.20	1.52

资料来源：根据 ADB－MRIO 数据整理计算所得。

表6-18 印度向中国出口运输设备制造业（C15）双边贸易分解

项目		DVA_FIN a	DVA_INT b	DVA_INTrex c	RDV d	MVA e	OVA f	DDC g	FDC h
2005年	价值（百万美元）	10.45	26.51	1.93	16.06	0.70	8.95	0.09	3.44
	占比（%）	16.57	42.05	3.05	25.48	1.12	14.20	0.14	5.46
2008年	价值（百万美元）	11.77	27.93	13.03	0.33	1.43	10.34	0.11	4.04
	占比（%）	17.08	40.50	18.85	0.49	2.08	14.99	0.15	5.85
2011年	价值（百万美元）	81.56	101.80	39.16	1.36	7.66	37.43	0.32	10.25
	占比（%）	29.18	36.42	14.01	0.49	2.74	13.39	0.11	3.67
2015年	价值（百万美元）	41.05	52.23	16.06	0.77	2.75	14.31	0.07	3.14
	占比（%）	31.48	40.05	12.32	0.59	2.11	10.97	0.06	2.41

资料来源：根据ADB-MRIO数据整理计算所得。

103

第三（其他）国增加值占比最高，近几年出现下降趋势，2015 年为 10.97%。出口隐含的进口国增加值、来自国内账户的纯重复计算、来自国外账户的纯重复计算占比都较低，说明与垂直专业化分工深化程度较低。

6.1.4　中越典型产业双边贸易流分解研究

中国向越南出口纺织材料和纺织产品业双边贸易分解情况（如表 6 – 19 所示），被直接进口国生产向第三国出口所吸收的中间出口增加值占比最高，且近几年有了较大幅度的上升。2011 年后，被直接进口国吸收的中间出口价值增值出现了下降趋势，近几年下降幅度较大。最终产品出口中的国内价值增值占比相对较低，近年呈逐年增加趋势。中国对越南中间品出口中国内增加值增加较多，处于全球价值链的上游环节，垂直专业化分工位置较高。从国外增加值看，出口隐含的进口国增加值、出口隐含的第三（其他）国增加值呈现下降趋势，且占比较低。来自国内账户的纯重复计算呈现下降趋势，来自国外账户的纯重复计算占比相对较高，2015 年为 8.48%，说明垂直专业化分工在深化程度相对较高。

越南向中国出口纺织材料和纺织产品业双边贸易分解情况（如表 6 – 20 所示），国内价值增值占比较低，最终产品出口中的国内价值增值占比最高，呈现下降趋势，2015 年占比仅有 17.43%。被直接进口国吸收的中间出口价值增值与被直接进口国生产向第三国出口所吸收的中间出口增加值占比基本相当，也呈现逐年下降趋势。可见，越南在垂直专业化分工价值链中相对处于价值链下游，提供中间投入品的增加值较低，垂直专业化分工位置低下。从国外增加值看，出口隐含的进口国增加值占比较低，出口隐含的第三（其他）国增加值占比高，并呈现逐年增加趋势，2015 年占比为 36.38%，越南对中国出口中有来自其他国家的大量附加值。来自国内账户的纯重复计算呈下降趋势、来自国外账户的纯重复计算近几年有小幅增加，说明垂直专业化分工在国际间的循环流转程度有所增加。

表 6 – 19　中国向越南出口纺织材料和纺织产品业（C4）双边贸易分解

项目		DVA_FIN a	DVA_INT b	DVA_INTrex c	RDV d	MVA e	OVA f	DDC g	FDC h
2005 年	价值（百万美元）	10.62	24.26	27.20	3.04	0.06	8.12	1.70	20.21
	占比（%）	7.09	16.20	18.16	2.03	0.04	5.43	1.14	13.49
2008 年	价值（百万美元）	430.74	78.64	289.14	11.40	1.08	90.74	5.72	55.13
	占比（%）	44.75	8.17	30.04	1.18	0.11	9.43	0.59	5.73
2011 年	价值（百万美元）	118.20	210.97	446.00	26.01	0.53	54.60	9.38	80.32
	占比（%）	12.49	22.30	47.15	2.75	0.06	5.77	0.99	8.49
2015 年	价值（百万美元）	234.34	160.38	825.69	13.87	0.37	55.78	6.25	120.17
	占比（%）	16.54	11.32	58.28	0.98	0.03	3.94	0.44	8.48

资料来源：根据 ADB – MRIO 数据整理计算所得。

表 6 - 20　越南向中国出口纺织材料和纺织产品业（C4）双边贸易分解

项目		DVA_FIN a	DVA_INT b	DVA_INTrex c	RDV d	MVA e	OVA f	DDC g	FDC h
2005 年	价值（百万美元）	39.99	1.12	6.14	28.01	5.00	33.98	0.11	23.34
	占比（%）	23.67	0.66	3.63	16.58	2.96	20.11	0.06	13.82
2008 年	价值（百万美元）	76.18	67.26	77.27	0.37	21.35	105.27	0.62	69.29
	占比（%）	18.24	16.11	18.50	0.09	5.11	25.21	0.15	16.59
2011 年	价值（百万美元）	78.98	59.48	53.60	0.15	25.70	145.86	0.39	67.45
	占比（%）	18.30	13.78	12.42	0.03	5.95	33.79	0.09	15.63
2015 年	价值（百万美元）	42.54	32.98	28.01	0.07	13.12	88.78	0.21	38.32
	占比（%）	17.43	13.52	11.48	0.03	5.38	36.38	0.09	15.70

资料来源：根据 ADB - MRIO 数据整理计算所得。

中国向越南出口光电设备制造业双边贸易分解情况（如表 6 - 21 所示），被直接进口国吸收的中间出口价值增值占比最高，并且呈逐年增加趋势。被直接进口国生产向第三国出口所吸收的中间出口增加值也较高，增长趋势明显。最终产品出口中的国内价值增值占比也较高，且近几年有所增长，2015 年为 28.60%。中国向越南出口光电设备制造业国内增加至占比接近 80%，中间品出口的附加值高，相对处于价值链的上游。从国外增加值看，出口隐含的第三（其他）国增加值占比相对较高，说明出口中隐含大量来自第三国的增加值，但也呈现下降趋势。出口隐含的进口国增加值、来自国内账户的纯重复计算、来自国外账户的纯重复计算都呈现下降趋势，说明垂直专业化分工在弱化，国内价值增加。

越南向中国出口光电设备制造业双边贸易分解情况（如表 6 - 22 所示），国内价值增值占比相对较低，最终产品出口中的国内价值增值占比 2015 年仅为 1.04%，被直接进口国吸收的中间出口价值增值占比较高，并且有增加趋势，2015 年为 36.44%。被直接进口国生产向第三国出口所吸收的中间出口增加值占比逐年下降，2015 年为 9.92%。可见，越南在垂直专业化分工价值链中提供中间投入品的附加值较高，但垂直专业化分工国际间深化合作程度在弱化。从国外增加值看，出口隐含的进口国增加值（MVA）占比较低，出口隐含的第三（其他）国增加值较高，并呈逐年增加趋势，2015 年为 36.73%，本国收益较低。来自国内账户的纯重复计算、来自国外账户的纯重复计算都呈现下降趋势，说明与中国垂直专业化分工合作关系也在弱化。

中国向越南出口运输设备制造业双边贸易分解情况（如表 6 - 23 所示）。最终产品出口中的国内价值增值占比较高，近几年增加趋势明显，2015 年为 51.12%。被直接进口国吸收的中间出口价值增值占比近几年小幅上升。被直接进口国生产向第三国出口所吸收的中间出口增加值占比呈现逐年上升趋势，2015 年为 11.36%。中国 C15 产业在对越南出口中中间品附加值较低，相对处于价值链的下游环节。从国外增加值看，出口隐含的第三（其他）国增加值占比相对较高，2015 年为 16.96%。出口隐含的进口国增加值、来自国内账户的纯重复计算、来自国外账户的纯重复计算在不断下降。

越南向中国出口运输设备制造业双边贸易分解情况（如表 6 - 24 所示），出口价值较低，从国内增加值结构看，最终产品出口中的国内价值

表 6 - 21　中国向越南出口光电设备制造业（C14）双边贸易分解

项目		DVA_FIN a	DVA_INT b	DVA_INTrex c	RDV d	MVA e	OVA f	DDC g	FDC h
2005 年	价值（百万美元）	21.79	31.19	2.25	1.10	0.09	31.50	1.25	6.37
	占比（%）	21.27	30.44	2.20	1.08	0.08	30.74	1.22	6.22
2008 年	价值（百万美元）	223.99	187.45	141.51	16.34	0.76	183.15	11.70	73.36
	占比（%）	26.72	22.36	16.88	1.95	0.09	21.85	1.40	8.75
2011 年	价值（百万美元）	138.90	149.72	78.56	10.17	0.48	118.11	7.03	37.72
	占比（%）	25.69	27.69	14.53	1.88	0.09	21.84	1.30	6.98
2015 年	价值（百万美元）	239.99	261.63	148.59	17.26	0.50	123.69	5.61	41.90
	占比（%）	28.60	31.18	17.71	2.06	0.06	14.74	0.67	4.99

资料来源：根据 ADB - MRIO 数据整理计算所得。

表 6－22　越南向中国出口光电设备制造业（C14）双边贸易分解

项目		DVA_FIN a	DVA_INT b	DVA_INTrex c	RDV d	MVA e	OVA f	DDC g	FDC h
2005 年	价值（百万美元）	4.61	24.77	3.62	90.28	1.65	19.38	0.04	19.04
	占比（%）	4.83	25.97	3.79	94.65	1.73	20.32	0.04	19.96
2008 年	价值（百万美元）	12.92	60.45	57.93	0.23	13.31	95.24	0.32	88.57
	占比（%）	3.93	18.37	17.61	0.07	4.04	28.95	0.10	26.92
2011 年	价值（百万美元）	30.69	104.29	73.66	0.19	15.15	114.06	0.26	73.00
	占比（%）	7.46	25.36	17.91	0.05	3.68	27.73	0.06	17.75
2015 年	价值（百万美元）	9.50	331.62	90.28	0.43	41.66	334.34	0.61	101.72
	占比（%）	1.04	36.44	9.92	0.05	4.58	36.73	0.07	11.18

资料来源：根据 ADB － MRIO 数据整理计算所得。

110

表6-23　　中国向越南出口运输设备制造业（C15）双边贸易分解

项目		DVA_FIN a	DVA_INT b	DVA_INTrex c	RDV d	MVA e	OVA f	DDC g	FDC h
2005 年	价值（百万美元）	141.68	54.66	16.04	2.48	0.21	64.60	1.09	8.91
	占比（%）	47.62	18.37	5.39	0.83	0.07	21.72	0.37	2.99
2008 年	价值（百万美元）	1701.72	92.58	225.01	7.80	2.33	492.84	4.06	65.20
	占比（%）	65.66	3.57	8.68	0.30	0.09	19.02	0.16	2.52
2011 年	价值（百万美元）	690.96	213.06	135.67	16.49	1.05	258.95	5.57	44.73
	占比（%）	50.56	15.59	9.93	1.21	0.08	18.95	0.41	3.27
2015 年	价值（百万美元）	1113.38	353.99	247.34	18.18	1.28	369.40	6.44	68.02
	占比（%）	51.12	16.25	11.36	0.83	0.06	16.96	0.30	3.12

资料来源：根据 ADB – MRIO 数据整理计算所得。

表 6-24　越南向中国出口运输设备制造业（C15）双边贸易分解

项目		DVA_FIN a	DVA_INT b	DVA_INTrex c	RDV d	MVA e	OVA f	DDC g	FDC h
2005 年	价值（百万美元）	1.10	1.09	0.02	2.09	0.12	1.21	0.00	0.32
	占比（%）	25.19	25.06	0.49	47.98	2.87	27.92	0.03	7.26
2008 年	价值（百万美元）	10.29	9.15	6.77	0.05	4.04	23.03	0.05	9.62
	占比（%）	16.33	14.52	10.74	0.08	6.41	36.56	0.08	15.28
2011 年	价值（百万美元）	7.05	4.76	2.80	0.01	1.34	8.35	0.01	2.35
	占比（%）	26.44	17.85	10.51	0.04	5.01	31.31	0.04	8.80
2015 年	价值（百万美元）	3.97	3.64	2.09	0.01	0.98	6.09	0.01	1.97
	占比（%）	21.16	19.43	11.13	0.05	5.22	32.47	0.05	10.50

资料来源：根据 ADB-MRIO 数据整理计算所得。

增值占比较高，但近几年有下降趋势。被直接进口国吸收的中间出口价值增值占比也较高，并逐年增加，2015 年为 19.43%。被直接进口国生产向第三国出口所吸收的中间出口增加值占比相对较低，且逐年增加趋势，2015 年为 11.13%。越南在越中垂直专业化分工关系中中间品出口附加值较高，国内增加值总体较低。从国外增加值看，出口隐含的第三（其他）国增加值占比最高，近几年出现上升趋势，2015 年为 32.47%，国外增加值占比较高，且包含许多其他国家增加值。出口隐含的进口国增加值、来自国内账户的纯重复计算占比较低，来自国外账户的纯重复计算占比有所增加，说明与垂直专业化分工在深化。

6.2 中国典型产业垂直专业化分工结构与国别比较

6.2.1 纺织材料和纺织产品业垂直专业化分工结构与国别结构

中国纺织材料和纺织产品业垂直专业化分工结构如表 6-25 所示，VS 比例呈下降趋势，2015 年 VS 比例仅为 0.1260。从 VS 构成情况看，最终产品出口中的国外增加值（FVA_FIN）占比高，2015 年占比达到74.7%，说明中国主要利用中间投入进行最终产品的加工组装生产，处于价值链的下游环节。中间产品出口中的国外价值增值（FVA_INT）占比相对较低，并呈现逐年下降趋势，2015 年为 13.93%。出口中的纯重复计算部分（PDC）不断下降，中间贸易品跨越国境循环流转的次数在减少，国际垂直专业化分工弱化。

表6-25　中国纺织材料和纺织产品业垂直专业化分工结构（C4）　　单位: %

年份	VS 比例	在 VS 中占比		
		FVA_FIN	FVA_INT	PDC
2000	0.1807	66.93	16.71	16.36
2005	0.1912	66.35	16.45	17.4

续表

年份	VS 比例	在 VS 中占比		
		FVA_FIN	FVA_INT	PDC
2008	0.1545	69.8	14.39	15.89
2011	0.1451	65.94	17.07	16.26
2015	0.1260	74.7	13.93	11.41

资料来源：根据 ADB – MRIO 数据整理计算所得。

纺织材料和纺织产品业垂直专业化分工结构国别比较情况如表6-26所示，美国的 VS 比例相对较低，与中国基本相当，但最终产品出口中的国外增加值占比低于中国，出口中的纯重复计算部分相对较高。日本的 VS 比例也较低，与中国基本相当，但中间产品出口中的国外增加值占比比中国要高，出口中的纯重复计算部分也较高，说明日本在垂直专业化分工中处于价值链的中高端环节，并且与国外分工生产关系深化程度高。印度垂直专业化分工 VS 比例近几年增长较快，2015 年达到0.2848，从构成情况看，近几年中间产品出口中的国外增加值占比增长迅速，2015 年达到49.09%，说明印度在往价值链的上游环节攀升。出口中的纯重复计算部分不断下降，中间贸易品跨越国境循环流转的次数在减少，国际垂直专业化分工程度弱化。越南垂直专业化分工程度最高，并且呈逐年增加趋势，2015 年达到0.5748，从构成情况看，最终产品出口中的国外增加值占比2015 年达到90.48%，说明越南还是主要从事最终品的加工组装环节，处于垂直专业化分工价值链的下游环节。

表6-26 纺织材料和纺织产品业垂直专业化
分工结构国别比较（C4） 单位：%

年份	VS 比例	在 VS 中占比			VS 比例	在 VS 中占比		
		FVA_FIN	FVA_INT	PDC		FVA_FIN	FVA INT	PDC
		美国				日本		
2000	0.1264	52.55	20.55	26.89	0.0769	12.53	42.74	44.73
2005	0.1587	44.69	25.04	30.27	0.1127	14.5	34.37	51.12
2008	0.1611	46.14	26.09	27.77	0.1450	17	33.94	49.06

续表

年份	VS 比例	在 VS 中占比			VS 比例	在 VS 中占比		
		FVA_FIN	FVA_INT	PDC		FVA_FIN	FVA_INT	PDC
		美国				日本		
2011	0.1989	49.78	24.99	25.23	0.1307	16.93	38.25	44.82
2015	0.1082	63.4	16.7	19.9	0.1345	24.85	36.6	38.55
年份		印度				越南		
2000	0.1160	74.21	13.47	12.32	0.4799	74.17	13.33	12.5
2005	0.1610	81.48	9.61	8.91	0.3692	75.54	11.67	12.79
2008	0.1829	81.91	9.2	8.89	0.4698	77.76	10.03	12.21
2011	0.1605	79.62	12.18	8.2	0.5543	74.75	14.04	11.2
2015	0.2848	46.96	49.09	3.95	0.5748	90.48	5.92	3.6

资料来源：根据 ADB – MRIO 数据整理计算所得。

6.2.2 光电设备制造业垂直专业化分工结构与国别结构

中国光电设备制造业垂直专业化分工结构如表 6 – 27 所示，VS 比例呈下降趋势，2015 年占比为 0.2035。从 VS 构成情况看，最终产品出口中的国外增加值占比高，2015 年占比为 55.63%。中间产品出口中的国外价值增值占比相对较低，但呈现增长趋势，中间品出口被其他国家用于最终品生产带来的附加值较少。出口中的纯重复计算部分不断下降，中间贸易品跨越国境循环流转的次数在减少，国际垂直专业化分工弱化。

表 6 – 27　　　光电设备制造业垂直专业化分工结构（C14）　　单位：%

年份	VS 比例	在 VS 中占比		
		FVA_FIN	FVA_INT	PDC
2000	0.2619	51.56	22.2	26.24
2005	0.3820	49.42	22.89	27.61
2008	0.3198	49.39	23.02	27.61
2011	0.3015	48.41	25.56	25.91
2015	0.2035	55.63	26.01	18.37

资料来源：根据 ADB – MRIO 数据整理计算所得。

光电设备制造业垂直专业化分工结构国别比较情况如表 6 - 28 所示，美国的 VS 比例相对中国要低，最终产品出口中的国外增加值占比比中国要低，出口中的纯重复计算部分相对较高，增长趋势明显，2015 年为 54.29%，垂直专业化分工生产的深化程度高。日本的 VS 比例相比中国也较低，但中间产品出口中的国外增加值占比比中国要高，出口中的纯重复计算部分也较高，说明日本在垂直专业化分工中处于价值链的中高端环节，并且与国外分工生产关系深化程度高。印度垂直专业化分工 VS 比例近几年有所下降，2015 年为 0.2390，从构成情况看，近几年中间产品出口中的国外增加值占比快速增长，2015 年达到 48.41%，说明印度在往价值链的上游环节攀升。出口中的纯重复计算部分不断下降，中间贸易品跨越国境循环流转的次数在减少，国际垂直专业化分工程度弱化。越南垂直专业化分工程度最高，2015 年为 0.5253，从构成情况看，最终产品出口中的国外增加值占比 2015 年为 39.93%，中间产品出口中的国外增加值较高，2015 年达到 41.84%，出口中的纯重复计算部分不断下降，说明越南往价值链的上游环节攀升，跨国分工生产程度下降。

表 6 - 28　光电设备制造业垂直专业化分工结构国别比较（C14）　单位：%

年份	VS 比例	在 VS 中占比			VS 比例	在 VS 中占比		
		FVA_FIN	FVA_INT	PDC		FVA_FIN	FVA_INT	PDC
	美国				日本			
2000	0.1599	36.18	21.96	41.87	0.1040	39.76	25.56	34.68
2005	0.1659	34.35	23.18	42.47	0.1274	32.41	27.44	40.14
2008	0.1647	34.03	26.18	39.78	0.1751	31.68	30.51	37.81
2011	0.1225	37.1	28.23	34.67	0.1651	32.65	35.55	31.8
2015	0.1014	29.12	16.6	54.29	0.1614	38.51	38.75	22.74
年份	印度				越南			
2000	0.2392	37.5	28.7	33.8	0.5454	46.32	21.46	32.22
2005	0.2069	40.19	27.68	32.13	0.4204	33.94	26.43	39.62
2008	0.2130	47.79	26.89	25.32	0.6000	35.37	29.89	34.73
2011	0.1990	53.34	24.36	22.3	0.4922	34.67	36.81	28.52
2015	0.2390	41.96	48.41	9.63	0.5253	39.93	41.84	18.23

资料来源：根据 ADB - MRIO 数据整理计算所得。

6.2.3 运输设备制造业垂直专业化分工结构与国别结构

中国运输设备制造业垂直专业化分工结构如表 6 – 29 所示，VS 比例呈下降趋势，2015 年占比为 0.2054。从 VS 构成情况看，最终产品出口中的国外增加值占比高，2015 年占比为 51.02%，说明中国利用中间投入进行最终产品的加工组装生产程度高，处于价值链的下游环节。中间产品出口中的国外价值增值占比也相对较高，但呈现下降趋势，2015 年为 31.18%，中间品出口被其他国家用于最终品生产带来的附加值在减少。出口中的纯重复计算部分不断下降，中间贸易品跨越国境循环流转的次数在减少，国际垂直专业化分工弱化。

表 6 – 29　　　　运输设备制造业垂直专业化分工结构（C15）　　　单位：%

年份	VS 比例	在 VS 中占比		
		FVA_FIN	FVA_INT	PDC
2000	0.1600	44.24	37.36	18.4
2005	0.2513	42.84	36.43	20.73
2008	0.2206	45.13	32.47	22.46
2011	0.2280	44.49	33.76	21.55
2015	0.2054	51.02	31.18	17.81

资料来源：根据 ADB – MRIO 数据整理计算所得。

运输设备制造业垂直专业化分工结构国别比较情况如表 6 – 30 所示，美国的 VS 比例相对中国要低，且近几年下降趋势明显。中间产品出口中的国外增加值占比、出口中的纯重复计算部分有所下降，垂直专业化分工生产位置的深化程度下降。日本的 VS 比例与中国比差距不大，且呈现增长趋势。最终产品出口中的国外增加值占比比中国要高，2015 年占比达到 64.79%，中间产品出口中的国外增加值占比，出口中的纯重复计算部分呈现下降趋势，说明日本在垂直专业化分工中处于价值链的下游环节，并且与国外分工生产关系深化程度弱化。印度垂直专业化分工 VS 比例近几年有所上升，2015 年为 0.2244，从构成情况看，近几年最终产品出口中的国外增加值占比呈下降趋势，2015 年为

42.17%，中间产品出口中的国外增加值占比快速增长，2015 年达到 49.81%，说明印度在往价值链的上游环节攀升。出口中的纯重复计算部分不断下降，中间贸易品跨越国境循环流转的次数在减少，国际垂直专业化分工程度弱化。越南垂直专业化分工程度最高，2015 年为 0.4825，从构成情况看，最终产品出口中的国外增加值占比 2015 年为 31.85%，低于中国。中间产品出口中的国外增加值较高，2015 年达到 52.04%，出口中的纯重复计算部分不断下降，说明越南往价值链的上游环节攀升，跨国分工生产程度下降。

表 6 - 30　运输设备制造业垂直专业化分工结构国别比较（C15）　单位：%

年份	VS 比例	在 VS 中占比			VS 比例	在 VS 中占比		
		FVA_FIN	FVA_INT	PDC		FVA_FIN	FVA_INT	PDC
	美国				日本			
2000	0.1853	39.67	25.52	34.81	0.0808	59.2	27.11	13.69
2005	0.2258	43.16	25.13	31.71	0.1129	59.96	25.61	14.43
2008	0.2499	49.9	23.92	26.18	0.1761	58.35	25.79	15.86
2011	0.2803	52.35	25.57	22.08	0.1591	54.96	28.92	16.13
2015	0.1464	61.37	21.34	17.29	0.1956	64.79	24.06	11.15
年份	印度				越南			
2000	0.2132	38.91	41.3	19.79	0.5017	41.18	35.19	23.63
2005	0.2087	40.85	40.21	18.95	0.3808	34.8	33.68	31.52
2008	0.2302	45.1	34.35	20.55	0.5833	37.43	31.2	31.37
2011	0.1986	53.48	29.89	16.63	0.4519	25.59	54.6	19.8
2015	0.2244	42.17	49.81	8.02	0.4825	31.85	52.04	16.1

资料来源：根据 ADB - MRIO 数据整理计算所得。

6.3　本 章 小 结

　　从纺织材料和纺织产品业出口价值构成看，中国向美国、日本最终产品出口中的国内价值增值占到七成以上。金融危机后，中美中间品出口中国内增加值增加明显，垂直专业化分工位置有所提升。中日中间品出口中国内增加值出现下降，占比较低，垂直专业化分工位置较低，处于价值链的下游。从国外增加值看，中国向美国、日本出口隐含国内附加值增加，位置提升。来自国内外账户的纯重复计算都呈现下降趋势。中国向印度出口中最终产品出口中的国内价值增值占比高，且呈逐年增加趋势。金融危机后，被直接进口国吸收的中间出口价值增值出现了下降趋势，近几年下降幅度较大，与最终产品出口中的国内价值增值相比呈现此消彼长的趋势。中间品出口中国内增加值增加较少，垂直专业化分工位置降低。中国向越南中间品出口中国内增加值增加较多，处于全球价值链的上游环节，垂直专业化分工位置较高。中国向越南出口中来自国外账户的纯重复计算占比相对较高，说明垂直专业化分工在深化程度相对较高。

从美国、日本向中国出口纺织材料和纺织产品业分解情况看，被直接进口国吸收的中间出口价值增值占比最高，并且呈逐年增加趋势，被直接进口国生产向第三国出口所吸收的中间出口增加值占比也较高，最终产品出口中的国内价值增值占比要低于中间品出口中的国内价值增值。美国、日本在垂直专业化分工价值链中处于上游，主要提供中间投入品，且附加值高。相比于中国对美国、日本贸易，美国、日本两国垂直专业化深化程度更高，有更多的环节在国外完成。印度向中国出口国内价值增值占比较高，最终产品出口中的国内价值增值、被直接进口国吸收的中间出口价值增值占比基本相当。印度在垂直专业化分工价值链中处于上游，主要提供中间投入品，且附加值高。越南向中国出口国内价值增值占比较低，最终产品出口中的国内价值增值占比最高，呈现下降趋势。越南在垂直专业化分工价值链中相对处于价值链下游，提供中间投入品的增加值较低，垂直专业化分工位置低下。越南对中国出口中有来自其他国家的大量附加值，来自国外账户的纯重复计算近几年有小幅增加，说明垂直专业化分工在国际间的循环流转程度增加。

中国向美国、日本出口光电设备制造业中最终产品出口中的国内价值增值占比最高。中国向美国出口中被直接进口国吸收的中间出口价值增值占比也较高，而对日本出口中被直接进口国吸收的中间出口价值增值占比较低，并且呈逐年下降趋势。中国在光电设备制造业垂直专业化分工价值链中提供中间投入品的附加值相比劳动密集型要高，在价值链中的位置更高。从国外增加值看，中国对美国、日本出口隐含的第三（其他）国增加值占比较高，出口隐含的进口国增加值、来自国内账户的纯重复计算、来自国外账户的纯重复计算都呈现下降趋势，说明垂直专业化分工在各国内的循环流转程度在下降。中国向印度出口最终产品出口中的国内价值增值占比最高，且近几年增速较快。被直接进口国吸收的中间出口价值增值占比相对较低，并且呈逐年下降趋势。被直接进口国生产向第三国出口所吸收的中间出口增加值占比较低。中国相比印度在光电设备制造业垂直专业化分工合作价值链中位置较低，提供中间投入品的附加值还较低，在价值链中的下游环节。中国向越南出口被直接进口国吸收的中间出口价值增值占比最高，并且呈逐年增加趋势。中国向越南出口光电设备制造业国内增加至占比接近 80%，中间品出口的附加值高，相对处于价值链的上游。从国外增加值看，出口隐含的第三（其他）国增加值占比相对较高。从国外增加值看，中国对印度、越南出口隐含的第三（其他）国增加值占比相对较高，说明出口中隐含大量来自第三国的增加值。出口隐含的进口国增加值、来自国内外账户的纯重复计算都呈现下降趋势。

　　美国、日本向中国出口光电设备制造业中被直接进口国吸收的中间出口价值增值占比最高，并且呈逐年增加趋势。美国、日本在垂直专业化分工价值链中处于上游，主要提供中间投入品，且附加值高，但与中国的垂直专业化分工深化合作程度在降低。美国最终产品出口中的国内价值增值占比要低于中间品出口中的国内价值增值，但呈现逐年增加趋势，日本呈现下降趋势，日本与中国在垂直专业化分工合作中关系仍然比较紧密。从国外增加值看，出口隐含的进口国增加值、出口隐含的第三（其他）国增加值占比都比较低。印度向中国出口中最终产品出口中的国内价值增值占比最高，国际金融危机后增加趋势明显。被直接进口国吸收的中间出口价值增值占比也相对较高，并且有增加趋势。印度在垂直专业化分工价值链中提供中间投入品的附加值越来越低，垂直专业化分工深化合作程度在弱化。越南向中国出口国内价值增值占比相对较低，被直接进口国吸收的中间出口价值增值占比较高，并且有增加趋势。越南在垂直专业化分工价值链中提供中间投入品的附加值较高，但垂直专业化分工国际间深化合作程度在弱化。从国外增加值看，出口隐含的进口国增加值占比较低，出口隐含的第三（其他）国增加值相对较高。

中国向美国、日本出口运输设备制造业中被直接进口国吸收的中间出口价值增值虽近几年有所下降，但占比较高。中国向美国出口中中间出口增加值占比较低，近几年有所下降。向日本出口中中间出口增加值占比较高，并呈现逐年增加趋势。中国运输设备制造业在对美国、日本出口中中间品附加值较高，相对处于价值链的上游环节。对美国最终产品出口中的国内价值增值占比较高，而对日本最终产品出口中的国内价值增值占比相对较低。从国外增加值看，出口隐含的第三（其他）国增加值占比较高，对美出口中来自国外账户的纯重复计算都呈现下降趋势，对日本出口占比上升，说明垂直专业化分工模式有深化趋势。中国向印度、越南最终产品出口中的国内价值增值占比较高，近几年增加趋势明显。中国向印度出口中中间出口增加值占比较低，并呈现逐年下降趋势，相比较处于价值链的下游环节。中国向越南出口中被直接进口国吸收的中间出口价值增值占比近几年小幅上升。中间出口增加值占比呈现逐年上升趋势。从国外增加值看，对印度、越南出口隐含的第三（其他）国增加值占比相对较高，2015 年为 18.51%。出口隐含的进口国增加值，来自国内账户的纯重复计算、来自国外账户的纯重复计算在不断下降。

美国、日本向中国出口运输设备制造业中最终产品出口中的国内价值增值占比最高，出口价值增值占比也较高，2015 年为 23.75%。中间出口增加值占比较低，且呈逐年下降趋势。美国、日本在处于价值链的下游环节，中间品出口附加值较低。从国外增加值看，美国、日本向中国出口隐含的第三（其他）国增加值占比相对较高。出口隐含的进口国增加值、纯重复计算占比都较低，说明与中国垂直专业化分工合作深化程度较低。印度、越南向中国出口中被直接进口国吸收的中间出口价值增值占比高，最终产品出口中的国内价值增值占比也较高，但近几年有下降趋势。印度在印中垂直专业化分工关系中相对处于价值链的上游环节，中间品出口附加值较高。越南在越中垂直专业化分工关系中中间品出口附加值较高，国内增加值总体较低。从国外增加值看，印度向中国出口隐含的第三（其他）国增加值占比最高，近几年出现下降趋势，而越南出现上升趋势。出口隐含的进口国增加值占比较低，纯重复计算占比有所增加，说明与垂直专业化分工在深化。

从中国重点产业垂直专业化分工结构与国别比较看，中国纺织材料和纺织产品业 VS 比例呈下降趋势，国外增加值占比高，国外价值增值占比相对较低，并呈现逐年下降趋势。出口中的纯重复计算部分不断下降，中间贸易品跨越国境循环流转的次数在减少。美国的 VS 比例相对较低，与中国基本相当，但最终产品出口中的国外增加值占比低于中国，出口中的纯重复计算部分相对较高。日本的 VS 比例也较低，与中国基本相当，但中间产品出口中的国外增加值占比比中国要高，出口中的纯重复计算部分也较高，说明日本在垂直专业化分工中处于价值链的中高端环节，并且与国外分工生产关系深化程度高。印度垂直专业化分工 VS 比例近几年增长较快，中间产品出口中的国外增加值占比增长迅速，印度在往价值链的上游环节攀升。越南垂直专业化分工程度最高，并且呈逐年增加趋势，最终产品出口中的国外增加值占比极高，越南还是主要从事最终品的加工组装环节，处于垂直专业化分工价值链的下游环节。

中国光电设备制造业 VS 比例呈下降趋势，最终产品出口中的国外增加值占比高，中国利用中间投入进行最终产品的加工组装生产程度高，处于价值链的下游环节。中间产品出口中的国外价值增值占比相对较低，但呈现增长趋势，中间品出口被其他国家用于最终品生产带来的附加值较少。美国的 VS 比例相对中国要低，最终产品出口中的国外增加值占比比中国要低，出口中的纯重复计算部分相对较高，增长趋势明显，垂直专业化分工生产的深化程度高。日本的 VS 比例相比中国也较低，但中间产品出口中的国外增加值占比比中国要高，出口中的纯重复计算部分也较高，说明日本在垂直专业化分工中处于价值链的中高端环节，并且与国外分工生产关系深化程度高。印度垂直专业化分工 VS 比例近几年有所下降，近几年最终产品出口中的国外增加值占比呈下降趋势，中间产品出口中的国外增加值占比快速增长，印度在往价值链的上游环节攀升。越南垂直专业化分工程度最高，最终产品和最终产品出口中的国外增加值占比都较高。

中国运输设备制造业 VS 比例呈下降趋势，国外增加值占比高，国外价值增值占比也相对较高，但呈现下降趋势，出口中的纯重复计算部分不断下降。美国的 VS 比例相对中国要低，且近几年下降趋势明显。国外增加值占比比中国要高，国外增加值占比、纯重复计算部分有所下降。日本的 VS 比例与中国比差距不大，且呈现增长趋势。最终产品出口中的国外增加值占比比中国要高。印度垂直专业化分工 VS 比例近几年有所上升，中间产品出口中的国外增加值占比快速增长。越南垂直专业化分工程度最高，最终产品出口中的国外增加值占比低于中国。中间产品出口中的国外增加值较高，出口中的纯重复计算部分不断下降。

第7章 中国重点区域垂直专业化分工合作网络中的增加值来源与关联度

区域经贸合作在中国对外经贸合作中占有十分重要的位置。国际金融危机以来，国际经贸环境不断恶化，贸易壁垒增加，世界贸易组织（WTO）框架下的经贸规则面临严峻挑战，出现了"逆全球化"趋势。与此同时，区域经济一体化组织不断涌现，并呈现意大利"面条碗"现象。美国等发达国家试图通过建立新的区域经济合作组织，重构国际经贸规则，这对各区域内现行的贸易关系和分工模式将会产生巨大而深远的影响。日益复杂的全球经贸形势以及"一带一路"等开放型经济发展倡议将会对国际垂直专业化分工格局的深刻变化、中国的垂直专业化分工合作区域及合作产业选择以及国际贸易、产业转型发展产生极其重要的影响。本章将首先分析中国传统的垂直专业化分工合作重点区域东北亚、东亚、美国等的贸易特征、增加值来源和贸易关联程度，进而结合当前国家"一带一路"等开放型经济发展倡议的要求及思路，重点分析"一带一路"沿线贸易量较大的东南亚、南亚、欧洲等区域的垂直专业化分工合作特征，全面把握中国垂直专业化分工合作网络的阶段性特征及发展趋势，为垂直专业化分工合作区域的调整和地位提升提供参考。

7.1 中国与东北亚区域垂直专业化分工增加值贸易平衡、贸易关联与需求依赖度

中国与东北亚区域各国的经贸合作由来已久，在经济全球化和国际垂直专业化分工生产模式盛行的推动下，东北亚区域间的经贸合作日益密切，中国成为日韩产业转移的主要承接地，并多次成为日韩的第一大

贸易伙伴国。但近年来中国与两国政治互信减弱，区域经贸合作阻力增加，中日韩自贸区合作停滞不前，而与俄罗斯关系向好，政治互信加强，这在一定程度上会影响区域分工贸易合作的转向。就国内发展环境看，中国国内资源、环境约束问题加剧，劳动力等资源价格急速上升，促使日韩企业的垂直专业化分工生产环节向南亚、东南亚、非洲等国转移增加。经济发展步入新常态，增长速度换挡期、结构调整阵痛期、前期刺激政策消化期"三期"叠加。面对复杂的国内外经贸形势，中国政府适时提出了加快"自由贸易区"建设、"一带一路"倡议等，试图找寻促进国际贸易和国内经济发展的新动能，提升在全球价值链分工中的地位，推动国内产业转型升级，这对于东北亚区域经贸合作也会产生重大影响。

就学者们的研究来看，由于之前中间品贸易数据难以获取及增加值测算方法的局限，主要还是基于传统贸易统计下的国别数据探讨中日、中韩、中俄经贸关系，对于东北亚区域垂直专业化分工网络中增加值贸易关系研究的文献鲜有，且基本都未涉及产业层面。闫克远和金华林（2007）、金继红和张琦（2007）、刘昌黎（2011）、徐修德和李琛（2014）、李丽（2015）、张季风（2015）、甘睿森和陈志恒（2016）等对传统贸易统计下中日贸易差额、趋势、位置、依存关系等问题进行了分析，认为日本在中国贸易位置中有所下降，但互补及互惠关系依然存在。廉晓梅（2004）、张玉和（2006）、赵放和李季（2010）、李贤珠（2010）、蓝庆新和郑学党（2011）、丁匡达（2013）、韩冰和张清正（2016）分析了中韩贸易产业结构、互补及竞争关系、趋势等。胡艺和沈铭辉（2012）、胡小娟和唐天雷（2013）关注了中韩中间产品贸易增加现象。任泽洙和赵阳阳（2016）、侯丹丹（2016）、廖战海、曹亮和张亮（2016）、周曙东、肖宵和杨军（2016）等分析了中韩自贸区建设对贸易、产业发展的影响。石艾馨和李娇（2008）、张英（2009）、万红先和李莉（2011）、郝宇彪（2013）对中俄贸易相关性、产业贸易结构、影响因素等问题进行了分析。陈元（2015）、万永坤（2016）、陈倩颖和班天艺（2016）等在"一带一路"合作背景下对中俄贸易结构改善，合作深化等问题进行了展望。富景筠（2011）、文学（2013）、李文和王语懿（2015）、郭定平（2017）、邝艳湘和向洪金（2017）等从区域合作机制、地缘政治因素、国际经贸格局变化等方面分析了东北亚区域贸易合作机遇、挑战、前景等问题。黎峰（2015）、马风涛和段治平（2015）、康振宇和徐鹏（2015）、尹伟华（2016）、李清如（2017）等从增加值贸易角度分析了中国与日韩贸易的结构、收益等，但主要还是集中在某一特定产业或基于国别数据研究。基于现有文献研究的局限和存在的问题，本节从增加值角度对东北亚区域分工网络中产业贸易平衡、产业竞争力、贸易关联机制、需求依赖度等进行深入探讨，避免传统的官方贸易统计中大量中间品贸易的"重复计算"，不能真实地反映各国贸易关系、位置和贸易利益的问题，对于中国明确新时期东北亚区域经贸合作趋势、贸易利益获取能力，制定对外贸易战略、产业转型发展重点方向、合理有序推进"一带一路"、自由贸易区等海外发展战略意义重大。

　　本节在中国外向型发展战略方向调整、"自由贸易区"战略全面推进的背景下，将区域内的另一大国俄罗斯纳入分析框架下，就中国与日本、韩国、俄罗斯三国的垂直专业化分工贸易关系和合作趋势展开系统的探讨。同时，将研究细化到产业层面，更利于探明中国与各国的深层贸易关系和产业竞争优势所在；考虑到中国广泛参与到东北亚区域垂直专业化分工生产贸易的事实，将基于最新的亚洲发展银行—多区域投入产出表（ADB - MRIO）数据，借鉴库普曼等（2014）、王直等（2015）的增加值贸易核算方法，从增加值贸易角度入手，剖析中国与东北亚区域内各国分工贸易增加值关联机制和需求依赖度，探明各国真实的贸易利益、贸易发展趋势、对国内经济增长的带动作用；综合考虑国内"三期"叠加、贸易新动能塑造、产业转型升级日益迫切，产业竞争力和技术水平有所提升以及发展规划向"一带一路"国家转移的背景，结合东北亚区域垂直专业化分工网络增加值贸易关系的分析结论，前瞻性地提出促进中国价值链地位攀升等外向型发展战略调整的针对性建议。

7.1.1　研究数据及指标体系构建

1. 研究数据来源

　　基于增加值贸易的总出口及全球价值链分解，分解测算原始数据为国际间投入产出表（ICIO）数据，目前国际上知名和常用的国际间投入产出表有欧盟（EU）的世界投入产出数据库（WIOD）、经济合作与发展组织（OECD）的 ICIO、全球贸易分析项目（GTAP）的 ICIO 以及亚洲发展银行（ADB）的多区域投入产出表（MRIO）。每个 ICIO 所涵盖的国家（地区）数目、产业部门数、表的时间跨度都存在差异。经济合作与发展组织的 ICIO、全球贸易分析项目的 ICIO 年份只更新到 2011年，资料相对陈旧，且由于 ICIO 的编制较为复杂，涉及多国，不是每年都编制，所提供的资料也相对有限。2016 年发布的欧盟 WIOD 数据更新到 2014 年，涵盖的欧洲国家较多。相比较之下，亚洲发展银行的 MRIO 涵盖更多亚洲国家数据，表的编制更多地考虑亚洲国家的特点和需要，且数据较新，已更新到 2015 年，因此，研究采用亚洲发展银行的 MRIO 数据。亚洲发展银行的 MRIO 数据涵盖 45 个国家（地区），35个产业部门，① 目前发布 2000 年、2005 年、2008 年、2011 年和 2015年五张多区域投入产出表。本节分析集中在东北亚区域，只关注中国、日本、韩国、俄罗斯四国。同时，产业部门数目较多，在文中应用各指标具体分析时，主要关注分工贸易关系联系较为密切的十个制造产业部门。

2. 研究指标体系构建

根据本节对东北亚区域垂直专业化分工网络中中国与各国关系分析需要，借鉴王直等（2015）的总贸易核算法，从增加值角度对亚洲发展银行的 MRIO 进行分解测算，改进增加值贸易统计下的各国产业显示性比较优势指数测算方法。根据分解结果构建相应的指标体系对产业贸易关联与需求依赖度进行度量，探明中国与东北亚区域内各国分工贸易

---

① 亚洲发展银行的多区域投入产出表中的 45 个国家（地区）涵盖中国、日本、韩国、俄罗斯等国家（地区）。35 个产业部门包括 C1 农林牧渔业，C2 采掘业，C3 食品、饮料、烟草业，C4 纺织材料和纺织产品，C5 皮革、制鞋业，C6 木材和木材加工业，C7 纸浆、纸张、印刷和出版，C8 焦炭、精炼石油和核燃料，C9 化学品和化工产品，C10 橡胶和塑料制品业，C11 其他非金属矿物，C12 金属和金属制品，C13 机械设备制造业，C14 光电设备制造业，C15 运输设备制造业，C16 其他制造业，C17 电力、煤气和供水，C18 建筑业，C19 汽车、摩托车的销售、维修和修理、燃料零售，C20 批发贸易（汽车和摩托车除外），C21 零售贸易（汽车和摩托车除外），家庭用品维修，C22 酒店和餐饮业，C23 内陆运输，C24 水路运输，C25 航空运输，C26 其他运输活动、旅行社活动，C27 邮电业，C28 金融业，C29 房地产，C30 机电租赁和其他商业活动的租赁，C31 公共管理和国防、强制性社会保障，C32 教育，C33 卫生和社会工作，C34 其他社区、社会和个人服务，C35 家庭雇用服务。

关联紧密程度及国外最终需求对中国经济增长的贡献程度。

（1）增加值贸易统计下修正的显示性比较优势指数 RCA_V。

对产业部门出口竞争力进行测度，可以明确一国竞争优势所在，为贸易战略调整和产业转型升级决策提供参考依据。美国经济学家巴拉萨（Balassa，1965）年提出的显示性比较优势指数（RCA）是衡量部门出口竞争力的主要指标，为一国某部门出口占该国出口总值的比重相对于全球该部门出口与全球出口总值的比重之比表示。按照日本贸易振兴会（JERTO）提出的标准，当 RCA > 2.5 时该产业具有极强的出口竞争力；$1.25 \leq RCA < 2.5$ 时该产业具有较强的出口竞争力；$0.8 \leq RCA \leq 1.25$ 时该产业具有中等的出口竞争力；若 RCA < 0.8 表明该产业出口竞争力较弱。但这种传统的显示性比较优势指数测算忽略了当前分工生产盛行的特点，既未考虑国内生产分工，也忽略了国际垂直专业化分工。在分工生产下，一国某部门的增加值可以隐含在其他部门实现间接出口，同时一国部门出口中也含有国外价值（包括 FVA、FDC 两部分）。因此，要真实测度一国某部门的出口竞争力，需要从增加值角度考虑，将某部门隐含在其他部门的出口增加值归到本部门出口中，同时，将总出口中来源于国外的增加值 FVA 和纯重复计算部分 FDC 剔除。[①] 增加值贸易统计下修正的显示性比较优势指数 RCA_V 可以表示为：

$$RCA_V = \frac{(DVAF_i^r + RDVF_i^r)/(\sum_i^n DVAF_i^r + RDVF_i^r)}{\sum_r^G (DVAF_i^r + RDVF_i^r)/\sum_r^G \sum_i^n (DVAF_i^r + RDVF_i^r)}$$

其中，$DVAF_i^r$ 表示 r 国 i 部门出口被国外吸收的国内增加值，$RDVF_i^r$ 表示 r 国 i 部门出口返回国内并被本国吸收的国内增加值，G 代表世界国家个数，在本章中为 MRIO 中涵盖的 45 个国家，n 代表产业部门数，包含 MRIO 中的 35 个产业部门。

（2）产业增加值贸易关联度 FVS_{Inj}。

在垂直专业化分工生产价值链条中，一国处于价值链某一特定生产环节，其产品生产会使用进口中间投入品，从而导致其产品出口中会嵌

① Wang, Z., Wei, S. J., Zhu, K. Quantifying International Production Sharing at the Bilateral and Sector Levels [R]. NBER Working Paper, 2013.

入一个或多个上游国家创造的附加值，嵌入附加值的多少可以用来衡量该国在产品生产贸易价值链条上与产品上游生产环节特定国家的关联程度。出口中嵌入的该国价值增值越多，说明两国贸易关联程度越密切，分工合作关系越紧密。通过该指标的构建，有助于探明中国与东北亚区域内各国的分工合作关系的紧密程度和变化趋势，指导新常态下中国外经贸及产业转型升级实践。从产业层面看，i 国 n 产业部门与 j 国的贸易关联度测算公式可表示为：

$$FVS_{inj} = \frac{FVS_{inj}}{EX_{in}}$$

其中，FVS_{inj} 表示 i 国 n 产业部门对 j 国出口中由 j 国创造的附加值，EX_{in} 表示 i 国 n 产业部门的出口额。FVS_{inj} 指标值越大，表示 i 国 n 产业部门对 j 国出口中由 j 国创造的附加值占本部门出口额比重越高，i 国 n 产业与 j 国的贸易关联度越高，垂直专业化分工生产合作关系越密切。

（3）产业发展需求依赖度 FDR_{inj}。

在垂直专业化分工生产模式下，东北亚区域贸易中各国家、各产业的产品出口附加值决定了经济总体及各产业发展规模和水平。各国家、各产业的产品出口附加值会通过最终产品形式直接被国外吸收，也可以通过中间产品渠道经过一次或多次跨国流转后被国外最终需求吸收。在这种情形下，各国家、各产业经济总体及各产业发展规模和水平会形成对最终吸收国的最终需求依赖。通过对国家层面和产业层面最终需求依赖的测算可以明确一国经济总体及各产业与区域内贸易伙伴国的依赖关系，贸易伙伴国对该国经济和产业发展重要性的变化趋势，便于调整外经贸战略和发展方向。本章主要是基于产业层面数据展开分析，一国对区域内各国产业发展需求依赖度的测度可以表示为：

$$FDR_{inj} = \frac{DV_{inj}}{GDP_{in}}$$

其中，DV_{inj} 表示 j 国最终需求中包含的由 i 国 n 部门创造的国内附加值。GDP_{in} 表示 i 国 n 部门的国内生产总值。GDP 是衡量一国经济增长的重要指标，因此，j 国最终需求中包含的由 i 国 n 部门创造的国内附加值在 i 国 n 部门 GDP_{in} 中所占的比重，可以衡量 i 国 n 部门经济增长对 j 国最终需求的依赖程度。FDR_{inj} 指标值越大，代表 i 国 n 部门的经济增长

（GDP_{in}）对 j 国最终需求依赖度越大，j 国最终需求对 i 国 n 部门的发展越重要。

7.1.2　东北亚区域分工贸易态势、贸易结构、产业贸易竞争力

为了科学、系统地提出中国与东北亚区域经贸合作、外经贸战略调整及产业转型发展的建议，首先对东北亚区域内各国分工贸易额度、产业贸易竞争力进行分析，总体把握中国与东北亚区域内各国的贸易态势、贸易结构、贸易竞争力等基本情况，进而结合产业贸易关联度、产业发展需求依赖度等指标进行深入探讨。

1. 东北亚区域分工贸易态势、贸易结构

首先就传统海关贸易统计下东北亚区域贸易态势进行研究，以便与增加值贸易统计下的贸易情况进行对比研究。考虑到美国在东北亚区域分工中处于上游生产者的位置，分工合作关系密切，将与美国的贸易纳入分析框架。从表 7 - 1 可知，中国虽作为贸易顺差大国，但多年来与日本、韩国的贸易都是逆差，与日本的贸易差额呈 V 形发展，在 2000 年后贸易顺差减少，2005 年出现贸易逆差，2011 年后又出现贸易顺差。与韩国的贸易逆差在 2011 年前不断扩大，之后好转，与俄罗斯贸易情况类似，只是顺差出现时间较早。而与美国的贸易顺差成不断扩大趋势，到 2015 年贸易顺差达到 487596.06 百万美元。可见，国际金融危机后，特别是近几年，中国与东北亚区域内各国的经贸关系出现了新的趋势，贸易逆差转为贸易顺差，且顺差额度在不断扩大。

表 7 - 1　　　传统贸易统计下中国与区域内三国及美国

双边贸易差额　　　　　单位：百万美元

年份	日本	韩国	俄罗斯	美国
2000	658. 50	- 9898. 32	- 1708. 14	55045. 18
2005	- 1664. 51	- 24229. 94	- 4561. 64	159332. 40

年份	日本	韩国	俄罗斯	美国
2008	−10248.70	−26659.74	15243.25	223075.99
2011	3395.39	−46430.13	10169.92	237696.74
2015	136805.21	10477.97	13993.96	487596.06

资料来源：根据 ADB – MRIO 整理计算所得。

从增加值贸易统计情况看（如表 7 – 2 所示），相比传统贸易统计下的双边贸易差额，中国与东北亚区域内三国的贸易差额缩小。2000年，中国与日本贸易差额变为逆差，说明中国贸易收益较低。2008 年的贸易逆差相比传统贸易统计出现大幅下降，2011 年后的顺差出现缩小。韩国、俄罗斯呈现相同的趋势，但俄罗斯贸易差额缩小幅度较小。这可能是由于中国与各国同处于东北亚区域垂直专业化分工网络中，中国与日本、韩国存在大量的中间品贸易，在传统贸易统计下高估了贸易差额。与俄罗斯之间的中间品贸易额相对较少，因此，贸易差额缩小幅度也相对较小。增加值贸易统计下，中间品在各国间循环流转，只计算增值部分，避免了重复计算和贸易差额的高估，真实地反映各国的贸易关系。中国承接了大量产品加工组装环节生产活动，处于价值链的下游，许多产品最终出口到美国，传统贸易统计下中美顺差相对较高，在增加值贸易统计下中国对美国的贸易顺差也缩减。

表 7 – 2　　　　增加值贸易统计下中国与区域内三国及美国

双边贸易差额　　　　　　单位：百万美元

年份	日本	韩国	俄罗斯	美国
2000	−398.396172	−3838.825565	−1509.705582	46897.42314
2005	−692.6894489	−8891.170375	−3737.530852	125361.8276
2008	−946.7969057	−4564.952457	11996.98669	189896.2128
2011	3154.823605	−17518.69386	7390.562023	196279.9757
2015	99274.41324	4852.556682	5329.267901	404658.1595

资料来源：根据 ADB – MRIO 整理计算所得。

从贸易产业看（如表 7 – 3 所示），① 日本制造业对中国的出口贸易主要集中在光电设备制造业（C14）、机械设备制造业（C13）、金属和金属制品业（C12）、化学品和化工产品（C9）、运输设备制造业（C15）等，并且各年度前十大产业基本没有变化，只是出口额度位次有所变化。从总出口额度看，2008 年相比 2000 年出口额度大幅增长，这也是中国加入世贸组织到国际金融危机爆发的外贸发展黄金期，2008 年后增速有所下降，到 2015 年日本各产业对中国出口总额都出现了大幅下降。

表 7 – 3　　　　　日本对中国出口贸易总额前十大制造产业　　　　单位：百万美元

2000 年				2008 年				2015 年			
产业	总出口额	产业	中间品出口额	产业	总出口额	产业	中间品出口额	产业	总出口额	产业	中间品出口额
C14	13881	C14	9674	C14	53116	C14	39737	C14	32507	C14	24919
C13	6692	C12	5589	C13	18833	C12	15852	C15	8716	C9	6149
C12	5892	C9	3993	C12	16625	C9	12549	C13	8270	C12	5820
C9	4289	C4	2644	C9	13467	C15	6882	C9	6745	C13	5059
C4	2771	C13	1590	C15	12365	C13	6192	C12	6008	C15	4838
C15	1515	C15	717	C10	4196	C10	3658	C10	2160	C10	1965
C10	757	C10	601	C8	3488	C8	3418	C4	1515	C4	1383
C7	558	C7	545	C4	3178	C4	2992	C11	1006	C11	989
C11	549	C11	529	C11	1580	C11	1547	C8	791	C8	772
C8	427	C8	415	C16	903	C7	624	C16	490	C7	319

资料来源：根据 ADB – MRIO 整理计算所得。

从贸易结构看，日本对中国的出口总额中，主要是中间品出口，

---

① 由于东北亚区域中与中国贸易额较高的日本、韩国都处于垂直专业化分工生产环节的上游阶段，因此，在双边贸易分析中以日本、韩国、俄罗斯对中国的出口为分析出发点。限于文章篇幅，仅列出了 2000 年、2008 年和 2015 年三年的贸易数据作为参考，同时，中国对日本、韩国、俄罗斯的出口详细数据未在文中列出，只根据需要做文字、数据描述，感兴趣的读者可向作者索取详细数据。

中间品出口前十大产业与出口总额前十大产业基本吻合。在 2000 年，有 6 个产业中间品出口占双边总出口额的 90% 以上，其中四个行业达到 95% 以上，纸浆、纸张、印刷和出版产业（C7）占比最高达到 97.67%。从发展趋势看，中间产品占比一直处在高位，2008 年 5 个产业中间品出口占双边总出口额的 90% 以上，2015 年有 6 个产业中间品出口占双边总出口额的 90% 以上。并且在 2000 年中间产品出口占比相对较低的几个产业机械设备制造业、运输设备制造业，在 2008 年、2015 年占比都在不断提高，机械设备制造业中间产品出口占比从 2000 年的 23.76% 提高到 2015 年的 61.17%。这说明日本与中国之间的垂直专业化分工生产模式仍占据主导，并且日本占据绝对竞争优势的汽车、机械设备等最终品出口为主的一些产业也呈现出垂直专业化分工逐步深化的趋势。而从中国对日本出口结构看，中间品出口占比相对较低，2000 年、2015 年中间品出口占比最高的金属和金属制品业占比分别为 87.90%、82.70%，其他制造业如机械设备制造业、光电设备制造业占比基本在 30% 左右。一些劳动密集型的低附加值产业如食品、饮料、烟草业（C3）、皮革、制鞋业（C5）等主要是出口最终产品，历年中间品出口占比都在 5% 以内。可见，中国承接垂直专业化分工生产的某一环节或作为组装地，中间产品出口量占比较少，主要是出口劳动密集型最终产品。

韩国对中国出口贸易产业（如表 7-4 所示）主要集中在光电设备制造业、化学品和化工产品、机械设备制造业等，各年度前十大制造产业也较为集中，仅出口额度位次有所变化。绝大多数产业 2008 年相比 2000 年出口额度大幅增长，但像纺织材料和纺织产品（C4）、皮革、制鞋业等劳动密集型产业的出口额不但没有增长反而出现了下降，这说明在这期间中国这些产业的竞争力有了较大提高，进口减少，出口不断增加。受 2008 年国际金融危机和中国相关产业竞争力提升等影响，韩国对中国出口总额增长缓慢，有些产业出口额出现进一步下降，韩国对中国出口的阻力和不确定性增加。2015 年皮革、制鞋业出口额下降到 281 百万美元，纺织材料和纺织产品下降到 1850 百万美元。同时，虽然韩国绝大多数产业对中国出口与日本比还存在差距，但有些产业的出口韩国逐渐超过日本，且此消彼长趋势十分明显。2015 年韩国光电设备制造业、化学品和化工产品对中国出口额已大幅超过日本，贸易位置加强。

表 7 - 4　　　　　　韩国对中国出口贸易总额前十大制造产业　　　单位：百万美元

2000 年				2008 年				2015 年			
产业	总出口额	产业	中间品出口额	产业	总出口额	产业	中间品出口额	产业	总出口额	产业	中间品出口额
C14	6352	C9	4752	C14	47981	C14	39520	C14	54004	C14	44885
C9	4875	C14	4447	C9	20172	C9	19800	C9	23434	C9	22312
C4	3658	C4	3575	C13	8675	C8	7596	C13	5838	C12	3862
C8	2796	C8	2728	C8	7723	C12	6553	C15	4814	C13	3522
C12	2332	C12	2284	C12	6619	C13	3348	C12	3908	C8	3151
C13	1174	C7	748	C15	2870	C4	1815	C8	3210	C15	2789
C5	801	C5	721	C4	2147	C15	1569	C4	1850	C4	1586
C7	761	C10	332	C10	1708	C10	1472	C10	501	C10	456
C10	382	C13	219	C5	721	C5	565	C3	438	C5	212
C15	123	C11	96	C3	435	C7	346	C5	281	C7	140

资料来源：根据 ADB - MRIO 整理计算所得。

从贸易结构看，韩国对中国的出口也主要是中间品出口，中间品出口前十大产业与出口总额前十大产业基本吻合。在 2000 年，有 5 个产业中间品出口占双边总出口额的 97% 以上，纸浆、纸张、印刷和出版产业占比最高达到 98.29%。从发展趋势看，一些技术含量高、韩国有竞争优势的产业如金属和金属制品、机械设备制造业、光电设备制造业、运输设备制造业中间产品出口占比在不断增加，垂直专业化分工生产深化。而像纺织材料和纺织产品、皮革、制鞋业、食品、饮料、烟草业等技术含量较低的劳动密集型产业中间产品出口占比不断下降，2015 年食品、饮料、烟草业中间品出口占比仅为 2.05%，说明随着中国在这些产业竞争力的提升，垂直专业化分工模式在这些产业有所弱化。而从中国对韩国出口结构看，中间品出口占比也相对较低，且多数高技术产业中间品出口占比呈逐年下降趋势，光电设备制造业中间品出口占比从 2000 年的 74.20% 降到 2015 年的 58.80%，化学品和化工产品、金属和金属制品等产业占比下降也在 5% 以上。食品、饮料、烟草业、皮革、制鞋业等劳动密集型产业主要是出口最终产品，历年中间品出口占比基本都在 10% 以内，2015 年皮革、制鞋业中间品出口占比仅为 2%。

这些产业中国在分工生产过程中竞争力提升，主要是出口最终产品，垂直专业化分工价值链条缩短。

俄罗斯对中国的总出口额度相对较少，但增长趋势明显。采掘业（C2）、木材和木材加工业（C6）、焦炭、精炼石油和核燃料（C8）等资源、能源相关产业增长迅速（如表7-5所示），但各年度前十大出口产业基本变化不大。俄罗斯对中国多数产业的出口在2008年之后同样出现了下降趋势，但总体来看下降幅度相比日韩要小。俄罗斯对中国轻工业、劳动密集型产业产品出口较少，食品、饮料、烟草业在2015年排入前十大产业，出口额只有137百万美元，而纺织材料和纺织产品、皮革、制鞋业等产业出口额很少，未排入前十。俄罗斯对中国的出口主要集中在资源、能源相关产业，而轻工业、劳动密集型产业产品极少。

表7-5　　　　　俄罗斯对中国出口贸易总额前十大产业　　　单位：百万美元

2000 年				2008 年				2015 年			
产业	总出口额	产业	中间品出口额	产业	总出口额	产业	中间品出口额	产业	总出口额	产业	中间品出口额
C9	649	C9	645	C2	8393	C2	8393	C2	16948	C2	16948
C12	613	C12	612	C9	2161	C9	2094	C9	1414	C9	1397
C2	433	C2	433	C1	1351	C1	1344	C12	1016	C12	1015
C7	338	C7	338	C12	1051	C12	1051	C1	703	C1	691
C1	265	C1	264	C7	804	C7	804	C7	585	C7	585
C13	174	C13	91	C8	648	C8	638	C6	480	C6	479
C8	76	C8	74	C13	296	C6	231	C8	445	C8	437
C14	50	C14	37	C6	233	C13	211	C13	180	C13	107
C3	26	C15	12	C3	167	C14	56	C3	137	C14	92
C15	22	C6	9	C14	70	C5	8	C14	117	C5	4

注：考虑到俄罗斯制造业相对落后，中国与俄罗斯贸易很多集中在农业、资源、能源相关产业，因此，在分析俄罗斯对中国出口情况时，产业不再限定在制造业，而将农业、资源、能源相关产业纳入分析。

资料来源：根据 ADB - MRIO 整理计算所得。

从贸易结构看，由于俄罗斯对中国的出口主要集中在资源、能源相关产业，因此，中间品出口占比较高。采掘业、纸浆、纸张、印刷和出版产业、化学品和化工产品、金属和金属制品业等产业出口基本全为中间产品。从发展趋势看，在资源、能源相关产业中间产品占比一直处在高位，机械设备制造业、光电设备制造业出口中间产品占比在 2008 年有所提高，但到 2015 年基本又降回到 2000 年水平，总体提升幅度不大，说明俄罗斯与中国与垂直专业化分工生产合作还不够深入。从中国对俄罗斯出口结构看，中国无论是劳动密集型产业如纺织材料和纺织产品、皮革、制鞋业，还是技术密集型产业如机械设备制造业、光电设备制造业对俄罗斯出口都保持绝对的顺差，而资源、能源产业处于绝对逆差。化学品和化工产品、金属和金属制品业、光电设备制造业等产业中国对俄罗斯的中间产品出口占比有所提升，但幅度不是太大，食品、饮料、烟草业、纺织材料和纺织产品、皮革、制鞋业等劳动密集型产业产品出口主要是最终品，可见，中国与俄罗斯的垂直专业化分工生产合作有待于进一步深入。

2. 东北亚区域内各国产业贸易竞争力

根据增加值贸易统计下修正的显示性比较优势指数 RCA_V，测度东北亚区域内中国、日本、韩国各产业的真实出口竞争力，测算结果如表 7－6 所示。[1] 中国显示性比较优势指数较高的产业集中在纺织材料和纺织产品、皮革、制鞋业、其他非金属矿物（C11）、农林牧渔业（C1）等产业，其中，皮革、制鞋业具有极强的出口竞争力。从时间趋势上看，基于增加值贸易测算各产业显示性比较优势指数基本呈下降趋势，金融危机对中国出口的负面影响非常显著。

表 7－6　　　基于增加值贸易测算的东北亚区域内各国
显示性比较优势指数 RCA_V 前十大产业

		产业									
	年份	C5	C4	C11	C1	C10	C16	C6	C14	C3	C8
中国	2000	3.78	3.65	2.24	2.18	1.66	1.46	1.28	1.2	1.2	1.08
	2008	3	3.06	1.59	1.8	1.56	1.43	1.67	1.84	1	0.7
	2015	3.15	2.28	1.5	1.73	1.24	1.12	1.48	1.57	0.95	0.67

---

[1]　产业主要包括制造业，考虑到中国农业部门贸易额较多，将中国农林牧渔业（C1）纳入分析，而俄罗斯资料、能源贸易额较多，将这些部门纳入分析。

续表

		产业									
日本	年份	C14	C15	C13	C12	C19	C10	C11	C8	C9	C7
	2000	1.83	1.82	1.61	1.5	1.42	1.36	1.06	0.98	0.92	0.66
	2008	1.67	2.4	1.51	1.65	1.55	1.51	1.2	1.29	0.8	0.79
	2015	1.47	2.55	1.53	1.93	1.55	1.6	1.16	1	0.88	1.08
		产业									
韩国	年份	C4	C8	C14	C15	C5	C9	C10	C12	C13	C11
	2000	2.38	2.13	2.1	1.4	1.36	1.27	1.23	1.15	1.03	0.99
	2008	0.99	1.44	2.56	2.7	0.46	1.38	1.59	1.63	1.36	1.06
	2015	0.38	0.9	2.68	2.73	0.38	1.65	0.74	1.6	1.32	0.48
		产业									
俄罗斯	年份	C8	C2	C12	C6	C1	C13	C7	C9	C16	C11
	2000	3.42	2.07	1.48	0.86	0.64	0.63	0.58	0.57	0.43	0.42
	2008	3.38	2.13	0.96	0.73	0.28	0.40	0.45	0.61	0.11	0.48
	2015	5.08	2.83	1.25	1.12	0.36	0.52	0.68	0.70	0.13	0.41

资料来源：根据 ADB - MRIO 整理计算所得。

日本运输设备制造业具有极强的出口竞争力，光电设备制造业、机械设备制造业、金属和金属制品、橡胶和塑料制品业（C10）等产业具有较强的出口竞争力。运输设备制造业、金属和金属制品、橡胶和塑料制品业等产业竞争力呈现不断提升趋势。韩国光电设备制造业、运输设备制造业具有极强的竞争力，化学品和化工产品、金属和金属制品具有较强的出口竞争力，且这些产业的出口竞争力呈现不断增强趋势。而像纺织材料和纺织产品、皮革、制鞋业、橡胶和塑料制品业等产业的竞争力则出现大幅度的下降，由 2000 年的具有较强或中等强度竞争力转变为竞争力较弱。俄罗斯的资源能源产业焦炭、精炼石油和核燃料、采掘业具有极强的出口竞争力，金属和金属制品、木材和木材加工业具有中等出口竞争力，其他产业竞争力较弱。2015 年典型的制造产业如机械设备制造业、化学品和化工产品显示性比较优势指数分别只有 0.52 和 0.70，而像纺织材料和纺织产品、皮革、制鞋业等劳动密集型产业竞争力更弱，显示性比较优势指数未排进前十。从竞争力变化趋势看，俄罗斯焦炭、精炼石油和核燃料、采掘业出口竞争力增长明显，木材和木材加工业、纸浆、纸张、印刷和出版、化学品和化工产品竞争力有所提升，其他产业竞争力出现波动下降趋势。

通过对东北亚区域内各国产业贸易竞争力的差异和变化趋势分析，明确一国竞争优势所在。中国有出口竞争优势的产业主要还是集中在劳动密集型产业，但同时伴随着代工生产经验的积累和企业研发水平的提升，光电设备制造业等产业的出口竞争力也由弱变强。日本、韩国出口竞争优势产业主要集中在机械设备制造业、光电设备制造业、运输设备制造业等产业，日本其他制造业具有中等或较强出口竞争力，而韩国像纺织材料和纺织产品（C4）等劳动密集型产业的出口竞争力则出现大幅度的下降。俄罗斯出口竞争优势产业集中在资源、能源产业，其他产业竞争力相对较弱。这些分析结论为中国贸易战略调整和产业转型升级决策提供了有利的参考依据。

7.1.3　中国与东北亚区域内各国产业增加值贸易关联度和需求依赖度

为探明中国与东北亚区域内各国垂直专业化分工合作关系的紧密程度和变化趋势，明确各产业与区域内贸易伙伴国的依赖关系，贸易伙伴国对该国经济和产业发展重要性的变化趋势，指导新常态下中国垂直专业化分工生产、外经贸战略调整及产业转型升级实践，对中国与东北亚区域内各国产业增加值贸易关联度和需求依赖度进行研究。

1. 中国与东北亚区域内各国产业增加值贸易关联度

基于增加值贸易测算的中国与东北亚区域内各国产业增加值贸易关联度 FVS_{inj} 最高的前十大产业与出口贸易前十大产业基本吻合（如表 7 - 7 所示）。中国与日本各产业增加值贸易关联度 FVS_{inj} 呈现明显的下降趋势。2000 年中国与日本的光电设备制造业贸易关联度最高，为 4.59%，纺织材料和纺织产品也达到 3.30%、机械设备制造业、运输设备制造业等的贸易关联度也较高。但之后呈现下降趋势，2008 年各产业的贸易关联度都有了一定程度的下降，而此后到 2015 年贸易关联度进一步下降，且下降幅度更大。2015 年，光电设备制造业贸易关联度下降到 0.8%，机械设备制造业下降到 1.43%。一些技术含量低的劳动密集型产业如纺织材料和纺织产品下降到 0.52%，皮革、制鞋业下降到 0.34%，总体呈现出随着产业技术密集度的下降，贸易关联度降低幅度越大、贸易关联度越低，分工合作关系紧密程度越低的趋势。中国与韩国各产业增加值贸易关联度与日本比总体要低。在 2000 年一些劳动密集型产业贸易关联度相对较高，纺织材料和纺织产品、皮革、制鞋业分别达到 2.27% 和 1.54%。一些技术密集型相对高的产业如机械设备制造业、光电设备制造业等的贸易关联度与日本比差距还非常明显。从贸易关联度发展趋势看，呈现下降趋势，也基本呈现出随着产业技术密集度的下降，贸易关联度降低幅度越大、贸易关联度越低的趋势。但在机械设备制造业出现逐年上升趋势，在 2015 年超过中国与日本在该产业的贸易关联度。在其他技术密集度较高的产业，近年来关联度下降的幅度相比日本也较小，且在 2015 年中国与韩国在这些产业的贸易关联度与日本比处于接近或超过的水平，说明中国与韩国的贸易关联弱化程度相比日本要低，并且在机械设备制造业等高技术产业还有强化的趋势。

表 7 – 7 中国与东北亚区域内各国产业增加值贸易关联度 FVS_{inj} 前十大产业

单位：%

日本			韩国			俄罗斯		
产业	2000 年	2008 年	2015 年	产业	2000 年	2008 年	2015 年	产业	2000 年	2008 年	2015 年
C14	4.59	3.57	0.80	C5	2.27	0.86	0.44	C8	0.68	2.42	0.95
C4	3.30	1.67	0.52	C4	1.54	0.79	0.52	C7	0.36	0.71	0.35
C13	2.95	2.17	1.43	C14	1.27	1.26	0.65	C6	0.35	1.00	0.43
C15	2.59	1.91	0.68	C16	1.25	0.68	0.52	C10	0.33	0.95	0.41
C10	2.48	1.83	0.69	C10	1.20	0.84	0.71	C9	0.30	1.00	0.41
C12	2.28	1.25	0.35	C13	0.97	0.98	1.47	C12	0.30	0.75	0.50
C9	2.17	1.43	0.69	C7	0.94	0.56	0.36	C14	0.27	0.64	0.33
C16	2.11	1.32	0.48	C9	0.86	0.59	0.36	C16	0.27	0.60	0.35
C5	1.98	1.18	0.34	C15	0.84	0.78	0.61	C13	0.26	0.59	0.33
C7	1.81	1.21	0.47	C6	0.71	0.45	0.35	C15	0.25	0.55	0.32

资料来源：根据 ADB – MRIO 整理计算所得。

就中国与俄罗斯的产业增加值贸易关联度看，中国与俄罗斯各产业的增加值贸易关联度普遍较低。但不同于日韩，2000~2008 年，各产业贸易关联度都呈增长趋势，且资源、能源产业的增长速度要超过制造产业，2008 年焦炭、精炼石油和核燃料贸易关联度达到 2.42%。2008 年后，受贸易大环境影响，各产业贸易关联度有了一定程度的下降，但总体而言，下降幅度相比日韩要小，中国与俄罗斯的贸易关联度有提高的潜力，分工生产合作关系有机会朝着越来越紧密的趋势发展。

2. 中国与东北亚区域内各国产业发展需求依赖度

基于增加值贸易测算的中国与东北亚区域内各国产业发展需求依赖度 FDR_{inj}，如表 7-8 所示。中国对日本的产业发展需求依赖度总体较高，从产业类别来看，资源、能源产业以及劳动密集型产业对日本的发展需求依赖度高，而高技术含量产业的需求依赖度相对较低。2000 年纺织材料和纺织产品依赖度达到 11.09%，还有 6 个产业的需求依赖度在 4% 以上。从发展趋势看，中国各产业对日本的需求依赖度近年来一直呈现下降趋势，能源、资源行业下降幅度大，但像食品、饮料、烟草业、纺织材料和纺织产品、皮革、制鞋业等劳动密集型产业仍然保持较高的水平。说明日本对中国劳动密集型产品的需求对中国国内产业发展和经济增长的重要性较高。中国与韩国各产业发展需求依赖度相比日本仍然较低，这与韩国经济体量相对较小有关。从产业类别来看，技术水平较高的光电设备制造业需求依赖度最高，同时，纺织材料和纺织产品、金属和金属制品等资源、能源产业以及劳动密集型产业需求依赖度也较高。从发展趋势来看，2000~2008 年，各产业的需求依赖度都在上升，说明在这个阶段韩国各产业发展对中国国内产业发展和经济增长的影响力在提升。2008 年以后，各产业的需求依赖度呈现下降趋势。其中，高技术含量产业光电设备制造业以及食品、饮料、烟草业、纺织材料和纺织产品等劳动密集型产业下降幅度较小，一些资源、能源产业以及其他低技术含量制造业下降幅度较大。金融危机后，中国各产业对韩国需求依赖弱化，韩国在中国外经贸及经济发展中的位置有所下降。

表 7 - 8　　　　基于增加值贸易测算的中国与东北亚区域内
各国产业发展需求依赖度 FDR_{inj}

日本				韩国				俄罗斯			
产业	2000 年	2008 年	2015 年	产业	2000 年	2008 年	2015 年	产业	2000 年	2008 年	2015 年
C4	11.09	5.68	4.76	C14	1.62	1.71	1.41	C4	0.57	4.11	2.02
C5	5.42	4.57	5.37	C4	1.44	1.47	1.24	C5	0.36	6.94	4.01
C2	4.95	2.80	1.71	C2	1.30	1.36	0.75	C9	0.22	1.11	0.50
C10	4.86	3.95	3.37	C12	1.12	1.64	0.89	C16	0.20	0.70	0.41
C16	4.65	3.76	2.75	C8	1.12	1.20	0.75	C8	0.18	0.78	0.32
C9	4.20	3.34	2.33	C9	1.09	1.31	0.87	C10	0.14	1.05	0.32
C12	4.03	2.98	1.89	C10	0.99	1.19	0.63	C7	0.13	0.79	0.28
C6	3.81	2.89	2.90	C7	0.93	0.98	0.63	C2	0.13	0.78	0.34
C3	3.53	1.97	2.96	C16	0.78	1.18	0.91	C12	0.10	0.86	0.39
C8	3.38	2.87	1.77	C3	0.66	0.68	0.63	C14	0.09	1.00	0.58

资料来源：根据 ADB - MRIO 整理计算所得。

中国与俄罗斯各产业的增加值贸易关联度在 2000 年普遍较低，最高的纺织材料和纺织产品只有 0.57%。在此之后到 2008 年金融危机之前，俄罗斯各产业的增加值贸易关联度都在不断提升，有的劳动密集型产业出现了飞速发展，纺织材料和纺织产品、皮革、制鞋业分别增加到 4.11% 和 6.94%，其他产业贸易关联度和增速相对较低，但相比日韩增速较高。金融危机后，各产业的增加值贸易关联度呈现不断下降趋势，但劳动密集型产业关联度仍然较高。可见，俄罗斯在中国劳动密集型产业发展中的作用在快速提升，贸易关联度和垂直专业化分工合作程度加强。

7.2　中国—东亚—美国垂直专业化分工"贸易三角"体系

作为世界前两大经济体，中美经贸关系对于中国及全球经贸关系发展都有重要的影响。美国是中国第一大贸易伙伴，中国对美国贸易长期存在大量的贸易顺差，一直为美国所诟病，影响双边经贸及政治关系的发展。2018 年 4 月，美国公布对中国 301 调查征税建议，发起贸易战，对双边及全球经贸关系产生极为不利的影响。但在垂直专业化分工生产模式下，产品的不同零部件分散到不同的国家生产，中间产品不断循环流转，往往夸大产品组装国与最终品出口国的贸易差额。中国在参与垂直专业化分工生产过程中大量从事来料加工、来件加工、来件装配等生产贸易活动，东亚的日本、韩国是中国主要的中间产品提供国，处于价值链的上游，而美国作为产品研发地和最终产品销售组织者，主导着全球价值链，获取绝大多数的分工收益。因此，中美两国之间存在大量中间品贸易，既包括两国之间直接的中间品贸易，也包括隐含在最终产品出口中来自日、韩等其他国家（地区）的中间产品。由于中间产品贸易的大量存在，中美贸易不平衡问题存在夸大，同时，中国低端加工组装属于高污染、高能耗、低附加值环节，处于依附和被支配位置，获取了极少的贸易收益，贸易收益分配不均衡、不合理的问题存在。国内常年代工生产，伴随国际经贸环境恶化，导致国内资源、环境约束加剧问题日益突出，经济步入"三期"叠加的新常态。国际上金融危机以来，受全球经贸环境恶化、"逆全球化"趋势影响，国际经贸形势正在发生深刻复杂的变化，美国实施了"再工业化"战略，启动"重返亚太"战略，中美贸易壁垒不断增加，贸易摩擦加剧，贸易前景堪忧。而日本、韩国等贸易伙伴国则将原先在中国的生产环节向越南等东南亚国家转移，中国—东亚—美国的"贸易三角"关系必将会出现新的合作态势。

　　就学者们的研究来看，国外学者就"中国—东亚—美国"贸易三角、贸易不平衡问题的研究文献较少，拉迪（Lardy，1994）、芬斯特拉等（Feenstra et al.，1998）认为垂直专业化分工模式下，东亚国家对中国中间品出口是造成中国对美贸易顺差的主要原因。迪安等（Dean et al.，2007）、黑岩和大官（Kuroiwa. I & H. Ozeki，2013）分析认为中国对外贸易中有大量来自东亚特别是日本、韩国的中间品。国内学者张海燕和宋玉华（2009）、刘建江和杨细珍（2011）、张咏华（2013）、王俊和杨恬恬（2015）、黎峰（2015）从全球分工体系角度分析了中美贸易失衡、国内价值问题，但对于中间品的来源、东亚地区在中美贸易中的影响等问题未做分析。柳剑平和孙云华（2006）、王峰（2008）、喻春娇、陈咏梅和张洁莹（2010）、吴国松和邵双双（2013）、谢锐和郭欢（2016）、安虎森和栾秋琳（2017）着重分析了中国与东亚国家的贸易模式，认为中国大量从东亚国家进口中间品，造成中国与东亚贸易逆差，在国际金融危机影响下东亚区域分工体系将面临调整，中国可借助"一带一路"建设机会，加快分工体系调整。北京大学中国经济研究中心课题组（2006）、张红力和刘德伟（2010）、范爱军和刘馨遥（2010）、林斐婷（2014）、张坤（2017）等从垂直专业化分工角度对中美贸易失衡的原因进行了分析，认为东亚国家对中国的投资和中间品贸易是失衡的主要原因。李晓和张建平（2010）、张宇馨（2014）、潘文卿、娄莹和张亚雄（2016）基于 BEC 数据、AIIOT2000 的 IRIO 模型、亚洲国际投入产出表分析了中国与美国贸易的产业关联效应、国内价值含量，也证明了中国—东亚—美国的贸易三角关系。可见，无论是国外学者还是国内学者的研究，分析的侧重点主要还是集中在分析中国与东亚、美国贸易失衡的原因、贸易的结构。限于数据获取困难及研究方法局限，基于亚洲投入产出数据分析贸易的国内价值、贸易依存情况，方法还不够科学、数据也较为陈旧，对于中国—东亚—美国的贸易三角关系的解析主要还是浅层次的。

在学者们对中国—东亚—美国垂直专业化分工体系中"贸易三角"关系基本达成共识，对贸易结构、模式分析较为广泛的基础上，本节根据长时间跨度数据，结合国际经贸形势正在发生深刻复杂变化的背景，国家新时期外经贸发展战略，从增加值角度对"贸易三角"进行更深层次的解析，探明中国—东亚—美国垂直专业化分工体系中的增加值来源、各国真实的贸易收益及变动态势，为中国垂直专业化分工位置提升、外经贸战略方向调整等提供参考依据。将垂直专业化分工体系下中国—东亚—美国"贸易三角"关系研究细化到产业层面，且制造业参与垂直专业化分工最为广泛，存在的结构问题也最为突出，因此将研究重点聚焦于制造业，有利于全面把握"贸易三角"中各国的深层贸易关系，突破合作关键领域制约贸易发展的瓶颈因素。基于长时间跨度的亚洲发展银行—多区域投入产出表（ADB－MRIO）数据，借鉴王直等（2015）① 最新的双边总贸易流量分解方法，对中国—东亚—美国垂直

---

① 王直，魏尚进，祝坤福. 总贸易核算法：官方贸易统计与全球价值链的度量［J］. 中国社会科学，2015（9）：108－127.

专业化分工体系中的增加值来源进行彻底分解，探明中国对美贸易中国外增加值的来源结构、"贸易三角"中各国真实贸易收益以及近十几年来的变动态势。综合考虑国内外经贸发展向"一带一路"国家转向，现代化经济体系建设跨越发展方式转变、经济结构优化、增长动力转换三大关口的迫切性，国际上东亚全球价值链环节重新布局，美国"重返亚太"战略的深层次影响，结合对中国—东亚—美国"贸易三角"增加值来源分解及变动态势的研究，从新时代国家外经贸战略发展重点切入，以中国外经贸提质增效与新动能塑造并举为目标，前瞻性地提出促进中国价值链位置提升、自由贸易区、"一带一路"建设等深化区域合作的建议。

　　本书研究仍选取涵盖亚洲国家较多，时间跨度较长、数据较新颖的亚洲发展银行的 MRIO 进行研究。亚洲发展银行的 MRIO 数据涵盖 45 个国家（地区），35 个产业部门，本节对中国出口国外价值增值来源的分析，集中在东亚区域和美国，因此只关注中国、日本、韩国和美国，其他国家或地区来源情况暂不考虑。同时，投入产出表涵盖产业部门数目较多，在文中应用各指标具体分析时，主要关注中国与各国（地区）垂直分工贸易关系联系较为密切的前十大制造产业部门。包括运输设备制造业、木材和木材加工业、焦炭、精炼石油和核燃料、其他非金属矿物、皮革、制鞋业、橡胶和塑料制品业、纸浆、纸张、印刷和出版、机械设备制造业、其他制造业、光电设备制造业。

7.2.1　中国—东亚—美国的贸易平衡、贸易结构及变动态势

　　首先对中国—东亚—美国的贸易平衡关系、贸易结构进行分析，总体把握中国与美国、东亚各国的贸易差额、贸易结构、发展趋势等基本情况，进而结合中国—东亚—美国国际垂直专业化分工体系中的增加值来源分解结果深入探讨垂直专业化分工位置提升、外经贸战略调整方向，有针对性地提出新时期中国与美国、东亚区域深化垂直专业化分工合作的建议。

1. 中国—东亚—美国的贸易平衡关系

　　传统贸易统计下中国与美国双边贸易顺差呈不断扩大趋势（如表 7 - 9

所示），并未受国际金融危机的负面影响，特别是 2011 年来，贸易顺差成倍增长，美国仍是中国最主要的贸易伙伴，在中国出口贸易中的位置有加强的趋势。中国与东亚区域内日本、韩国两国的贸易常年处于贸易逆差状态，但在 2015 年中国与日韩的贸易出现了顺差，且相比前几年大幅度增长。国际金融危机后，中国与东亚区域的日本、韩国两国的双边贸易逆差的缩小与美国双边贸易顺差的扩大并存，反映了中国经贸合作的阶段性特征和新动向。

表 7 - 9 传统贸易统计下中国与日本、
韩国、美国的贸易差额 单位：百万美元

年份	日本	韩国	美国
2000	658.50	-9898.32	55045.18
2005	-1664.51	-24229.94	159332.40
2008	-10248.70	-26659.74	223075.99
2011	3395.39	-46430.13	237696.74
2015	136805.21	10477.97	487596.06

资料来源：根据 ADB - MRIO 整理计算所得。

　　增加值贸易统计下，中国与区域内日本、韩国、美国贸易差额缩小（如表 7 - 10 所示）。这可能与垂直专业化分工生产模式盛行，分工体系内各国存在大量的中间品贸易，夸大了贸易顺差密切相关。美国作为产品的研发地和营销中心，处于价值链的上游，中国从日、韩两国进口大量中间品，从事加工组装生产，处于价值链的下游。从时间趋势看，贸易差额出现大幅下降，韩国出现在 2005 年，而日本出现在 2008 年。中美贸易差额缩小幅度一直较小，说明中美之间最终品贸易占比较大，但中国有大量加工组装生产的最终产品出口到美国，这其中包含了来自东亚及其他国家（地区）的大量中间产品，不能真实地反映中美贸易关系及贸易收益。

表 7 – 10　　　　　　　增加值贸易统计下中国与日本、
　　　　　　　　　　　韩国、美国的贸易差额　　　　　单位：百万美元

年份	日本	韩国	美国
2000	– 398. 40	– 3838. 83	46897. 42
2005	– 692. 69	– 8891. 17	125361. 83
2008	– 946. 80	– 4564. 95	189896. 21
2011	3154. 82	– 17518. 69	196279. 98
2015	99274. 41	4852. 56	404658. 16

资料来源：根据 ADB – MRIO 整理计算所得。

2. 中国—东亚—美国贸易结构剖析

从产业层面中国对美国出口贸易额情况看（如表 7 – 11 所示），中国各制造产业对美国总出口额一直保持较快的增长速度，未受金融危机的明显影响。前十大贸易产业多年来相对稳定，既包含光电设备制造业、运输设备制造业等高技术产业，也包括纺织材料和纺织产品等劳动密集型产业，贸易合作全方位展开。从产业贸易结构看，中国对美国出口中中间产品占有一定的比例，且高技术产业中间产品占比较高，劳动密集型产业占比较低。从发展趋势看，2000 年，金属和金属制品、化学品和化工产品中间品出口占比达到60% 以上，到 2008 年占比达到 70% 以上，而到 2015 年又出现下降，回落到 55% 左右，高技术产业中间品出口占比出现较大幅度的下降。劳动密集型产业中纺织材料和纺织产品 2000年中间产品出口占比达到 8. 60% ，到 2015 年增长到 10. 04% ，其他劳动密集型产业基本呈小幅下降趋势，最终产品出口占比较高。

表 7 – 11　　　　　中国对美国出口贸易额前十大制造业　　　单位：百万美元

2000 年				2008 年				2015 年			
产业	总出口额	产业	中间品出口额	产业	总出口额	产业	中间品出口额	产业	总出口额	产业	中间品出口额
C14	22319	C14	6037	C14	134623	C14	49694	C14	197954	C14	77803
C4	10678	C12	2928	C4	29850	C12	14947	C4	69742	C9	14004

145

续表

\multicolumn{4}{c}{2000 年}				2008 年				2015 年			
产业	总出口额	产业	中间品出口额	产业	总出口额	产业	中间品出口额	产业	总出口额	产业	中间品出口额
C5	7082	C5	1911	C13	27165	C9	10204	C13	38527	C12	12574
C16	5659	C9	1686	C12	19423	C13	7869	C16	32183	C13	9505
C12	4662	C10	1345	C16	18444	C15	5900	C5	29209	C10	8617
C13	3858	C4	918	C9	14546	C10	5705	C9	25440	C4	7004
C10	3025	C11	906	C5	14278	C16	3998	C12	23253	C15	6689
C9	2706	C16	851	C10	10260	C5	3009	C10	21145	C5	5033
C11	2325	C13	757	C15	9239	C4	2790	C3	14300	C11	4176
C15	1512	C15	678	C3	5034	C11	2269	C15	11499	C6	2785

资料来源：根据 ADB - MRIO 整理计算所得。

东亚区域内日本、韩国两国是中国对美出口中主要的中间产品供应地。从日韩两国与中国贸易额看，[①] 日本对中国出口的主要产业与中国向美国出口的主要产业高度重合，历年出口前十大产业也相对稳定（如表 7 - 12 所示）。高技术产业中光电设备制造业出口额最高，纺织材料和纺织产品等劳动密集型产业出口也占有一定的比例。从贸易趋势看，2000 ~ 2008 年出口额度大幅增长，这与全球经贸形势向好及中国加入 WTO 的促进紧密相关，但不同于中美贸易走势，2008 年国际金融危机以后，各产业日本向中国出口总额都出现了下降趋势，国际金融危机、双边国际经贸环境恶化影响明显。

---

① 由于区域内日本、韩国都处于垂直专业化分工生产价值链的上游阶段，因此，在双边贸易分析中以日本、韩国两国对中国的出口为分析出发点。限于篇幅，以及考虑到出口结构的相似性，仅列出了东亚区域内日本 2000 年、2008 年和 2015 年三年的出口贸易数据作为参考，其他年份及中国与韩国的贸易数据只做文字描述，不再通过表格数据详细展示，感兴趣的读者可向笔者索取详细数据。

表 7-12　　　　　　日本对中国出口贸易总额前十大制造产业　　　单位：百万美元

2000 年				2008 年				2015 年			
产业	总出口额	产业	中间品出口额	产业	总出口额	产业	中间品出口额	产业	总出口额	产业	中间品出口额
C14	13881	C14	9674	C14	53116	C14	39737	C14	32507	C14	24919
C13	6692	C12	5589	C13	18833	C12	15852	C15	8716	C9	6149
C12	5892	C9	3993	C12	16625	C9	12549	C13	8270	C12	5820
C9	4289	C4	2644	C9	13467	C15	6882	C9	6745	C13	5059
C4	2771	C13	1590	C15	12365	C13	6192	C12	6008	C15	4838
C15	1515	C15	717	C10	4196	C10	3658	C10	2160	C10	1965
C10	757	C10	601	C8	3488	C8	3418	C4	1515	C4	1383
C7	558	C7	545	C4	3178	C4	2992	C11	1006	C11	989
C11	549	C11	529	C11	1580	C11	1547	C8	791	C8	772
C8	427	C8	415	C16	903	C7	624	C16	490	C7	319

资料来源：根据 ADB-MRIO 整理计算所得。

中间产品出口在日中贸易中占有绝对的比重，且历年来一直保持较高的比重。2000 年，出口额前十大产业中，有 6 个产业中间品出口占总出口额比重达到 90% 以上，2008 年为 5 个，2015 年又上升到 6 个，且机械设备制造业等日本具有绝对竞争优势的产业中间品出口占比在不断提升，到 2015 年提升到 61.17%。可见，虽受各种因素影响，日中贸易总额出现下降，但贸易垂直专业化分工贸易模式并未改变。日本对于中国多数制造产业的出口主要集中在中间产品，且分工合作程度较低的产业也有了较大的发展，中日垂直专业化分工模式在不断深化。

韩国对中国出口也主要集中在光电设备制造业等高技术产业，多数制造产业出口额在国际金融危机之前增长迅速，但纺织材料和纺织产品等劳动密集型产业出口额出现了下降，侧面反映中国在这些产业竞争力提升。金融危机后韩国对中国出口增速下降明显，特别是一些劳动密集型产业出现负增长。在光电设备制造业等一些高技术产业，韩国与中国贸易位置加强，出口额度从远落后日本变为赶超，中国与日韩的贸易关系出现新变化。中间品出口在韩中贸易中也占有绝对的比重，2000 年前十大出口额制造产业中，5 个产业中间品出口占比达到 97% 以上，且机械设备制造业等高技术产业中间品出口占比不断增加，而皮革、制鞋业等劳动密集型产业中间品占比下降明显。在高技术产业垂直专业化分工合作深化，在劳动密集型产业弱化是中韩垂直专业化分工合作的基本趋势。

7.2.2 中国—东亚—美国垂直专业化分工体系中的增加值来源分解

为探明中国—东亚—美国垂直专业化分工体系中各国的深层贸易关系、增加值来源、真实贸易收益以及近十几年来的变动态势，从增加值角度对双边贸易流量进行分解，以指导新时期中国对外贸易质量提升、战略调整。借鉴王直等（2015）的贸易核算方法，对中国—东亚—美国的产业层面贸易流进行了彻底分解，探明了中国与"贸易三角"中主要贸易国家（地区）贸易的价值增值来源、真实收益以及动态变化趋势。将中国对美出口中的国外价值增值分解为隐含的美国增加值（MVA）和隐含的第三国（地区）增加值（OVA）两大部分。其中隐含的第三国（地区）增加值包含了产业层面来自 ADB - MRIO 中的其他 43 个国家（地区）的数据，考虑到本节"贸易三角"垂直专业化分工合作关系分析需要，只选取日本、韩国的数据进行研究。

1. 中国对美国出口中隐含的美国及其他国家增加值

从十几年来中国对美出口中隐含的美国增加值占出口总额比重看（如表 7 - 13 所示），基本呈倒 U 形发展趋势，在经历快速增长，进入平稳发展阶段后，又出现了较明显的下降趋势。其中，运输设备制造业隐含的美国增加值占出口总额比重在 2005 年达到 65.62%，金融危机后占比出现下降，近几年下降幅度较大，但占比仍在 20% 左右。木材和木材加工业、焦炭、精炼石油和核燃料、其他非金属矿物等资源、能源产业隐含的美国增加值也较高。其他劳动密集型产业及资本密集型产业增加值占比都相对较低，且金融危机后出现明显下降趋势。而传统上认为包含美国增加值较多的光电设备制造业占比较低，可能是由于目前的垂直专业化分工生产模式深化导致，一些电子类产品在组装国直接分销到世界各地，不再将产品先出口到研发国，此时包含的美国增加值会分摊到中国向其他国家出口中。

表 7 - 13　　　　　中国对美国出口中隐含的美国增加值
占出口总额比重（MVA/EX）　　　　单位：%

产业	2000 年	2005 年	2008 年	2011 年	2015 年
C15	1.50	65.62	52.48	46.61	19.41
C6	1.23	12.02	9.72	9.98	4.79
C8	1.14	6.72	5.37	6.00	3.26
C11	1.06	5.52	6.71	5.94	3.19
C5	1.81	3.53	3.42	3.25	1.62
C10	1.72	2.09	2.42	2.20	0.74
C7	1.53	1.69	1.95	1.82	0.90
C13	1.52	1.37	1.36	1.24	0.53
C16	1.24	1.20	0.96	1.42	0.38
C14	3.18	0.42	0.46	0.42	0.32

注：限于篇幅，本书仅选取了中国对美国出口中隐含的美国增加值占出口总额比重（MVA/EX）前十大制造业。EX，代表出口总额。因 2005 年、2008 年、2011 年、2015 年前十大制造产业完全一致，而 2000 年只有焦炭、精炼石油和核燃料、其他非金属矿物两个产业未进入前十，因此以后面四年包含的前十大产业为准。

资料来源：根据 ADB - MRIO 整理计算所得。

中国各产业对美国出口中隐含的第三国（地区）增加值占出口总额比重一直较高（如表 7 - 14 所示），运输设备制造业、机械设备制造业等高技术产业，纸浆、纸张、印刷和出版、橡胶和塑料制品业等劳动密集型产业基本保持了增长态势，并未受金融危机的明显影响，说明中国与其他国家（地区）的分工合作关系仍非常紧密。焦炭、精炼石油和核燃料能源产业隐含的第三国（地区）增加值最高，2011 年占比达到 36.39%，中国能源产业对外部市场的依赖大。光电设备制造业隐含的第三国（地区）增加值占出口总额比重多年来一直在 20% 以上，国际金融危机后出现了一定的下降趋势，但垂直专业化分工生产合作特征仍较为明显。

表 7 – 14 中国对美国出口中隐含的第三国增加值
占出口总额比重（OVA/EX） 单位：%

产业	2000 年	2005 年	2008 年	2011 年	2015 年
C15	13.00	19.73	16.29	16.05	16.85
C6	12.25	15.18	14.25	13.62	14.62
C8	24.98	30.00	35.48	36.39	25.34
C11	10.68	14.69	13.75	13.67	12.72
C5	14.88	16.26	13.44	12.22	10.46
C10	15.53	20.96	18.65	18.50	19.33
C7	11.78	14.82	13.75	13.64	18.02
C13	13.74	21.73	17.93	18.77	23.74
C16	12.08	15.03	12.55	12.83	14.87
C14	21.07	29.51	24.34	23.12	17.56

资料来源：根据 ADB – MRIO 整理计算所得。

2. 中国对美国出口中隐含的日本、韩国两国增加值

考虑到国际垂直专业化分工体系中中国—东亚—美国"贸易三角"关系特征，进一步研究中国对美国出口中隐含的日本、韩国两国增加值，探明日本、韩国两国在垂直专业化分工合作中的增加值占比及地位。

从时间趋势看，中国对美国出口中隐含的日本增加值占出口总额比重，多数产业在经历 2005 年前的增长阶段后，进入占比下降阶段（如表 7 – 15 所示）。运输设备制造业、机械设备制造业等高技术产业占比在 2005 年达到 3.9%、4.05% 的高位后，逐渐下降到 2015 年的 1.05% 和 1.56%。光电设备制造业下降幅度更大，到 2015 年占比仅为 0.84%。日本国内经济形势恶化、生产成本上升，一些核心生产环节开始向日本之外转移，日本在垂直专业化分工中的位置弱化，获取的分工收益下降。木材和木材加工业、焦炭、精炼石油和核燃料、皮革、制鞋业等资源、能源、劳动密集型产业占比下降幅度更大，日本本身资源、能源匮乏，在这些产业竞争力较弱，随着资源、能源相对充裕的发展中国家加入垂直专业化分工生产环节中来，日本在这些产业的竞争力进一步弱化，垂

直专业化参与度下降，增加值减少。

表 7 - 15　　　　　中国对美国出口中隐含的日本增加值

占出口总额比重（OVA/EX）　　　　单位：%

产业	2000 年	2005 年	2008 年	2011 年	2015 年
C15	2.95	3.90	2.64	2.44	1.05
C6	1.49	2.06	1.05	0.89	0.37
C8	1.25	1.31	0.89	0.70	0.25
C11	1.78	1.97	1.31	1.15	0.39
C5	1.90	1.78	1.14	0.95	0.33
C10	2.72	3.05	2.15	1.89	0.79
C7	1.87	1.93	1.33	1.14	0.52
C13	3.19	4.05	2.39	2.37	1.56
C16	2.07	2.06	1.26	1.12	0.48
C14	5.10	5.57	3.85	3.10	0.84

资料来源：根据 ADB - MRIO 整理计算所得。

2005 年之前，中国对美国出口中隐含的韩国增加值占出口总额比重也基本呈增长趋势（如表 7 - 16 所示），在此之后，多数产业增加值占出口总额比重出现下降趋势，皮革、制鞋业等劳动密集型产业占比出现较大幅度的下降。说明中国对美国出口中隐含的韩国增加值比重越来越小，韩国在垂直专业化分工合作中的位置也弱化，韩国得自垂直专业化分工生产"三角贸易"的收益下降。就总体下降幅度看，劳动密集型产业的下降幅度要高于资本、技术密集型产业，机械设备制造业近几年占比还有所回升，2015 年达到 1.78%。就东亚区域而言，韩国增加值占出口总额比重相比日本各产业下降幅度较小，且来自日本的增加值占比常年以来高于韩国，但到 2015 年前十大产业增加值占出口总额比重韩国已全面超过日本，韩国在"三角贸易"中的位置相对在提升，而日本在下降，这也可能代表未来一段时间垂直专业化分工体系的合作趋势。

表7-16 中国对美国出口中隐含的韩国增加值
占出口总额比重（OVA/EX） 单位：%

产业	2000年	2005年	2008年	2011年	2015年
C15	1.05	1.89	1.12	1.18	0.98
C6	0.86	0.90	0.58	0.55	0.45
C8	0.55	0.64	0.42	0.38	0.26
C11	0.90	1.02	0.67	0.66	0.44
C5	2.65	1.59	0.85	0.72	0.44
C10	1.73	2.02	1.35	1.26	1.13
C7	1.30	1.18	0.76	0.71	0.60
C13	1.19	1.83	2.39	1.25	1.78
C16	1.29	1.15	1.18	0.67	0.53
C14	2.05	3.34	2.30	2.21	0.97

资料来源：根据 ADB-MRIO 整理计算所得。

152

7.2.3 中国—东亚—美国垂直专业化分工合作态势的深化研究

一国对外出口中来自国外账户的纯重复计算变化，能较好地反映垂直专业化分工深化程度。来自国外账户的纯重复计算越多，说明中间品在国际间循环流转的次数越多，国家间的分工合作越密切。中国对美国出口中来自日本、韩国两国账户的纯重复计算如表7-17所示。在2011年之前，自日本、韩国两国账户的纯重复计算基本都呈增长趋势，资本、技术密集型产业的增长速度要明显快于劳动密集型产业，2011年，光电设备制造业纯重复计算达到1370.14百万美元，说明资本、技术密集型产业垂直专业化分工合作关系更紧密。2011年之后，来自日本、韩国两国账户的纯重复计算都有所下降，特别是资本、技术密集型产业下降幅度较大，进一步印证了日本、韩国两国在"三角贸易"模式下垂直专业化分工参与度和位置下降的趋势。结合增加值来源分解结果，侧面反映了垂直专业化分工体系中中国国内增加值的增加，垂直专业化分工地位的提升。

表 7 – 17 中国对美国出口中来自日本、韩国两国
账户的纯重复计算（FDC）　　　单位：百万美元

产业	2000 年	2005 年	2008 年	2011 年	2015 年
C15	7.37	51.82	77.87	126.86	40.64
C6	0.69	3.06	3.98	4.42	2.53
C8	0.81	1.55	2.22	2.58	1.14
C11	3.24	5.19	5.70	9.69	3.85
C5	19.30	19.55	14.99	15.56	4.74
C10	13.17	36.47	46.65	62.09	27.62
C7	3.13	5.66	4.84	5.53	4.59
C13	7.84	40.69	76.17	101.19	71.36
C16	6.80	11.67	25.51	5.24	2.57
C14	149.62	1081.50	1162.17	1370.14	379.05

资料来源：根据 ADB – MRIO 整理计算所得。

7.3 中国与东南亚、南亚地区的垂直专业化分工合作体系

东南亚、南亚地区与中国经贸关系向来密切，越南、印度、新加坡、马来西亚、泰国、印度尼西亚等都是中国主要的贸易合作市场。特别是中国 – 东盟自贸区的成立，进一步加快了区域经贸合作的步伐，深化了经贸合作的层次。东南亚、南亚地区也广泛参与到了国际垂直专业化分工网络中来，与中国既存在上下游合作关系，也存在同一生产阶段的竞争关系。2017 年中国对越南出口最高，为 6110413 万美元；印度、新加坡、马来西亚、泰国分列第二到第五位。东南亚、南亚地区经济增速普遍较高，表现出良好的经济发展态势。2015 年，越南经济增速 6.68%，柬埔寨经济增速 7.04%，印度达 7.57%。中国与各国的贸易投资互补性强，"一带一路"倡议下中国鼓励到海外投资，开展产能合作，中国既可与其进行水平分工合作，也可深化垂直专业化分工合作。

本节将对中国与东南亚、南亚地区主要国家的垂直专业化分工合作体系进行深度剖析，指导新时期的垂直专业化分工实践，促进国际产能合

作、价值链位置提升和产业转型升级。考虑国际间投入产出表（ICIO）的涵盖国家范围和编制特点，以及数据表的时间跨度和数据新颖程度，本章研究选取涵盖亚洲国家较多，时间跨度较长、数据较新颖的亚洲发展银行的 MRIO 进行研究。相比于欧盟投入产出表，亚洲发展银行的 MRIO 增加亚洲五国包括孟加拉国、马来西亚、菲律宾、泰国、越南。而这些国家正是与中国贸易和开展垂直专业化分工较多的国家。

7.3.1　中国与东南亚、南亚主要国家的贸易平衡关系

2017 年中国向东南亚、南亚国家出口额处于前六位的国家包括越南、印度、新加坡、马来西亚、泰国、印度尼西亚，因新加坡数据在亚洲发展银行的 MRIO 中不可得，接下来将分析中国与其余五国的贸易平衡关系。从传统贸易统计下中国与东南亚、南亚主要国家的贸易差额看（如表 7 - 18 所示），中国与越南的贸易差额由逆差转为顺差，且 2011 年来增加迅速，2015 年达到 11704.31 百万美元。与印度、泰国的贸易一直保持顺差，且贸易顺差逐年增加。与印度尼西亚的贸易由逆差转为顺差，2011 年后顺差大幅增加。与马来西亚的贸易差额由顺差转为逆差，2015 年逆差为 - 7141.92 百万美元，中国与东南亚、南亚主要国家的贸易差额呈现较高的差异性。

表 7 - 18　　　　　　传统贸易统计下中国与东南亚、

南亚主要国家的贸易差额　　　单位：百万美元

年份	越南	印度	马来西亚	泰国	印度尼西亚
2000	- 71.12	1048.74	335.07	2191.83	- 764.47
2005	- 211.17	6943.44	- 427.02	6872.42	141.85
2008	692.98	32433.99	- 7394.60	8353.64	7533.78
2011	212.64	54679.89	- 14796.33	6943.79	8147.28
2015	11704.31	98708.09	- 7141.92	10802.72	22398.85

资料来源：根据 ADB - MRIO 整理计算所得。

增加值贸易统计下，中国与东南亚、南亚贸易差额有较大变化，基本呈贸易差额缩小趋势（如表 7 - 19 所示）。中国与越南间的贸易差额

有较大幅度的下降，2015 年降到仅为 7589.74 百万美元。与印度、泰国间的贸易差额也出现较大幅度的下降，说明垂直专业化分工贸易在这些国家盛行。中国与马来西亚、印度尼西亚的贸易，在增加值统计下部分年份由顺差变为逆差，说明中国在出口中含有的国内增加值较少，垂直专业化分工位置较低。

表 7－19　　　　　增加值贸易统计下中国与东南亚、南亚
主要国家的贸易差额　　　　　　单位：百万美元

年份	越南	印度	马来西亚	泰国	印度尼西亚
2000	－93.33	912.13	－442.73	411.23	－856.76
2005	114.77	6061.13	－2140.13	2978.23	－639.71
2008	1672.87	23991.81	－5337.64	2683.24	4364.74
2011	748.86	39174.11	－10626.26	3064.16	2416.69
2015	7589.74	78022.33	－4404.77	5711.70	15309.48

资料来源：根据 ADB－MRIO 整理计算所得。

155

7.3.2　中国与东南亚、南亚主要国家出口贸易的行业结构

中国对越南出口贸易前十大产业总出口额基本都在不断增长（如表 7－20 所示），但国际金融危机后有的产业如运输设备制造业、化学品和化工产品等部门出现下降。2000 年，总出口额和中间品出口额最高的十大产业基本相对应，焦炭、精炼石油和核燃料产业出口额最高，中间品出口占比 94.44%，化学品和化工产品中间品出口占比也达 79.25%。2008 年，运输设备制造业的出口额最高，中间品出口占比 16.20%，说明最终品贸易占比较高，而金属制品业、化学工业中间品出口占比较高，分别达 83.87% 和 90.47%。劳动密集型产业中，在纺织材料和纺织产品业出口额较高，中间品出口占比为 47.14%。2015 年农林牧渔产业出口额大幅增加，中间品出口占比 77.61%，运输设备制造业出口额有所下降，中间品出口占比 36%，相比 2008 年有了较大幅度提升，在该产业分工合作加强。劳动密集型产业中纺织材料和纺织产品业出口额增长迅速，达 1417 百万美元，其中中间品出口占 81.09%，分工合作也存在加强的趋势。

表 7-20　　　　　　　中国对越南出口贸易额前十大产业　　　单位：百万美元

2000 年				2008 年				2015 年			
产业	总出口额	产业	中间品出口额	产业	总出口额	产业	中间品出口额	产业	总出口额	产业	中间品出口额
C8	288	C8	272	C15	2592	C11	1799	C1	10038	C1	7790
C9	212	C9	168	C11	2145	C9	1291	C15	2178	C21	1479
C15	119	C12	74	C9	1427	C14	515	C21	2154	C4	1149
C4	109	C15	68	C4	963	C1	472	C4	1417	C11	863
C12	80	C4	55	C14	838	C4	454	C11	1046	C15	784
C20	60	C10	47	C3	706	C15	420	C3	991	C2	754
C10	52	C20	37	C1	699	C3	323	C2	935	C9	615
C1	52	C1	30	C13	495	C13	294	C14	839	C10	547
C13	48	C13	19	C2	296	C10	269	C9	728	C14	540
C14	27	C28	13	C12	293	C2	259	C17	654	C17	412

资料来源：根据 ADB - MRIO 整理计算所得。

156

中国对印度出口贸易前十大产业总出口额基本都在不断增长（如表 7-21 所示）。2000 年，其他制造业出口额最高，中间品出口占比 47.55%，光电设备制造业和化学品和化工产品中间品出口占比分别为 56.88% 和 78.26%，劳动密集型产业纺织材料和纺织产品出口额最高为 404 百万美元，中间品出口占比 85.15%。2008 年，其他制造业的出口额最高，为 12478 百万美元，中间品出口占比 54.97%，中间品出口占比有所提升。资本、技术密集型产业中光电设备制造业、机械制造业出口额都有较大增长，中间品出口占比分别为 38.70% 和 45.75%。劳动密集型产业中纺织材料和纺织产品出口额最高，中间品出口占比 77.46%，比重有所下降。2015 年其他制造产业出口额大幅增加，中间品出口占比 26.82%，占比下降幅度较大，垂直专业化分工合作弱化。光电设备制造业、机械电器产业出口额也有大幅增长，中间品出口占比分别为 25.65% 和 25.71%，相比 2008 年有了较大幅度的下降，在该产业分工合作弱化。劳动密集型产业中纺织材料和纺织产品产业出口额也有了一定程度的增长，达到 4252 百万美元，中间品出口占到 45.48%，分工合作也存在弱化的趋势。

表 7 - 21　　　　　中国对印度出口贸易额前十大制造业　　　单位：百万美元

2000 年				2008 年				2015 年			
产业	总出口额	产业	中间品出口额	产业	总出口额	产业	中间品出口额	产业	总出口额	产业	中间品出口额
C16	633	C4	344	C16	12478	C16	6859	C16	40290	C16	10804
C4	404	C8	330	C14	7931	C9	3644	C14	16280	C9	6163
C14	385	C2	323	C13	5150	C14	3069	C13	11939	C14	4175
C9	345	C16	301	C9	4518	C12	2360	C9	11624	C12	3736
C8	334	C9	270	C12	2852	C13	2356	C12	6240	C13	3189
C2	326	C12	234	C4	1828	C4	1416	C4	4252	C4	1934
C12	272	C14	219	C15	1493	C11	981	C15	3516	C11	1503
C11	147	C11	109	C11	1090	C15	845	C22	2426	C15	1153
C22	132	C22	94	C22	1066	C22	757	C11	2324	C22	843
C13	97	C23	54	C10	937	C10	663	C10	2313	C10	815

资料来源：根据 ADB - MRIO 整理计算。

7.3.3　中国与东南亚、南亚垂直专业化分工体系中的增加值来源分解

借鉴王直等（2015）的贸易核算方法，对中国与东南亚、南亚产业层面贸易流进行彻底分解，探明中国与主要贸易国家（地区）贸易的价值增值来源、真实收益以及动态变化趋势。将中国对越南和印度出口中的国外价值增值分解为隐含的越南、印度增加值（MVA）和隐含的第三国增加值（OVA）两大部分。其中隐含的第三国增加值包含了产业层面来自 ADB - MRIO 中的其他 43 个国家（地区）的数据。

以中国对越南出口中隐含的越南及其他国家增加值为例。中国对越南出口中隐含的越南增加值占出口总额比重较低，并且各部门基本都呈现下降趋势（如表 7 - 22 所示）。非金属矿物业占比最高，2015 年仅为 0.29%。除橡胶和塑料制品业、化学品和化工产品、造纸印刷和出版业

外,其他产业对越南出口中隐含的越南增加值占出口总额比重都低于0.1%,显然在制造业越南处于垂直专业化分工价值链合作的下游,未为中国提供较多的中间产品,附加值较少。

表7-22　　　　　　　中国对越南出口中隐含的越南增加值

占出口总额比重（MVA/EX）　　　　单位: %

产业	2000 年	2005 年	2008 年	2011 年	2015 年
C11	0.35	0.35	0.32	0.38	0.29
C10	0.06	0.18	0.15	0.16	0.12
C9	0.09	0.19	0.15	0.19	0.12
C7	0.04	0.15	0.21	0.14	0.10
C16	0.06	0.12	0.13	0.10	0.08
C13	0.05	0.07	0.07	0.07	0.06
C14	0.06	0.08	0.09	0.09	0.06
C15	0.04	0.07	0.07	0.07	0.06
C12	0.07	0.07	0.08	0.07	0.06
C3	0.06	0.10	0.13	0.09	0.05

注: 限于篇幅,本书仅选取了中国对越南出口中隐含的越南增加值占出口总额比重（MVA/EX）前十大制造业。EX,代表出口总额。因各年份前十大制造产业基本一致,而只有2000 年（C7）、2008 年（C13）两个产业未进入前十,因此以2015 年包含的前十大产业为准。
资料来源: 根据 ADB-MRIO 整理计算所得。

近年来,中国对越南出口中隐含的第三国增加值占出口总额比重（OVA/EX）也基本呈下降趋势,不少产业占比已经降到10%以下（如表7-23所示）。具体来看,机械制造业出口中隐含的第三国增加值占出口总额比重最高,且近几年有增加趋势,2015 年达到18.80%,说明跟其他国家分工合作也较多。光电设备制造业对越南出口中隐含的第三国增加值占出口总额比重之前较高,但2011 年以来出现了较大幅度的下降,与其他国家分工合作减弱。劳动密集型产业中造纸、印刷和出版业的占比也有一定程度的上升,2015 年占比11.85%。其他产业对越南出口中隐含的第三国增加值占出口总额比重都呈现下降趋势,来自国内增加值不断增加,产业竞争力和垂直专业化分工合作位置有上升趋势。

表 7 - 23　　　　　中国对越南出口中隐含的第三国增加值

占出口总额比重（OVA/EX）　　　单位：%

产业	2000 年	2005 年	2008 年	2011 年	2015 年
C13	13.98	20.31	15.51	16.41	18.80
C15	13.20	21.72	19.02	18.95	16.96
C12	12.86	19.54	17.23	18.21	16.28
C14	22.69	30.74	21.85	21.84	14.74
C7	10.20	11.52	9.17	10.41	11.85
C10	12.32	16.15	11.13	12.33	11.48
C9	13.23	15.45	11.45	13.75	9.98
C16	8.75	11.58	8.41	9.08	9.71
C6	10.60	11.17	8.71	9.48	9.23
C11	8.20	10.62	8.34	9.41	7.97

资料来源：根据 ADB - MRIO 整理计算所得。

中国对印度出口中隐含的印度增加值占出口总额比重较低，并且各部门下降趋势明显（如表 7 - 24 所示）。机械制造业占比最高，2015 年仅为 0.13%，其他产业占比基本在 0.1% 左右。中国对印度出口中隐含的印度增加值占出口总额比重低，显然印度制造业也处于垂直专业化分工价值链合作的下游，未为中国提供较多的中间产品，附加值较少。

表 7 - 24　　　　　中国对印度出口中隐含的印度增加值

占出口总额比重（MVA/EX）　　　单位：%

产业	2000 年	2005 年	2008 年	2011 年	2015 年
C13	0.14	0.31	0.18	0.19	0.13
C16	0.20	0.22	0.13	0.16	0.12
C5	0.34	0.34	0.24	0.29	0.12
C7	0.12	0.16	0.12	0.14	0.11
C10	0.21	0.26	0.17	0.19	0.11
C15	0.13	0.29	0.17	0.19	0.11
C4	0.26	0.19	0.15	0.21	0.10

续表

产业	2000 年	2005 年	2008 年	2011 年	2015 年
C14	0.15	0.35	0.22	0.23	0.10
C3	0.07	0.14	0.18	0.28	0.09
C11	0.13	0.24	0.16	0.22	0.08

注：限于篇幅，本书仅选取了中国对印度出口中隐含的印度增加值占出口总额比重（MVA/EX）前十大制造业。EX，代表出口总额。2000 年 C7、C16，2005 年、2008 年 C6、C16，2011 年 C16 未进入前十，因此以 2015 年包含的前十大产业为准。
资料来源：根据 ADB - MRIO 整理计算所得。

中国对印度出口中隐含的第三国增加值占出口总额比重（OVA/EX）（如表 7 - 25 所示），机械制造业出口中隐含的第三国增加值占出口总额比重最高，且近几年有增加趋势，2015 年占比达到 24.29%。资本密集型中的其他制造业、劳动密集型造纸、印刷和出版业、橡胶和塑料制品业占比也较高，呈增加趋势，2015 年占比分别为 14.72%、18.46% 和 19.54%。劳动密集型产业食品、饮料、烟草业、纺织材料和纺织产品、皮革、制鞋业占比相对较低，只有纺织产业占比小幅上升，其他产业占比都有所下降。其他非金属矿物、光电设备制造业、运输设备制造业等资本、技术密集型产业的占比也都出现下降，2015 年光电设备制造业占比最高为 18.26%。对印度出口中隐含的第三国增加值占出口总额比重都呈现下降趋势，来自国内增加值不断增加，反映了垂直专业化分工合作的趋势。

表 7 - 25　　　中国对印度出口中隐含的第三国增加值
占出口总额比重（OVA/EX）　　　单位：%

产业	2000 年	2005 年	2008 年	2011 年	2015 年
C13	14.34	19.83	17.29	18.17	24.29
C16	11.92	12.97	11.48	11.54	14.72
C5	14.65	15.12	13.65	12.50	10.92
C7	12.10	14.88	14.68	14.78	18.46
C10	15.93	19.45	17.67	17.94	19.54
C15	14.47	20.65	17.70	18.86	18.51

产业	2000 年	2005 年	2008 年	2011 年	2015 年
C4	11.76	12.32	10.95	10.86	10.89
C14	23.16	32.64	26.70	23.87	18.26
C3	6.98	9.32	9.62	9.30	7.61
C11	10.70	15.23	15.07	15.33	13.30

资料来源：根据 ADB – MRIO 整理计算所得。

7.4　中国与欧洲的垂直专业化分工合作体系

欧盟是中国第二大经贸合作伙伴，欧洲与中国经贸关系密切。"一带一路"倡议下，进一步加快了区域经贸合作的步伐，深化了经贸合作的层次，欧洲地区也广泛参与到了国际垂直专业化分工网络中来，但与中国的分工合作关系还不够清晰。本节将对中国与欧洲地区主要国家的垂直专业化分工合作体系进行深度剖析，指导新时期的垂直专业化分工合作实践、促进中国国际产能合作开展、价值链位置提升和产业转型升级。

7.4.1　中国与欧洲主要国家的贸易平衡关系

欧洲国家特别是欧盟国家一直是中国主要的贸易伙伴，其中，德国是中国在欧洲进出口中的第一大贸易伙伴国，因此本部分将重点分析德国，同时将英国、法国、荷兰、意大利等贸易大国的情况纳入分析考察。从传统贸易统计下中国与欧洲主要国家的贸易差额情况看，除意大利外，中国与其他欧洲大国的贸易顺差都在逐年增加（如表 7 – 26 所示）。2015 年与德国的贸易顺差增加到 126789.73 百万美元，与英国、法国之间也存在大量的贸易顺差，中国与欧洲主要大国之间贸易不平衡问题较为突出。

表 7 - 26　　　　　传统贸易统计下中国与欧洲主要

国家的贸易差额　　　　　单位：百万美元

年份	德国	英国	法国	荷兰	意大利
2000	13700.21	12449.08	6815.49	8378.07	5018.29
2005	40324.46	26236.66	19836.75	13973.47	14328.84
2008	84525.75	46234.89	37448.93	28424.23	29185.60
2011	123306.00	54140.66	53396.60	32172.80	41715.66
2015	126789.73	67099.58	57651.13	42239.85	36986.66

资料来源：根据 ADB - MRIO 整理计算所得。

　　增加值贸易统计下（如表 7 - 27 所示），中国与欧洲主要国家贸易差额有较大变化，基本呈贸易差额缩小趋势。其中，与德国的贸易差额变化最为明显，在 2011 年由顺差转为逆差 - 7509.42 百万美元，2015 年顺差额减少为 47913.90 百万美元，说明在中德贸易中中国的增加值出口额较少，存在大量的中间品贸易，且处于价值链的低端环节。与英国、法国、荷兰、意大利的贸易差额变化也较大，顺差额大幅下降，说明与这些国家也存在大量的中间品贸易，垂直专业化分工合作关系较为紧密。

表 7 - 27　　增加值贸易统计下中国与欧洲主要国家的贸易差额

单位：百万美元

年份	德国	英国	法国	荷兰	意大利
2000	1266.14	4515.22	1285.68	2564.88	489.98
2005	- 3705.15	12252.13	5917.62	1134.39	3664.13
2008	- 2230.60	24178.12	11420.68	7007.96	9153.09
2011	- 7509.42	21310.80	14001.18	1343.75	7181.50
2015	47913.90	44482.49	32353.29	25347.48	17981.61

资料来源：根据 ADB - MRIO 整理计算所得。

7.4.2　中国与欧洲垂直专业化分工体系中的增加值来源分解

　　考虑到中国与欧洲主要国家的垂直专业化分工合作特征较为类似，

中国附加值相对较低，基本处于价值链的低端，因此本节在分析时选取与中国贸易差额最大，且垂直专业化分工合作特征最明显的德国进行研究。从中国对德国出口中隐含的德国增加值占出口总额比重来看（如表7-28所示），各产业占比都相对较低，德国在双边贸易中提供的中间品增加值较少。从各产业发展趋势看，基本都呈现先增长后下降趋势，在2005年各产业出口中隐含的德国增加值占出口总额比重最高，之后有了一定程度的下降，2015年机械制造业最高为0.89%，劳动密集型产业中造纸、印刷和出版业最高为0.31%，总体来看，资本、技术密集型产业占比要高于劳动密集型产业。

表7-28　　　　　　　　中国对德国出口中隐含的德国增加值

占出口总额比重（MVA/EX）　　　　　　单位：%

产业	2000 年	2005 年	2008 年	2011 年	2015 年
C13	0.75	1.81	1.22	1.31	0.89
C15	0.74	1.50	1.42	1.43	0.72
C14	0.98	1.46	1.31	1.01	0.43
C10	0.64	0.96	0.90	0.76	0.40
C16	0.59	0.82	0.73	0.63	0.31
C7	0.50	0.69	0.62	0.52	0.31
C11	0.45	0.77	0.65	0.62	0.26
C9	0.45	0.74	0.61	0.54	0.26
C4	0.48	0.74	0.64	0.55	0.24
C12	0.40	0.64	0.46	0.45	0.23

注：限于篇幅，本书仅选取了中国对印度出口中隐含的印度增加值占出口总额比重（MVA/EX）前十大制造业。EX，代表出口总额。因各年份前十大制造产业基本一致，而只有2000年（C7）、2008年（C13）两个产业未进入前十，因此以2015年包含的前十大产业为准。

资料来源：根据ADB-MRIO整理计算所得。

中国对德国出口中隐含的第三国增加值占出口总额比重（OVA/EX）（如表7-29所示），绝大多数产业都呈现增长趋势。机械制造业出口中隐含的第三国增加值占出口总额比重最高，且近几年有增加趋势，2015年占比达到21.73%。资本、技术密集型产业中的运输设备制造业、光电设备制造业、其他制造业出口中隐含的第三国增加值占出口总额比重也较高，达到 15% 以上。劳动密集型产业中造纸、印刷和出版业、橡胶和塑料制品业占比也较高，呈增加趋势，2015 年占比分别为 14.50% 和 16.37%。在各产业中只有其他非金属矿物产业占比近年出现了一定程度的下降，2015 年占比降为 11.75%。中国对德国出口中隐含的第三国增加值不断增加，反映中德垂直专业化分工中，中国对其他国家市场以来也较大，需要其他国家提供中间产品开展分工合作，并且这可能是未来一段时期的分工合作趋势。

表 7-29　　　　　中国对德国出口中隐含的第三国增加值
占出口总额比重（OVA/EX）　　　　单位：%

产业	2000 年	2005 年	2008 年	2011 年	2015 年
C13	13.35	20.43	15.92	16.61	21.73
C15	10.98	16.04	14.25	14.69	15.59
C14	19.38	24.08	20.41	18.44	15.14
C10	13.47	16.45	14.55	14.27	16.37
C16	12.61	15.78	14.12	13.86	15.39
C7	10.20	11.66	11.81	11.06	14.50
C11	10.31	13.03	11.20	12.13	11.75
C9	10.20	14.06	11.84	12.19	13.54
C4	14.80	14.89	11.68	11.21	11.28
C12	9.83	12.57	10.92	12.28	14.58

资料来源：根据 ADB - MRIO 整理计算所得。

7.5　本章小结

本章从垂直专业化分工增加值角度分析中国重点合作区域的贸易特征、增加值来源和贸易关联程度，全面把握中国垂直专业化分工合作网络的阶段性特征及发展趋势，主要研究结论如下：传统贸易统计下中国与东北亚区域内各国的经贸关系出现了新的趋势，贸易逆差转为贸易顺差，且顺差额度在不断扩大。相比传统贸易统计下的双边贸易差额，增加值贸易统计下中国与东北亚区域内三国的贸易差额缩小。从贸易产业看，日本制造业对中国的出口主要集中在光电设备制造业等高技术产业，并且各年度前十大产业基本没有变化。从贸易结构看，日本对中国的出口总额中，主要是中间品出口，多数产业中间品出口占比达到90%以上。韩国绝大多数产业出口额度大幅增长，但像一些劳动密集型产业的出口额不但没有增长反而出现了下降，这说明在这期间中国这些产业的竞争力有了较大提高，进口减少，出口不断增加。同时，虽然韩国绝大多数产业对中国出口与日本比还存在差距，但光电设备制造业等产业的出口韩国逐渐超过日本，且此消彼长趋势十分明显，贸易位置加强。从贸易结构看，韩国对中国的出口也主要是中间品出口，一些技术含量高、韩国有竞争优势的产业中间产品出口占比在不断增加，垂直专业化分工生产深化。俄罗斯对中国的总出口额度相对较少，但增长趋势明显，出口主要集中在资源、能源相关产业，制造业中间品出口占比不高，说明俄罗斯与中国与垂直专业化分工生产合作还不够深入。

　　基于改进的显示性比较优势指数 RCA_V 分析发现：中国有出口竞争优势的产业还是集中在劳动密集型产业，但伴随着代工生产经验的积累和企业研发水平的提升，光电设备制造业等产业的出口竞争力由弱变强。日本、韩国出口竞争优势产业集中在机械设备制造业、光电设备制造业等产业，而韩国劳动密集型产业的出口竞争力出现大幅度的下降，俄罗斯出口竞争优势产业集中在资源、能源产业，其他产业竞争力较弱。中国与日本、韩国各产业增加值贸易关联度 FVS_{inj} 呈现明显的下降趋势，且呈现出随着产业技术密集度下降，贸易关联度降低幅度越大、贸易关联度越低的趋势。中国与韩国的贸易关联弱化程度相比日本要低，并且在一些高技术产业还有强化趋势。中国与俄罗斯在各产业的增加值贸易关联度普遍较低。但不同于日韩，金融危机前各产业贸易关联度都呈增长趋势。中国与东北亚区域内各国产业发展需求依赖度 FDR_{inj} 中，对日本的产业发展需求依赖度最高。从产业类别来看，资源、能源产业以及劳动密集型产业对日本的发展需求依赖度高，而高技术含量产业的需求依赖度较低。从发展趋势看，中国各产业对日本的需求依赖度近年来一直呈现下降趋势，能源、资源行业下降幅度较大，而劳动密集型产业仍然保持较高的水平。说明在贸易总体呈下降趋势的背景下，日本劳动密集型产品最终需求对中国产业发展和经济增长的重要性仍较高。中国对韩国技术水平较高的光电设备制造业需求依赖度最高，金融危机后，中国各产业对韩国需求依赖弱化，韩国在中国外经贸及经济发展中的位置有所下降。金融危机之前，俄罗斯各产业的增加值贸易关联度都在不断提升，劳动密集型产业出现了飞速发展。

国际金融危机后，中国与东亚区域内日本和韩国两国贸易逆差的缩小以及与美国双边顺差的扩大并存，反映了中国经贸合作的阶段性特征和新动向。中美贸易差额缩小幅度小，但中美贸易中包含了来自东亚地区及其他国家的大量中间产品，不能真实反映中美贸易关系及贸易收益。日本和韩国两国对中国出口的主要产业与中国向美国出口的主要产业高度重合，多数产业中间产品出口在其中占有的比重超过90%。国际金融危机后，日本和韩国两国多数产业对中国出口贸易总额出现下降，下降幅度韩国小于日本，但垂直专业化分工贸易模式并未改变，呈现高技术产业垂直专业化分工合作深化，在劳动密集型产业弱化趋势。中国对美出口中隐含的美国增加值占出口总额比重基本呈倒 U 形发展趋势，特别是金融危机后出现明显下降趋势。而中国各产业对美国出口中隐含的第三国增加值占出口总额比重一直较高，并未受金融危机的明显影响，与其他国家的分工合作关系仍然非常紧密。日本和韩国两国在贸易三角中的位置下降，分工合作方向出现了明显的变化。到2015 年前十大产业增加值占出口总额比重韩国已全面超过日本，韩国在"三角贸易"中的位置相对在提升，而日本在下降，这也可能代表未来一段时间垂直专业化分工体系的合作趋势。通过中国对美国出口中来自东亚地区账户纯重复计算部分变化的深化研究，进一步印证了日本和韩国两国在"三角贸易"模式下垂直专业化分工合作参与度下降和地位弱化的趋势。

传统贸易统计下中国与东南亚、南亚主要国家的贸易差额看，中国与东南亚、南亚主要国家的贸易差额呈现较高的差异性。增加值贸易统计下，中国与东南亚、南亚贸易差额有较大变化，基本呈贸易差额缩小趋势，中国与越南、印度、泰国间的贸易差额也出现较大幅度的下降，说明垂直专业化分工贸易在这些国家盛行。中国对越南出口贸易额历年前十大产业总出口额基本都在不断增长，但国际金融危机后运输设备制造业等部门出现下降。中间产品出口增加，分工合作也存在加强的趋势。2015 年中印光电设备制造业、其他制造产业等出口额大幅增加，但中间品出口占比下降幅度较大，垂直专业化分工合作弱化。中国对越南出口中隐含的越南增加值占出口总额比重较低，并且各部门基本都呈现下降趋势，显然在制造业越南处于垂直专业化分工价值链合作的下游，未为中国提供较多的中间产品，附加值较少。对越南出口中隐含的第三国增加值占出口总额比重都呈现下降趋势，来自国内增加值不断增加，产业竞争力和垂直专业化分工合作位置有上升趋势。中国对印度出口中隐含的印度增加值占出口总额比重较低，并且各部门下降趋势明显。印度制造业也处于垂直专业化分工价值链合作的下游，未为中国提供较多的中间产品，附加值较少。对印度出口中隐含的第三国增加值占出口总额比重都呈现下降趋势，来自国内增加值不断增加，反映了垂直专业化分工合作的趋势。

　　从传统贸易统计下中国与欧洲主要国家的贸易差额情况看，除意大利外，中国与其他欧洲大国的贸易顺差都在逐年增加，中国与欧洲主要大国之间贸易不平衡问题较为突出。增加值贸易统计下，中国与欧洲主要国家贸易差额有较大变化，基本呈贸易差额缩小趋势，说明与这些国家也存在大量的中间品贸易，垂直专业化分工合作关系较为紧密。中国对德国出口中隐含的德国增加值占出口总额比重看，各产业占比都相对较低，德国在双边贸易中提供的中间品增加值较少。从各产业发展趋势看，基本都呈现先增长后下降趋势，资本、技术密集型产业占比要高了劳动密集型产业。中国对德国出口中隐含的第三国增加值占出口总额比重，绝大多数产业都呈现增长趋势。反映中德垂直专业化分工中，中国对其他国家市场依赖也较高，需要其他国家提供中间产品开展分工合作，并且这可能是未来一段时期的分工合作趋势，中国与欧洲主要国家的垂直专业化分工合作特征较为类似。

第 8 章　eWTP 视角下的国际贸易新动能塑造与全球价值链重构*

随着技术水平的提升和国际经贸合作的深化，跨境电商等新业态近年来逆全球经贸形势迅猛发展。跨境电商降低了国际贸易的门槛，并推动中小企业融入全球价值链，跨境电商为贸易新动能塑造、"供给侧改革"、垂直专业化分工价值链位置提升提供了新通道，有必要从跨境电商发展角度对垂直专业化分工位置提升展开专题研究。本章从国际贸易萎靡、国内价值链低端锁定，而跨境电商急速发展的现实出发，基于阿里巴巴集团提供的数据、资料及案例，探讨"网上丝绸之路"关键环节 eWTP（Electronic World Trade Platform）构建与国际贸易新动能塑造的关联机制。进而结合跨境电商连接指数（ECI）与中国全球价值链增加值（VA_GVC）、双边增加值贸易（VAX_F）指标，明确 eWTP 下国际贸易新动能塑造与全球价值链重构的协同推进路径。提出通过跨境电商发展这一新思路，促进国际贸易新动能塑造与全球价值链重构、地位提升的可行对策。

8.1　跨境电商发展趋势与研究思路

国际经济从金融危机前的快速发展到目前的结构深度调整期。国际

---

*　本章主要内容已由课题组成员作为前期成果公开发表。赵明亮，臧旭恒. 国际贸易新动能塑造与全球价值链重构［J］.《改革》，2018（7）：148－158. 中国经营网主题转载，国际贸易新动能塑造与全球价值链重构—热点事件—经济。

经贸形势恶化，贸易投资市场逐渐萎缩，主要经济体为应对国内经济衰退、产业结构失衡等带来的失业增加问题，将国外的一些投资转移到国内进行生产，改善国内产业结构失衡和失业问题，这对于中国出口、投资产生了一定的负面影响。要想短期内改变当前的贸易形势，迫切需要找到新的突破口。近年来跨境电商逆势迅猛发展，据阿里巴巴与埃森哲公司（Accenture）发布的《2020 全球跨境电商趋势报告》显示，2014～2020 年跨境电商市场份额年复合增长率将达 27.3%，市场规模达到 9940 亿美元。跨境电商降低了国际贸易的门槛，国际贸易主体、贸易形态、商业模式、组织方式都在发生重大变革推动中小企业融入全球价值链，为贸易新动能塑造和"供给侧改革"提供了新通道。面对复杂的国际经贸形势，国家适时出台了促进跨境电商发展的一系列措施，试图带动国际贸易发展，促进价值链攀升。对于贸易发展及价值链升级问题，国内学者谭力文和马海燕（2006）、刘志彪（2011、2015、2017）、刘友金和胡黎明（2011）、梁运文和芮明杰（2013）、李强和郑江淮（2013）、戴翔和金碚（2014）、王岚和李宏艳（2015）、陆燕（2015）、刘斌、魏倩、吕越和祝坤福等（2016）、邢斐、王书颖和何欢浪（2016）、隆国强（2016）、孟祺（2016）、洪银兴（2017）、戴翔和张为付（2017）、张天顶（2017）、桂黄宝、刘奇祥和郝钺义（2017）、李清如（2017）、裴长洪和刘洪愧（2017）等从构建以内需为基础的国家价值链（NVC）体系和治理结构、国际贸易规则改革、制造业服务化、贸易自由化、技术创新及补贴、培育国际营销能力等方面论述了中国价值链重构的路径。徐松和张艳艳（2015）、刘小军和张滨（2016）、张夏恒和郭海玲（2016）、施炳展（2016）、李金城和周咪咪（2017）、李兵和李柔（2017）、马述忠和陈奥杰（2017）就互联网、跨境电商作为信息平台对贸易成本、资源配置、销售渠道选择、品牌打造等方面的影响做了深入分析。崔传桢（2016）、汪旭晖和张其林（2016）、戴艳红和崔健（2017）就阿里巴巴集团安全管理模式、蚂蚁金服支付体系、供应链管理模式等问题进行了分析，探讨了管理模式与商业模式的融合及市场规则制定问题。基于传统转型路径困难重重、效果不佳的现实，本章在跨境电商迅猛发展的背景下，从 eWTP 构建角度系统探讨国际贸易新动能塑造的条件、制约因素、新动能塑造与全球价值链重构的协同路径。配合"一带一路"倡议塑造新时期国际贸易新动能，寻求最佳的资源配置模式，深度融入及动态的重构价值链，提高垂直专业化分工合作的地位。

8.2 eWTP 生态系统构建与国际贸易新动能塑造机制

8.2.1 eWTP 生态系统构建

eWTP 通过推动全球数字经济基础设施建设，搭建全球贸易数字中枢（e-hub），促进公私对话，推动建立相关规则，提供一站式服务的物流枢纽、大数据枢纽服务，打造成一个促进全球跨境电子贸易的生态系统。在商业实践层面，eWTP 贸易涵盖出口和进口，既有 B2B 贸易通道也有 B2C 贸易通道，包括速卖通（Aliexpress）、天猫国际、阿里巴巴国际、1688 全球货源。一达通、菜鸟、蚂蚁金服、支付宝等为贸易提供一站式电子商务平台、金融支付、物流仓储、外贸综合服务、市场营销、教育培训等。阿里云、物联网、智能终端、人工智能等为贸易和配套服务提供技术支撑，以云计算为代表的按需服务业务形态可以低成本获得所需要的计算、存储和网络资源，大大降低技术门槛。eWTP 是一个私营部门引领、各利益攸关方参与的国际交流合作平台，通过公私对话和机制性合作，共同探讨和孵化数字时代的新规则、新标准，如数字关境、检验检疫、争端解决、信用体系、消费者保护等。商业实践、配套服务、技术支撑、公私对话四个层面密切相关，互为依托。规则层的内容主要来自商业层和技术层的实践，其成果和共识又会促进数字经济商业合作和新技术的创新发展。图 8-1 为阿里巴巴 eWTP 生态系统。

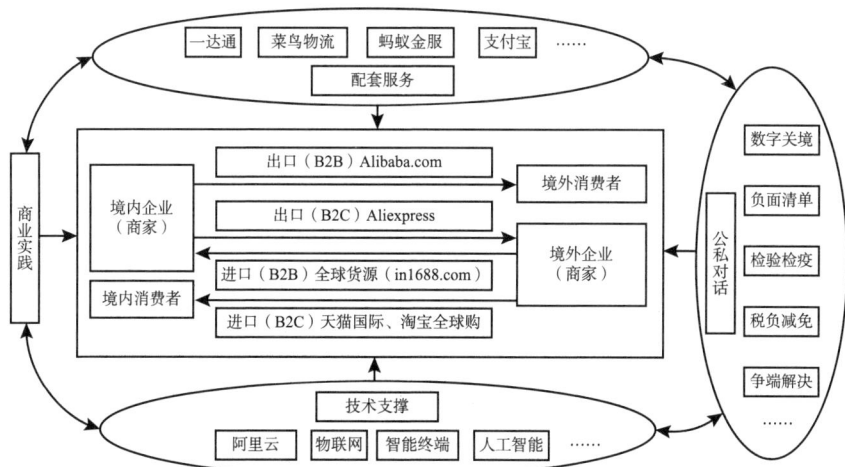

图 8-1　阿里巴巴 eWTP 生态系统

注：笔者根据相关资料绘制。

8.2.2　技术创新、贸易模式改变与国际贸易新动能塑造

171

互联网贸易、支付、物流技术服务创新，更多的贸易特别是消费品贸易通过线上电商平台进行交易。在 eWTP 平台生态系统下，零售环节正在快速信息化、数字化和精准化，企业和零售商可以通过速卖通、阿里巴巴国际等交易平台在全球出售商品，在天猫国际、1688 全球货源平台进口商品，贸易效率更加优化。速卖通联合菜鸟物流推出官方物流服务，提供揽收、配送、追踪、物流纠纷处理、赔付等一站式物流解决方案。菜鸟物流同全球主要贸易伙伴邮政部门就物流达成战略合作菜鸟跨境物流货达 224 个国家和地区，服务于出口的海外仓 43 个，在"一带一路"沿线国家布局了 22 个海外仓，分布在俄罗斯、印度、东南亚等地，实现跨大洲商品当日达。在智利、墨西哥等建立"无忧物流专线"，大大提升包裹投送速度，已经成为全球大型的跨境物流网络。

得益于技术的创新，跨境电商贸易综合服务平台的搭建，金融服务的配套，使跨境电商成为外贸领域强劲的增长点。外贸综合服务平台一达通为卖家提供出口退税、通关、物流、收汇、融资等系列外贸综合服务。蚂蚁金服在印度、泰国、菲律宾、新加坡、澳大利亚等国投资，开放通用技术平台，提供风控和防欺诈技术，共建充分本土化的电子钱包。同时，支付宝已经实现全球收全球付的跨境支付能力，打通世界各地的资金渠道。贸易模式的变革和配套服务的完善，使跨境电商成为外贸新的增长点和推进市场多元化的重要途径。外贸综合服务平台一达通全年贸易额从 2013 年的 15 亿美元急速增长到 2016 年的 225 亿美元，其中与"一带一路"沿线国家和地区贸易额从 4 亿美元增长到 79 亿美元。技术的成熟、全球消费者和企业更加自由和便利的"买全球、卖全球"，直接促进双多边贸易的加速活跃。

8.2.3　贸易形态、市场改变与国际贸易新动能塑造

eWTP 下贸易形态从大批量、低频次、标准化逐步转变为碎片化、高频次、个性化，贸易信息更加对称、流程更加透明，B2C 在全球贸易中的比例快速提升。网络贸易商借助于电子商务平台，节省环节成本、人力成本、学习成本，节省资源，摆脱了在传统贸易中的不利位置，打通了市场渠道，弱势群体能够参与国际贸易，享受外贸综合服务平台带来的成本及服务便利，中小企业和消费者正在成为全球化的新主体和驱动力量，活跃于国际经贸活动之中，逐步融入全球市场和价值链体系，引领贸易和投资的发展。

传统国际贸易业务以大额交易为主，客户及市场拓展主要通过展厅、展会以及客户介绍，拓展难度较大，不确定性较高。跨境电商下消费者需求驱动生产的模式流行，大量中小企业进入国际贸易市场，自身具备的灵活特点，使其借助电商平台给消费者提供全方位、多层次、多角度的互动式商贸服务，使贸易变得更加便利，激活了大量的潜在客户和潜在市场。借助信息技术和大数据，通过真实的数据沉淀，准确地发现目标市场及客户，差异化的制定销售策略，积极开拓国际市场，一些原本没有贸易的国家贸易逐渐展开，有的快速发展，表现出在传统贸易模式下不具有的活力。阿里巴巴旗下全球速卖通出口平台覆盖 243 个国家和地区，拥有世界 18 种语言站点，APP 装机量过 3 亿，在 25 个国家APP STORE 购物榜单排名第一。跨境电商 B2C 出口按订单数一亿用户购买力最强国家排名前十的国家包括了俄罗斯、乌克兰、以色列、白俄罗斯、荷兰等传统贸易并不算强的"一带一路"沿线国家。借助于平台大数据沉淀，有针对性地根据市场展开销售，可以极大地促进贸易的

开展，新的贸易得以创造。

8.2.4　贸易规则变化与国际贸易新动能塑造

工业革命以来，发达国家和跨国公司掌握国际贸易话语权，当前国际贸易从大企业主导演变为小微企业、个人网商比重增加，在人人都参与的互联网时代，国际贸易规则与贸易现实的不相容性增加。eWTP 的打造，最为关键的一点就是孵化跨境电商贸易规则。倡导由企业主导国际贸易规则，与贸易相关国际机构、政府、地区等利益相关方进行合作，积极与政府展开对话，孵化行业标准和规定，简化法律法规和海关流程。阿里巴巴通过建立跨境电商实验区、智能物流、信用支付、技术支持等方式来影响政策、规则的制定。国际物流已有国际快递、专线物流和海外仓储等模式。蚂蚁金服国际化的方向，除了欧洲、美国、澳大利亚等发达市场，东南亚及南亚等"一带一路"沿线国家也成为业务重点。2014 年来先后与新加坡安全企业 V - Key、澳大利亚 Paybang、印度电子钱包 Paytm、韩国互联网银行 K - Bank、德国银行软件公司 Wirecard 等展开投资合作，为跨境支付规则打造奠定基础。在"一带一路"沿线，阿里云在中国香港、新加坡、中东、欧洲等地建设数据中心，在全球设立 14 个地域节点，以中国自主研发的飞天技术为沿线国家地区提供云计算大数据服务，飞利浦、新加坡邮政、施耐德等海外知名企业已使用中国的飞天技术，从技术标准上影响贸易规则的制定。

国内政府相关部门对于跨境电商的重视，一系列改革措施的实施，逐步解决物流配送、海关通关、国际结算、外汇监管、国际征税、商品检验检疫规则，对跨境贸易产生极大的推动作用。2015 年 3 月，中国（杭州）跨境电商综合实验区正式成立，旨在通过创新形成一整套适应和引领全球跨境电子商务发展的管理制度和规则。国务院、财政部、商务部、国家税务总局、国家发改委、海关总署、国家外汇管理局、国家质检总局等部门，2012 年以来出台了 14 项涉及跨境电商的政策，涉及支付机构跨境电子商务外汇支付业务试点、持跨境电子商务零售出口、跨境电子商务零售出口税收政策、调整跨境贸易电子商务监管海关作业时间和通关时限、增列海关监管方式代码、跨境电子商务检验检疫等方面，这对于促进中国主导的跨境电商发展意义重大，起到极大的推动作用。

8.3 eWTP 视角下国际贸易新动能塑造与全球价值链重构的协同推进路径

eWTP 下技术创新、贸易模式改变，贸易形态、市场改变，跨境电商贸易制度和规则的完善，拓宽进入国际市场的通道，促进了国际贸易的深化，会直接增加贸易量，有效缓解国内经济社会发展面临的困境。但要解决经济社会发展动力不足等深层次问题，掌握技术和分销渠道，培育自我适应市场需求的应变能力，避免"低端锁定"，需要在跨境电商贸易增加的同时，寻求促进价值链重构和产业转型升级的路径，增强竞争力，提供持久的发展动能。跨境电商贸易涉及 200 多个国家，既有传统的贸易市场也有一大批新兴市场，每个市场都有自身的特点，贸易联系的紧密程度、分工合作的阶段、附加值都存在差异，贸易的商品又涉及日用消费、电子通信等多个产业，这就决定了价值链重构的路径一定是差异化的，既可以深度融入价值链"加速超车"，又可借助电商在品牌打造和分销渠道建设方面的优势"弯道超车"，以及在掌握核心生产技术、平台技术时"优势领跑"。

8.3.1 跨境电商贸易连接程度与 GVC 增加值指数

明确国际贸易萎靡与价值链低端锁定问题、eWTP 生态系统构建与国际贸易新动能塑造机制后，进一步对中国跨境电商的出口市场与行业情况，与这些国家进行贸易的增加值进行分析，是探明国际贸易新动能塑造与全球价值链重构的协同推进路径的重要依据。就跨境电商贸易总体来看，2015 年在阿里巴巴国际站平台，向中国企业发出询盘量最多的海外市场有英国、印度、德国、美国、加拿大、俄罗斯、澳大利亚、马来西亚、巴西等国，发达国家占有一定的比例，但像印度、俄罗斯、马来西亚等发展中国家或新兴贸易国家增多。新增买家数最多的国家有俄罗斯、美国、巴西、西班牙、法国、加拿大、乌克兰、印度、英国、意大利等国，其中发展中国家、"一带一路"沿线国家较多，跨境电商贸易市场分布有别于传统贸易方式。

根据阿里巴巴跨境电子商务大数据（涉及 B2B、B2C 出口和 B2C 进口）编制的跨境电商连接指数 ECI（E – Commerce Connectivity Index between China and Major Economies），探明中国与其他国家在跨境电商贸易方面的连接紧密程度。[①] 考虑到国家战略规划、国内过剩产能化解、价值链重构的主要以出口为突破口，因此主要选取"一带一路"沿线新兴市场分析，探明跨境电商贸易连接程度、产品贸易涉及的主要产业。如表 8 – 1 所示，沿线国家 ECI 指数最高的五国分别为俄罗斯、以色列、泰国、乌克兰、波兰，并非传统贸易方式中与中国贸易较多的国家。跨境电商贸易也以出口为主，ECI 出口指数排在前五的国家分别为俄罗斯、以色列、乌克兰、波兰、摩尔多瓦，俄罗斯达到 29。ECI 进口指数相对较低，泰国、以色列、新加坡、马来西亚、希腊排在前五位，泰国最高为 6.9。摩尔多瓦、不丹等国 ECI 出口规模指数都在 5 以下，但 ECI 出口渗透率得分较高，在 15 ~ 25 之间，说明在这些国家，跨境电商可能成为与一般贸易同等重要的贸易方式。俄罗斯是中国跨境电商出口最多的国家，但出口指数渗透得分不高，在 5% 以下，仍具有非常高的潜力。跨境电商贸易主要集中在电子通信、纺织服装、食品加工业等行业。

175

表 8 – 1   "一带一路"沿线主要国家 2016 年 ECI 跨境电商连接指数得分

国家	ECI 出口指数	ECI 进口指数	ECI 总指数	国家	ECI 出口指数	ECI 进口指数	ECI 总指数
俄罗斯	29	0.9	29.9	菲律宾	2.5	0.3	2.8
以色列	10.9	2.8	13.7	马尔代夫	2.7	0	2.7
泰国	4.6	6.9	11.5	克罗地亚	2.7	0	2.7

---

① ECI 总指数由 ECI 进口指数和 ECI 出口指数两项分指数构成。每项分指数均综合考量该国与中国之间的跨境电商规模（绝对值）、跨境电商渗透率（潜力值）两项指标。ECI 跨境电商连接指数 – ECI 进口指数 + ECI 出口指数。ECI 进口指数 = 进口规模得分 × 权重 + 进口渗透率得分 × 权重，ECI 出口指数 = 出口规模得分 × 权重 + 出口渗透率得分 × 权重。一个国家的进出口规模、渗透率得分是根据阿里巴巴跨境电商大数据（全年的询盘数、成交额）及该国与中国之间的进出口贸易额计算得出，规模得分的分值范围是 0 ~ 50 分，渗透率得分的分值范围是 0 ~ 50 分。ECI 出口指数渗透得分：中国企业通过跨境电商向该国出口的规模相当于一般贸易货物出口规模的比值，对此比值的指数化处理。

国家	ECI 出口指数	ECI 进口指数	ECI 总指数	国家	ECI 出口指数	ECI 进口指数	ECI 总指数
乌克兰	10.3	0	10.3	科威特	2.7	0	2.7
波兰	8.4	0.7	9.1	阿曼	2.6	0	2.6
捷克	6.8	1.1	7.9	阿塞拜疆	2.6	0	2.6
摩尔多瓦	7.8	0	7.8	卡塔尔	2.5	0	2.5
土耳其	7.4	0.2	7.7	巴基斯坦	2.3	0.1	2.4
白俄罗斯	7.0	0	7.1	黑山	2.1	0	2.1
新加坡	4.0	2.3	6.4	越南	1.6	0.4	2.0
匈牙利	5.1	0.8	5.9	斯里兰卡	1.7	0.2	2.0
沙特阿拉伯	5.7	0	5.7	乌兹别克斯坦	1.6	0	1.6
拉脱维亚	5.1	0.2	5.3	格鲁吉亚	1.6	0	1.6
斯洛伐克	5.2	0	5.2	文莱	1.4	0	1.4
保加利亚	4.7	0.4	5.0	柬埔寨	1.3	0	1.3
罗马尼亚	4.2	0.6	4.8	约旦	1.3	0	1.3
立陶宛	4.7	0.1	4.8	埃及	1.3	0	1.3
马来西亚	2.9	1.8	4.7	伊拉克	1.1	0	1.1
印度	4.4	0.2	4.7	土库曼斯坦	1.0	0	1.0
印度尼西亚	3.9	0.7	4.6	孟加拉国	0.9	0	0.9
哈萨克斯坦	4.6	0	4.6	吉尔吉斯斯坦	0.9	0	0.9
爱沙尼亚	4.2	0	4.2	波黑	0.8	0	0.8
不丹	4.2	0	4.2	缅甸	0.6	0	0.7
希腊	2.9	1.2	4.1	老挝	0.5	0	0.6
黎巴嫩	3.4	0	3.4	蒙古国	0.5	0	0.5
塞尔维亚	3.4	0	3.4	塔吉克斯坦	0.5	0	0.5
亚美尼亚	3.3	0	3.3	巴勒斯坦	0.3	0	0.3
马其顿	3.2	0.1	3.3	尼泊尔	0.3	0	0.3
斯洛文尼亚	3.1	0.2	3.3	阿富汗	0.2	0.1	0.3
阿联酋	3.1	0.1	3.2	也门	0.2	0	0.2

国家	ECI 出口指数	ECI 进口指数	ECI 总指数	国家	ECI 出口指数	ECI 进口指数	ECI 总指数
阿尔巴尼亚	2.4	0	2.4	叙利亚	0	0.1	0.1
巴林	2.2	0	2.2	伊朗	0	0.1	0.1
塞浦路斯	2.3	0.7	2.9				

注：具体 ECI 分项指标计算数值未在表 8 - 1 中给出。由于小数取舍，可能出现分项指数之和不等于总指数的情况，部分数据存在 0.1 以内的误差。

资料来源：国家统计局、海关总署、全球速卖通、天猫国际、淘宝全球购；阿里研究院分析相关数据事理所得。

　　根据跨境电商贸易连接程度及贸易产业分布情况，选取电商贸易典型国家和产业深入分析全球价值链（GVC）贸易的增加值情况，明确中国与相关国家的价值链分工关联和位置情况，为价值链重构提供参考依据。考虑到 OECD、GTAP 等数据库数据只更新到 2011 年，而欧盟国际投入产出数据库数据更新到 2014 年，与近几年跨境电商快速发展阶段更容易对接，因此基于欧盟数据库，选取与中国进行跨境电商贸易典型国家俄罗斯、波兰、捷克、土耳其、印度、印度尼西亚，跨境电商贸易集中的产业食品饮料及烟草制品业、纺织、服装和皮革制品制造业、计算机、电子及光学产品制造业，对全球价值链进行分解。① 在全球价值链核算领域，以库普曼等（2014）的研究为代表，围绕增加值出口形成一套科学、合理的核算体系。本书借鉴其方法，② 基于欧盟国际投入产出数据库，对近三年中国相关产业以及与相关国家的全球价值链增加值贸易进行分解。

　　中国三个产业的全球价值链贸易增加值近几年都呈增长趋势，计算机、电子及光学产品制造业基于前向产业关联的全球价值链参与度提升明显（如表 8 - 2 所示），影响力增强。三个产业全球价值链价值增值

① 限于数据的可获取性，全球价值链贸易活动的分解为全部贸易不仅包含跨境电商贸易。因分析集中在同一产业、同一市场，全部贸易活动和跨境电商贸易的价值链增值情况具有较高的一致性。

② 分解方法较为复杂，限于篇幅，在此不再展开介绍。具体参见 Koopman R，Wang Z，Wei S J. Tracing Value-added and Double Counting in Gross Exports [J]. American Economic Review，2014，104（2）：459－494.

中被进口商直接吸收的价值（VA_GVC_R）占比最高，纺织、服装和皮革制品制造业、计算机、电子及光学产品制造业中被第三国间接吸收的价值（VA_GVC_F）与被进口商直接吸收的价值差别不大，与部分年份相当，说明这两个产业价值链生产活动更为活跃，生产价值链条更长，向价值链高附加值环节攀升和进行价值链重构时更具优势。

表 8 - 2　中国 C05、C06、C17 三个产业全球价值链贸易增加值及指数

产业	年份	VA_GVC_R	VA_GVC_D	VA_GVC_F	VA_GVC	GVC_Pat_f
C05	2012	11160.45	833.97	4980.03	16974.45	0.05
	2013	12003.99	915.20	5286.39	18205.59	0.05
	2014	12896.30	974.04	5714.59	19584.93	0.05
C06	2012	16388.44	1031.42	9499.15	26919.02	0.12
	2013	17716.86	1164.66	10255.67	29137.18	0.12
	2014	19203.31	1251.36	11054.73	31509.40	0.12
C17	2012	25526.87	6684.60	26701.22	58912.69	0.25
	2013	32824.50	7577.28	29763.91	70165.69	0.27
	2014	36547.29	7767.14	31474.08	75788.50	0.27

注：VA_GVC_R 为全球价值链贸易生产并被进口商直接吸收的价值、VA_GVC_D 为全球价值链贸易生产并返回国内被国内出口商间接吸收的价值、VA_GVC_F 为全球价值链贸易生产并被第三国间接吸收的价值、VA_GVC 为全球价值链贸易生产价值增值 = VA_GVC_R + VA_GVC_D + VA_GVC_F、GVC_Pat_f 为基于前向产业关联的全球价值链参与度 = VA_GVC/SVA，即价值增值占部门增加值的比重。

资料来源：根据欧盟国际投入产出数据库测算所得。

从基于前向产业关联的双边贸易价值增值看（如表 8 - 3 所示），多数国家吸收的中国三大产业价值增值额近年来呈增长趋势，不同产业各国吸收的价值增值额呈现明显的差异性。俄罗斯作为大国，各产业吸收的中国三大产业价值增值额都相对较高，但相比而言，计算机、电子及光学产品制造业吸收价值增值额较低，而纺织、服装和皮革制品制造业较高，这说明在俄罗斯市场一些电子类产品中国的竞争优势不强，一些生活必需品等轻工业产品优势明显，有利于价值链重构。在印度及印度尼西亚食品饮料及烟草制品业价值增值额较高，计算机、电子及光学产品制造业在捷克相比其他产业吸收的价值增值额高，在土耳其、印

度、印度尼西亚等国额度也较高，中国相应产品容易打开市场，获取竞
争优势，促进价值链提升。

表 8 - 3　最终被六个典型国家吸收的中国三大产业价值增值额（VAX_Fsr）

产业	年份	俄罗斯	波兰	捷克	土耳其	印度	印度尼西亚
C05	2012	1662.26	229.67	85.00	302.43	700.28	742.35
	2013	1911.02	253.00	85.31	340.46	656.64	800.29
	2014	1900.41	280.75	96.73	363.45	738.15	848.97
C06	2012	13487.77	588.39	160.42	817.19	1134.85	932.84
	2013	15119.00	642.76	143.13	852.38	1169.79	1033.01
	2014	14866.51	756.36	166.78	887.23	1295.99	1105.67
C17	2012	2004.73	1073.22	792.10	1498.71	2945.20	2433.20
	2013	2013.38	1213.50	731.73	2030.81	2994.34	2517.30
	2014	1828.72	1348.63	866.77	2157.68	3321.69	2281.13

注：基于前向产业关联的计算公式 VAX_F = $\hat{V}$ $(B\tilde{Y})^F$，VAX_Fsr 表示最终被 r 国吸收的 s 国价值增值。$\hat{V}$ 为直接价值系数矩阵（GN×GN），$\tilde{Y}$ 为最终需求矩阵（GN×G），B 为里昂惕夫逆矩阵，G 代表国家，N 为产业部门。详细测算方法参考 Johnson R C, Noguera G. Accounting for intermediates：Production sharing and trade in value added [J]. Journal of International Economics，2012，86（2）：224 - 236.

资料来源：根据欧盟国际投入产出数据库测算所得。

8.3.2　贸易链条扁平化、过剩产能化解与价值链整合重构

eWTP 下的跨境电商贸易使贸易方式从 B2B 到 B2C 转换，信息不对
称问题得到较好的解决，出口商品可以跨越传统贸易方式下的层层供应
链条直接到达消费者手中，中小企业没有销售渠道问题在很大程度上得
到解决。没有销售渠道或生产成本较高的一些低附加值产能过剩企业，
可以借助跨境电商渠道扩大产品的销售，有效化解过剩产能。一些被锁
定在价值链低端，在恶化的国际经贸形势下面临破产倒闭的企业可以得
到喘息的机会，生产得以继续，支撑国内经济发展，稳定就业市场。同
时，跨境电商下价值链条的变化，可以使企业绕开原有的价值链环节，
贸易链条更加扁平化，贸易链条缩短，中间环节的利润可以留在生产商
和贸易商手中，节省生产、贸易成本，扩大企业的利润空间，也为企业

转型发展赢得时间和空间。

传统代工生产企业生产得以持续，企业利润增加，使企业有机会增强自我意识，增加研发投入提升产品质量，增强企业的竞争能力，结合自身优势，区域分工和各国经济发展特点、跨境电商的布局和特点、通过兼并重组、产业转移、对外投资合作等深度融入价值链，实现"加速超车"。代工生产企业在参与全球垂直专业化分工生产过程中技术水平得到了一定程度的提升，有的行业中的一些企业掌握了一些核心技术，在外部经济形势的刺激促使代工企业加快兼并重组时，核心技术企业要承担起创新主体的责任，根据自身的优势，兼并其他企业，促进生产技术的沟通协调，使企业实现优势互补，根据区域分工优劣势，在国内梯度转移产业，使价值链条趋于完整，整合提升价值链，使分工价值链朝着有利于中国的方向发展。从前面跨境电商的布局、产业贸易、增加值特点分析看，可以借助跨境电商促进计算机、电子及光学产品制造业在捷克、土耳其等东欧国家的销售，扩大食品饮料及烟草制品业在印度、印度尼西亚等南亚和东南亚国家，纺织、服装和皮革制品制造业在俄罗斯等国的销售。科技实力强、资金充沛的企业可以考虑对于南亚地区、中东、北非以及撒哈拉以南非洲等关税水平提升快，贸易环境恶化明显的地区采取投资合作的方式，避开贸易壁垒，也可利用这些国家价格低廉的劳动力和资源，直接在东道国市场生产，进而开展电商销售，整合市场，有针对性、分步骤地促进价值链的提升和重构。

8.3.3 智能营销、品牌打造与价值链跃升重构

大量企业特别是中小企业借助于跨境电商贸易平台开展贸易，找寻到国际贸易的渠道，小批量、高频次、碎片化的交易信息可以快速、准确的传递到平台。借助于平台提供的全球店家、消费者、商品种类、消费市场等交易大数据，进行数据的深度挖据分析，企业可以掌握消费者的需求信息，对目标消费群体进行精准的细分，满足个性化消费，快速地适应市场的变化，进行私人定制小批量生产，增加客户响应度。借助于网络信息技术，针对市场变化进行计划、协调、操作、控制和优化，适时调整生产和销售策略，建立柔性的生产和销售链条，整合订单管理、库存管理、配送管理及运输管理，提高生产、销售决策的科学化，

实现智能营销。以渠道和智能营销引领贸易和投资的发展，使中小企业从渠道切入，保证了利润，减少了库存及压制资金，扩大了市场，提高了国内增加值在全球价值链中的比重，从高端融入全球价值链。如在服装产业，大量的企业之前的产品设计完全是设计师和老板根据经验和感觉来预投款，或老板不惜重金送设计师出国考察，参加展会时装周，并带回来前沿的时尚卖点，但设计的产品和目标市场需求偏差仍较大。通过跨境电商平台进行预售及进行大数据分析，可以精确地了解市场反馈并及时做出修正和调整，实现智能营销、利润增加。阿里巴巴跨境电子商务大数据显示摩尔多瓦、不丹等国出口渗透率得分较高，摩尔多瓦跨境网购中国手机产品最多，不丹人跨境网购中国制造的服装和配饰居首。国内企业可以有针对性的进一步对两个市场进行特定产品的需求调研，有针对性地进行产品生产、销售战略调整，在特定国家积极进行价值链的跃升重构。

借助于数字化的跨境电商平台，企业可以通过电子商务低成本快速树立品牌，向价值链高端延伸。在过去的外贸模式中，商品在什么档次，定价多少，都是掌握在别人手里的。中国企业在借助跨境电商平台掌握销售渠道同时，可以根据自身掌握的适用技术和对消费者偏好的把握，接触消费者，积极生产物美价廉的拥有自主品牌的商品，拥有自己的定价权，抢占市场份额，提高产品和服务的附加值。耳机品牌深圳蓝弦（Bluedio）2016 年"双 11"整体销量位列速卖通销售榜第三名。之前其是一家传统的制造型企业，电商带来的冲击使以原始设备制造商（OEM）为主营业务的工厂逐渐失去优势。借着 OEM 代工经验，Bluedio 根据分析选择细分领域和专注做品牌，在天猫和全球速卖通均开设了店铺，特别关注海外市场中的畅销和高端产品，研发过程中考虑颜色偏好、头颅比例、耳道大小等个性化问题，通过多个维度的"差异化竞争"在中高端市场站稳脚跟，在市场中赢得议价权。[①] 海外的消费者愿意尝试优质的新兴品牌，像对计算机、电子及光学产品需求较高的捷克、土耳其等东欧国家，计算机、电子及光学产品制造业增加值较高的印度、印度尼西亚等南亚、东南亚国家应是企业重点关注的市场，中国企业可以凭借代工中的适用技术优势，积极打造品牌，价值链高端延伸跃升。

---

①　电商在线．"卖家故事"用 10 个用备战"双 11"，Bluedio 跻身老外最爱中国品牌 [EB/OL]. http：//mp. weixin. qq. com/s/K39aStYR542aGv_AA7zs7A。

181

8.3.4 技术合作创新与价值链主导重构

在跨境电商配套的相关技术服务方面，贸易平台运作、物流服务、在线支付、云数据服务等都是决定企业产品销售和国际竞争力的重要方面。中国电商企业如阿里巴巴等在平台配套技术方面有绝对的优势，可以通过技术输出，影响东道国市场的消费需求，消费习惯，掌握销售渠道，方便打造品牌，借助传统产业的技术升级，构建中国主导的全球价值链。借助于在电商平台及技术方面的优势，构建全球电商贸易新规则和新秩序，建立信任体系，引领全球跨境电子商务发展，抢占跨境电商发展的制高点和话语权，主导重构跨境电商价值链，可以极大地提升中国作为贸易中心的位置。在电商发展的同时，带动一批有技术优势、品牌和渠道优势的企业到海外建立境外经贸合作区，吸引中小企业进驻，推动其积极融入中国企业主导的全球价值链。

通过速卖通平台，可以改变传统的外贸模式，实现厂商与各国消费者的对接，其他国家要发展电商贸易平台，阿里巴巴可以提供技术支持，影响贸易模式及规则制定。菜鸟网络的推广，可以倒逼其他国家物流体系改革，促进跨境物流一体化建设，构建中国主导的仓储、配送中心等，确保物流的效率和服务质量，提升贸易中的话语权。蚂蚁金服"走出去"，通过技术合作促进东道国支付体系建立，通过建立第三方支付的国际平台，那么就可以降低国际支付的成本，提高跨境支付结算效率，使消费者跨境购物更加便捷，进而在平台支付体系的基础上建立规则。世界各国国家资源禀赋、经济发展基础、技术合作基础、合作意愿各不相同，通过技术合作促进价值链的主导重构要循序渐进，首先选择重点国家，优先突破，进而逐渐全面铺开。如蚂蚁金服国际化先后与新加坡安全企业 V‑Key、澳大利亚 Paybang、印度电子钱包 Paytm 等合作都是这一主导重构思路的体现。阿里云自主研发飞天技术也已出海，在中国香港、新加坡、中东、欧洲等地建设数据中心，在全球设立地域节点，以中国自主研发的飞天技术为沿线国家地区提供云计算大数据服务。eWTP 能够在搭建全球买卖平台、提供信息服务的同时，还能在资金的供应、资金链的连接、中小企业的投资决策方面等方面提供服务，有效促进价值链的主导重构。

8.4　本章小结

　　跨境电商等新业态近年来逆全球经贸形势迅猛发展。跨境电商降低了国际贸易的门槛，国际贸易主体、贸易形态、商业模式、组织方式都在发生重大变革，为中小企业、普通消费者提供了参与全球贸易的机会，并推动中小企业融入全球价值链，跨境电商为贸易新动能塑造、"供给侧改革"、垂直专业化分工价值链位置提升提供了新通道。eWTP通过推动全球数字经济基础设施建设，搭建全球贸易数字中枢(e-hub)，促进公私对话，推动建立相关规则，提供"一站式"服务的物流枢纽、大数据枢纽服务，打造成一个促进全球跨境电子贸易的生态系统。互联网贸易、支付、物流技术服务创新，跨境电商贸易综合服务平台的搭建，金融服务的配套，使跨境电商成为外贸领域强劲的增长点。eWTP 下贸易形态从大批量、低频次、标准化逐步转变为碎片化、高频次、个性化，贸易信息更加对称、流程更加透明。中小企业逐步融入全球市场和价值链体系，引领贸易和投资的发展。eWTP 的打造，最为关键的一点就是孵化跨境电商贸易规则，规则的完善对跨境贸易将产生极大的推动作用。

　　要解决经济社会发展动力不足等深层次问题，掌握技术和分销渠道，培育自我适应市场需求的应变能力，避免"低端锁定"，需要在跨境电商贸易增加的同时，寻求促进价值链重构和产业转型升级的路径，增强竞争力，提供持久的发展动能。跨境电商贸易涉及 200 多个国家，既有传统的贸易市场也有一大批新兴市场，每个市场都有自身的特点，贸易联系的紧密程度、分工合作的阶段、附加值都存在差异，贸易的商品又涉及日用消费、电子通信等多个产业，这就决定了价值链重构的路径一定是差异化的，既可以深度融入价值链"加速超车"，又可借助电商在品牌打造和分销渠道建设方面的优势"弯道超车"，以及在掌握核心生产技术、平台技术时"优势领跑"。结合跨境电商贸易连接程度与GVC 增加值指数的分析结论，提出了 eWTP 下国际贸易新动能塑造与全球价值链重构的协同推进路径：贸易链条扁平化、过剩产能化解与价值链整合重构；智能营销、品牌打造与价值链跃升重构；技术合作创新与价值链主导重构。

第9章　中国参与垂直专业化分工对技术进步、产业竞争力影响的实证检验

提升垂直专业化分工的位置和附加值，除了有针对性地优化价值构成，调整分工合作的国家区域结构、合作重点产业之外，应重点关注分工合作的技术进步和产业竞争力提升效应，这是位置提升和附加值增加的最根本的保证。同时，技术水平的提升，产业竞争的增强也会促进垂直专业化分工合作的深化。参与垂直专业化分工生产，生产的技术溢出效应，经验的积累、规模经济的存在等对技术和产业竞争力的提升可能会产生积极的影响，并且这些影响可能会因为产业技术水平、生产程序复杂程度、低端锁定效应的不同而存在差异。通过垂直专业化分工对技术进步、产业竞争力影响的理论及实证分析，能有效地指导垂直专业化分工合作的实践，加强技术溢出效应强的产业间合作，根据不同类型产业的技术和产业竞争力，制定差异化的价值链高端嵌入策略，促进垂直专业化分工价值链地位提升。

9.1　中国参与垂直专业化分工指数、研发投入与产业竞争力

为了更好地分析国际垂直专业化分工对技术转移及技术进步的影响，促进中国垂直专业化分工位置和附加值的提升，首先对中国产业参与垂直专业化分工的程度、研发和技术水平、产业竞争力情况进行现实观察，总体把握中国垂直专业化分工、研发、产业竞争力等的现实情况，进而结合理论及实证分析结论，提出合理有效的建议。

9.1.1 中国参与垂直专业化分工指数

从历年中国分产业垂直专业化分工值情况看（如表9-1所示），2011年之前各产业垂直专业化分工值基本都呈快速增长趋势，在此之后多数资本、技术密集型产业都出现了不同程度的下降。劳动密集型产业中纺织材料和纺织产品产业垂直专业化分工值最高，2015年有了小幅下降，其他劳动密集型产业如食品、饮料烟草业、木材和木材加工业、造纸、印刷和出版业、橡胶和塑料制品业等垂直专业化分工值都有小幅增加。资本、技术密集型产业垂直专业化分工值下降趋势较为明显，光电设备制造业垂直专业化分工值最高，但到2015年降为145686.72百万美元，机械设备制造业、金属和金属制品业、化学品和化学工业等的分工合作在弱化，也侧面反映了产业未来的发展趋势，将向价值链高端提升，促进国内价值的增加和产业竞争力提升。

表9-1　　　　历年中国分产业垂直专业化分工值情况　　　单位：百万美元

产业	2000年	2005年	2008年	2011年	2015年
C3	799.75	2278.11	3931.15	5612.94	6785.50
C4	8349.36	20860.43	27824.97	34858.02	33750.53
C5	2044.67	4345.00	5821.93	7437.04	7243.41
C6	302.63	1027.00	1621.50	1849.84	2160.24
C7	350.59	827.73	1197.25	1734.80	2606.01
C8	957.55	2871.82	5376.30	6601.65	4848.80
C9	2247.06	9327.52	20620.95	29442.15	23882.40
C10	1990.22	6433.05	10598.13	16519.66	16941.10
C11	694.58	1799.08	3435.55	4639.94	4445.76
C12	3067.10	13818.68	31347.95	36372.11	29384.84
C13	1690.27	11321.71	24542.04	33486.71	40620.16
C14	18400.44	114035.73	178076.66	216930.53	145686.72
C15	977.36	6142.43	14675.64	22088.15	19592.64

资料来源：根据 ADB - MRIO 整理计算所得。

历年中国分产业垂直专业化分工指数（如表9－2所示），大部分产业的垂直专业化分工指数都出现了下降趋势，劳动密集型产业的垂直专业化分工指数普遍要低于资本、技术密集型产业。劳动密集型产业中纸浆、纸张、印刷和出版业和橡胶和塑料制品业垂直专业化分工值较高，在不利的国际经贸环境下，2015年指数值仍分别达到0.2156和0.2193。其他劳动密集型产业指数值都有所下降，2015年食品、饮料烟草业只有0.0839。资本、技术密集型产业中，机械设备制造业指数值最高，2015年为0.2666，光电设备制造业指数值下降幅度较大，2015年为0.2035，其他产业如交通运输设备制造业、化学品和化学工业等也都出现了不同程度下降，垂直专业化分工合作关系弱化。

表9－2　　　　　　　历年中国分产业垂直专业化分工指数情况

产业	2000年	2005年	2008年	2011年	2015年
C3	0.0791	0.1105	0.1136	0.1110	0.0839
C4	0.1807	0.1912	0.1545	0.1451	0.1260
C5	0.1749	0.1883	0.1585	0.1443	0.1133
C6	0.1405	0.1804	0.1739	0.1720	0.1665
C7	0.1456	0.1903	0.1926	0.1927	0.2156
C8	0.2890	0.3500	0.4194	0.4377	0.2827
C9	0.1798	0.2510	0.2479	0.2498	0.1796
C10	0.1863	0.2556	0.2361	0.2357	0.2193
C11	0.1244	0.1738	0.1696	0.1721	0.1424
C12	0.1649	0.2551	0.2596	0.2763	0.2370
C13	0.1591	0.2535	0.2187	0.2315	0.2666
C14	0.2619	0.3820	0.3198	0.3015	0.2035
C15	0.1600	0.2513	0.2206	0.2280	0.2054

注：垂直专业化分工指数 = 各产业垂直专业化分工值 ÷ 各产业出口值。
资料来源：根据 ADB－MRIO 整理计算所得。

9.1.2　中国研发投入与技术水平

国际经贸格局深入调整，国内经济发展步入新常态，产业及市场竞争激烈，企业要想在市场竞争中取胜，摆脱不利的国内外环境转变带来的负面影响，获取更多的分工附加值，提高参与全球价值链分工的位置，避免国外企业"卡脖子"和被低端锁定，归根结底还是需要提高企业的技术水平和产品质量。从表 9 – 3 中国大中型工业企业研发和技术水平情况看，无论从投入项包含的研究与试验发展人员全时当量、研究与试验发展经费支出还是从产出项包含的有效发明专利数量，近十几年来都有了大幅增长。研究与试验发展人员全时当量在 2016 年达到270.2 万人年，研究与试验发展经费支出在 2015 年突破万亿元，增长迅速。有效发明专利数量也大幅增加，2016 年达到 769847 件。这说明中国对于企业研发和技术水平的提升重视程度高，这也是适应不利国内外环境，实现经济突破发展的必然选择。

表 9 – 3　　　　　　中国大中型工业企业研发和技术水平情况

年份	研究与试验发展人员 全时当量（万人年）	研究与试验发展 经费支出（亿元）	有效发明 专利数（件）
2002	42.4	560.2	9388
2003	47.8	720.8	15409
2004	43.8	954.5	17988
2005	60.64	1250.29	22971
2006	69.57	1630.19	29176
2007	85.76	2112.46	43652
2008	101.4	2681.3	55723
2009	115.9	3210.2	81592
2010	137.0	4015.4	113074
2011	193.9	5993.8	201089
2012	224.6	7200.6	277196
2013	249.4	8318.4	335401
2014	264.2	9254.3	448885
2015	263.8	10013.9	573765
2016	270.2	10944.7	769847

注：2011 年后为规模以上工业企业情况。

资料来源：历年《中国科技统计年鉴》。

9.1.3 中国产业竞争力

在对外开放和国际经贸合作进程中，中国产业发展迅速，工业产品进出口额迅速增长，特别是一些资本和技术密集型产业出口额大幅增长，在国际市场中占有一定的份额，产业竞争力有了一定程度的提升。但中国的产业发展基本都是基于大规模参与全球分工生产而来，从事的是价值链低端环节的生产，附加值较低，获取的分工收益较少，对发达国家的订单需求依赖性严重，单纯从产业增加值和出口额很难判断其真正的竞争实力。为了全面考虑以产品进出口及价值增值能力反映的产业竞争力，将从贸易竞争力指数和垂直专业化分工净附加值指数两个层次来考察竞争力。

对产业出口竞争力进行测度，可以明确一国竞争优势所在，为贸易战略调整和产业转型升级决策提供参考依据。美国经济学家巴拉萨（1965）年提出的显示性比较优势指数（RCA）是衡量部门出口竞争力的主要指标，为一国某部门出口占该国出口总值的比重相对于全球该部门出口与全球出口总值的比重之比表示。按照日本贸易振兴会（JERTO）提出的标准，当 $RCA \geqslant 2.5$ 时该产业具有极强的出口竞争力；$1.25 \leqslant RCA \leqslant 2.5$ 时该产业具有较强的出口竞争力；$0.8 \leqslant RCA \leqslant 1.25$ 时该产业具有中等的出口竞争力；若 $RCA < 0.8$ 表明该产业出口竞争力较弱。但这种传统的显示性比较优势指数（RCA）测算忽略了当前分工生产盛行的特点，既未考虑国内生产分工，也忽略了国际垂直专业化分工。在分工生产下，一国某部门的增加值可以隐含在其他部门实现间接出口，同时一国部门出口中也含有国外价值（包括 FVA、FDC 两部分）。因此，要真实测度一国某部门的出口竞争力，需要从增加值角度考虑，将某部门隐含在其他部门的出口增加值归到本部门出口中，同时，将总出口中来源于国外的增加值 FVA 和纯重复计算部分 FDC 剔除。[①] 增加值贸易统计下修正的显示性比较优势指数 RCA_V 可以表示为：

---

① Wang, Z., Wei, S. J., Zhu, K. Quantifying International Production Sharing at the Bilateral and Sector Levels [R]. NBER Working Paper, 2013.

$$RCA_V = \frac{(DVAF_i^r + RDVF_i^r)/(\sum_{i}^{n} DVAF_i^r + RDVF_i^r)}{\sum_{r}^{G} (DVAF_i^r + RDVF_i^r)/\sum_{r}^{G} \sum_{i}^{n} (DVAF_i^r + RDVF_i^r)}$$

其中，$DVAF_i^r$ 表示 r 国 i 部门出口被国外吸收的国内增加值，$RDVF_i^r$ 表示 r 国 i 部门出口返回国内并被本国吸收的国内增加值，G 代表世界国家个数，在本章中为 MRIO 中涵盖的 45 个国家，n 代表产业部门数，包含 MRIO 中的 35 个产业部门。

历年中国分产业增加值贸易统计下显示性比较优势指数（如表 9 - 4 所示），劳动密集型产业中纺织材料和纺织产品和皮革制鞋业的产业竞争力很强，2015 年增加值贸易统计下显示性比较优势指数值分别达到 2.2754 和 3.1534，而纺织材料和纺织产业近几年指数值的下降，与该产业分工合作弱化，附加值减少以及在国内经济发展中的重要性下降有关。食品、饮料烟草业的竞争力中等，且呈现下降趋势，2015 年指数值只有 0.9527。橡胶和塑料制品业竞争力下降幅度也较快，2015 年指数值仅为 1.2376，具有中等的出口竞争力。资本、技术密集型产业中光电设备制造业的指数值最高，2015 年指数值为 1.5724，具有较强的出口竞争力，但从发展趋势看，也是下降趋势。化学品和化学工业、机械设备制造业的显示性比较优势指数值也基本呈下降趋势，2015 年分别为 1.1410 和 0.9108，都具有中等的国际竞争力。交通运输设备制造业的显示性比较优势指数值较低，2015 年为 0.6109，出口竞争力较弱，但指数值呈现增长趋势，国内价值增值在增加，产业竞争力在不断提升。

表 9 - 4　历年中国分产业增加值贸易统计下显示性比较优势指数情况

产业	2000 年	2005 年	2008 年	2011 年	2015 年
C3	1.1965	1.0523	0.9983	0.9825	0.9527
C4	3.6510	3.2854	3.0575	2.9557	2.2754
C5	3.7764	3.1470	2.9984	3.1296	3.1534
C6	1.2770	1.2818	1.6708	1.6678	1.4815
C7	0.7374	0.8286	0.8061	0.8477	0.6267
C8	1.0763	0.8849	0.6954	0.6297	0.6748
C9	1.0664	1.0602	1.1844	1.1299	1.1410

产业	2000 年	2005 年	2008 年	2011 年	2015 年
C10	1. 6608	1. 4317	1. 5573	1. 5514	1. 2376
C11	2. 2413	1. 6843	1. 5896	1. 6012	1. 4964
C12	1. 0739	1. 2132	1. 3920	1. 3149	1. 2718
C13	0. 8107	0. 9037	1. 1796	1. 1013	0. 9108
C14	1. 1994	1. 6820	1. 8425	1. 7925	1. 5724
C15	0. 3266	0. 4051	0. 5621	0. 6025	0. 6109

资料来源：根据 ADB – MRIO 整理计算所得。

9.2 中国参与垂直专业化分工对技术进步影响

从现有研究来看，垂直专业化分工对技术转移和扩散影响的研究，国外学者主要借助博弈模型、产业关联理论看其能否促进技术转移及探讨技术溢出的途径（Pack & Saggi，2001；Jabbour & Mucchielli，2004；Jabbour，2005；Goh，2005；Teo & Bhattacherjee，2014）。利用数据统计较为全面的微观企业数据，就垂直专业化分工对生产率的影响进行分析（Egger et al.，2001；Girma & Görg，2004；Egger & Egger，2006；Amiti & Wei，2009；Jiag & Milberg，2012；Krstic & Kahrovic，2015）。国内学者就垂直专业化分工对技术进步影响的计量实证研究较多，且主要集中在国家层面，鲜有省域层面的分析（张小蒂和孙景蔚，2006；胡昭玲，2007；张杰等，2010；刘庆林等，2010；孙红燕和刘志彪，2012；林冰和李宏，2013；梁碧波，2014；李萍和赵曙东，2015）。因指标构建、研究方法及产业选择不同，学者们研究结论也存在差异。本节将在吴（Goh，2005）论文模型假设基础上，探讨了国际垂直专业化分工过程中，中间产品生产商和最终产品生产商之间技术转移和扩散的机理，分析参与国际垂直专业化分工对技术水平产生的影响。

9.2.1 实证模型设定与数据说明

根据吴（2005）探讨国际垂直专业化分工过程中，中间产品生产商和最终产品生产厂商之间技术转移和扩散的机理的理论模型，设定实证模型。2007～2016 年历年各产业全要素生产率、技术效率、技术变化累计变动率，作为被解释变量。[①] 全要素生产率的测算，产出项为《中国统计年鉴》中各产业的工业总产值，投入项为分产业资本存量和职工人数。资本存量数据来源于《中国统计年鉴》，用产业的固定资产净值年平均余额表示，分产业职工人数来源于《中国劳动统计年鉴》。

在模型解释变量选择上，除国际垂直专业化分工变量 VS_{it} 外，加入行业规模变量 Y_{it}，用全部国有及规模以上非国有工业企业的工业总产值表示；熟练劳动力的相对就业量 HS_{it}，用《中国统计年鉴》中分产业规模以上工业企业研究与试验发展人员与全部从业人员的比值表示；资本产出比 K_{it}/Y_{it}，衡量产业的资本深化程度，K_{it} 为各产业的固定资产净值；研发比率 RD_{it} 用各产业规模以上工业企业研发经费内部支出占行业总产值 Y_{it} 的比重表示。为了消除量纲的差异，对变量取对数，最终的模型设定如下：

$$\ln TFP_{it} = \beta_0 + \beta_1 \ln Y_{it} + \beta_2 \ln HS_{it} + \beta_3 \ln (K_{it}/Y_{it})$$
$$+ \beta_4 \ln RD_{it} + \beta_5 \ln VS_{it} + \alpha_i + \varepsilon_{it}$$
$$\ln TECH_{it} = \beta_0 + \beta_1 \ln Y_{it} + \beta_2 \ln HS_{it} + \beta_3 \ln (K_{it}/Y_{it})$$
$$+ \beta_4 \ln RD_{it} + \beta_5 \ln VS_{it} + \alpha_i + \varepsilon_{it}$$
$$\ln EFCH_{it} = \beta_0 + \beta_1 \ln Y_{it} + \beta_2 \ln HS_{it} + \beta_3 \ln (K_{it}/Y_{it})$$
$$+ \beta_4 \ln RD_{it} + \beta_5 \ln VS_{it} + \alpha_i + \varepsilon_{it}$$

其中，α_i 为各产业的截面效应，ε_{it} 为随机扰动项，i 代表产业，t 代表年份。

9.2.2　模型实证结果及分析

采用 12 个产业各变量在不同时期的数值构成的面板数据，为了提高估计的准确性，充分考虑个体间的共性和异质性，通过 F 检验，选取"个体效应模型"进行回归。在总体进行回归分析的基础上，考虑技术水

---

① 限于篇幅，测算结果在此不再列出。

平的差异化影响，分中低技术产业和高技术产业分别进行回归分析。①

通过 Hausman 检验，采用固定效应进行回归分析。从表 9-5 的结果可以看出，产业规模变量 $\ln Y_{it}$ 的回归系数均为正，说明产业规模的扩张，对全要素生产率提升有明显影响。中低技术产业的回归系数较高为 0.2981，中低技术产业生产量上的扩张对全要素生产率的提升起到的促进作用更大，开放经济条件下，与外商分工合作的加强，对于生产经验积累和技术水平提升有促进作用。中低技术产业熟练劳动力水平变量 $\ln HS_{it}$ 的回归系数为负，说明产业科技从业人员数量的增加，未促进全要素生产率的增长，而高技术产业、全部产业的回归未通过显著性检验。资本投入水平变量 $\ln\left(\dfrac{K_{it}}{Y_{it}}\right)$ 的回归系数也均为负值，高技术产业这一问题更为严重，资本投入增加对于全要素生产率增加的积极效应没有显现。研发变量 $\ln RD_{it}$ 未通过显著性检验。全部产业和中低技术产业国际垂直专业化分工变量 $\ln VS_{it}$ 的回归系数均为负，高技术产业回归未通过显著性检验。说明国际垂直专业化分工，对中低技术产业全要素生产率提升存在负向影响。目前国际垂直专业化分工生产，并没有明显获取技术溢出的好处。

192

表 9-5　国际垂直专业化分工与全要素生产率，被解释变量为 $\ln TFP_{it}$

变量	全部产业	中低技术产业	高技术产业
$\ln Y_{it}$	0.2119 * (0.0177)	0.2981 * (0.0254)	0.1652 * (0.0222)
$\ln HS_{it}$	-0.0395 (0.0252)	-0.0565 ** (0.0274)	0.0094 (0.0421)
$\ln\left(\dfrac{K_{it}}{Y_{it}}\right)$	-0.8298 * (0.0573)	-0.5959 * (0.0774)	-1.0612 * (0.0910)

① 国民经济行业分类与《投入产出表》的行业分类标准有所差异，考虑到实证分析的需要，将国民经济行业按照《投入产出表》的行业分类标准进行了归并。此处参照盛斌和马涛（2008）和联合国贸易和发展会议（UNCTAD，2002）的分类，根据技术、技能、要素密集度、规模特征的差异，将行业划分为中低技术部门和高技术部门两类。其中，中低技术部门包括：食品制造及烟草加工业、纺织业、纺织服装鞋帽皮革羽绒及其制品业、木材加工及家具制造业、造纸印刷及文教体育用品制造业、石油加工、炼焦及核燃料加工业、非金属矿物制品业等共 7 个产业。高技术部门包括：化学工业、金属和金属制品业、机械工业、交通运输设备制造业、电气机械及器材制造业，共 5 个产业。

续表

变量	全部产业	中低技术产业	高技术产业
$\ln RD_{it}$	0.0123 (0.0159)	-0.0908 (0.0273)	-0.0008 (0.0243)
$\ln VS_{it}$	0.2454 * (0.0689)	0.0086 * (0.0181)	-0.1917 (0.1329)
CONS	-2.0586 (0.1492)	-2.1630 (0.1744)	-2.5375 (0.2741)
F 值	733.38	538.09	373.03
P 值	0.0000	0.0000	0.0000
Hausman，Test	84.77 *	92.53 *	56.00 **
R^2	0.9476	0.9642	0.9638

注：使用 Stata 10.0 计量软件进行回归分析，＊、＊＊、＊＊＊ 分别表示在 1%、5% 和 10% 的显著性水平上显著，括号内为标准差。

通过对全要素生产率的分解，由表 9-6 的分析结果可以看出，产业规模变量 $\ln Y_{it}$ 的回归系数均为正，说明产业规模的扩张，对技术提升有明显影响。中低技术产业的回归系数较高为 0.1640，中低技术产业生产量上的扩张对技术水平的提升起到的促进作用更大。资本投入水平变量 $\ln\left(\dfrac{K_{it}}{Y_{it}}\right)$ 的回归系数均为负值，高技术产业的负向影响更大。$\ln HS_{it}$ 变量、研发变量 $\ln RD_{it}$ 未通过显著性检验，科技人员的增加、研发经费投入的增加目前对技术进步的促进作用不明显。全部产业和中低技术产业国际垂直专业化分工变量 $\ln VS_{it}$ 回归系数均为正值，参与垂直专业化分工生产对于技术进步的促进作用明显，这可能是由于技术水平相对较低的产业技术学习更容易，也更容易获取技术外溢的好处有关。高技术产业的回归系数为负，高技术产业的国际垂直专业化分工生产，对技术水平提升并没有促进作用。

表 9-6　国际垂直专业化分工与技术变化，被解释变量为 lnTECH

变量	全部产业	中低技术产业	高技术产业
$\ln Y_{it}$	0.1416 * (0.0253)	0.1640 * (0.0445)	0.1174 * (0.0250)

193

变量	全部产业	中低技术产业	高技术产业
$\ln HS_{it}$	-0.0364 (0.0360)	-0.0473 (0.0480)	-0.0286 (0.0474)
$\ln\left(\dfrac{K_{it}}{Y_{it}}\right)$	-0.7727^* (0.0821)	-0.7053^* (0.1355)	-1.0405^* (0.1024)
$\ln RD_{it}$	0.0488^{**} (0.0227)	0.0493 (0.0317)	0.0429 (0.0274)
$\ln VS_{it}$	0.3709^* (0.0986)	0.6167^* (0.1367)	-0.2883^{***} (0.1497)
CONS	-1.0006 (0.2136)	-0.6722 (0.3056)	-2.2409 (0.3086)
Hausman，Test	74.09^*	31.09^*	50.47^*
R^2	0.8764	0.8521	0.9409

注：使用 Stata 10.0 计量软件进行回归分析，$*$、$**$、$***$ 分别表示在 1%、5% 和 10% 的显著性水平上显著，括号内为标准差。

194

从表 9 - 7 的分析可以看出，产业规模变量 $\ln Y_{it}$ 的回归系数均为正，说明产业规模的扩张，对全要素生产率提升有明显影响。中低技术产业的回归系数较高为 0.1640，中低技术产业生产量上的扩张对技术水平的提升起到的促进作用更大。劳动力水平 $\ln HS_{it}$、资本产出水平变量 $\ln\left(\dfrac{K_{it}}{Y_{it}}\right)$ 均未通过显著性检验，单纯的科技人员和资本投入增加并不能带来效率的提升。研发变量 $\ln RD_{it}$ 的回归系数均为负，研发经费投入的增加，没有带动效率提升。全部产业国际垂直专业化分工变量 $\ln VS_{it}$ 的回归系数为正。垂直专业化分工生产模式的盛行，从事加工贸易企业增加带来的规模经济效应，促进了技术效率的提升。

表 9 - 7　国际垂直专业化分工与技术效率，被解释变量为 lnEFCH

变量	全部产业	中低技术产业	高技术产业
$\ln Y_{it}$	0.0707^* (0.0157)	0.1342^* (0.0254)	0.0484^{**} (0.0185)

续表

变量	全部产业	中低技术产业	高技术产业
$\ln HS_{it}$	-0.0029 (0.0223)	-0.0090 (0.0274)	0.0384 (0.0352)
$\ln\left(\dfrac{K_{it}}{Y_{it}}\right)$	-0.0560 (0.0509)	0.1103 (0.0773)	-0.0214 (0.0760)
$\ln RD_{it}$	-0.0367^* (0.0141)	-0.0409^{**} (0.0181)	-0.0441^{**} (0.0203)
$\ln VS_{it}$	0.1252^{**} (0.0611)	-0.1079 (0.0779)	0.0938 (0.1110)
CONS	-1.0611 (0.1323)	-1.4920 (0.1743)	-0.3078 (0.2289)
Hausman，Test	5.02^*	6.70^*	50.5^*
R^2	0.5123	0.6005	0.4610

注：使用 Stata 10.0 计量软件进行回归分析，*、**、*** 分别表示在1%、5%和10%的显著性水平上显著，括号内为标准差。

195

9.3 中国参与垂直专业化分工对产业竞争力影响的实证检验

9.3.1 模型设定与数据说明

结合理论模型中产业竞争力的影响因素就国际垂直专业化分工对产业竞争力的影响进行实证分析。被解释变量贸易竞争力指数 RCA_{it}，可以从增加值进出口角度考察国际垂直专业化分工对产业竞争力的影响。在解释变量的选择上，考虑到数据的可得性和指标的可量化性，选取国际垂直专业化分工变量 VS_{it}[①]、研发水平变量 RD_{it}、衡量产业资本深化程度的资本产出比 K_{it}/Y_{it} 等变量进行分析。为了消除量纲的差异，对变量取对数，模型设定如下：

---

① i = 1, 2, …, 19；t = 1997, 2000, 2002, 2007。

$$RCA_{it} = \beta_0 + \beta_1 \ln(K_{it}/Y_{it}) + \beta_2 \ln RD_{it} + \beta_3 \ln VS_{it} + \alpha_i + \varepsilon_{it}$$

其中，Y_{it} 表示产业规模，用工业总产值表示；K_{it} 为各产业的固定资产净值，研发比率 RD_{it} 用研发经费内部支出占产业工业总产值 Y_{it} 的比重表示。α_i 为产业截面效应；ε_{it} 为随机扰动项，i 代表产业，t 代表年份。

9.3.2　模型实证结果及分析

通过 Hausman 检验采用固定效应进行研究。从表 9 - 8 的回归结果可以看出，三个回归方程总体回归都十分显著。全部产业、高技术产业规模变量 $\ln Y_{it}$ 的回归系数均为正，说明产业规模的扩张，对产业出口竞争力提升有明显影响。中低技术产业的影响为负，这可能与主要从事低附加值环节生产，国内附加值较少有关。中低技术产业劳动力变量 $\ln HS_{it}$ 回归系数为正，说明科技人员数量的增加对于出口竞争力的提升有促进作用。全部产业资本投入水平变量 $\ln\left(\dfrac{K_{it}}{Y_{it}}\right)$ 的回归系数为负值。中低技术产业研发变量 $\ln RD_{it}$ 的回归系数为负，说明当前研发投入的增加，对于产品出口的增加值增加并没有起到正向的促进作用。全部产业国际垂直专业化分工变量 $\ln VS_{it}$ 的影响系数为正，垂直专业化分工程度的加深，对于出口附加值的增加有促进作用，提升出口产业竞争力。

196

表 9 - 8　　　　国际垂直专业化分工与显示性比较优势指数

被解释变量为 RCA_{it}

变量	全部产业	中低技术产业	高技术产业
$\ln Y_{it}$	0. 0547 ** (0. 0231)	- 0. 0384 * (0. 0290)	0. 0940 * (0. 0234)
$\ln HS_{it}$	0. 0365 (0. 0328)	0. 0761 ** (0. 0313)	- 0. 0540 (0. 0444)
$\ln\left(\dfrac{K_{it}}{Y_{it}}\right)$	0. 1864 ** (0. 0748)	0. 0909 (0. 0885)	- 0. 0588 (0. 0958)
$\ln RD_{it}$	- 0. 0031 (0. 0207)	- 0. 0440 ** (0. 0207)	0. 0639 ** (0. 0256)

变量	全部产业	中低技术产业	高技术产业
$\ln VS_{it}$	0.3078 * (0.0899)	0.0263 (0.0892)	0.0732 (0.1340)
CONS	0.5697 (0.1945)	1.0235 (0.1995)	−0.8360 (0.2886)
Hausman，Test	9.40 *	6.96 *	69.08 *
R^2	0.1673	0.4098	0.6374

注：使用 Stata 10.0 计量软件进行回归分析，* 、** 、*** 分别表示在 1% 、5% 和 10% 的显著性水平上显著，括号内为标准差。

考虑到自变量替换变量数据获取困难，本章通过选取面板数据的其他估计方法，就国际垂直专业化分工变量 $\ln VS_{it}$ 对全要素生产率、分解的技术变化、技术效率以及产业竞争力的影响效果进行稳健性检验。在估计方法选择上，有些学者对比研究发现在对数引力模型估计时，泊松伪极大似然估计（PPML）方法相比 OLS 等传统估计方法，能更好地解决不一致性及异方差问题（Silva & Tcnreyro，2006；2010；Westerlund & Whilhelmsson，2011）。因此，应用 PPML 方法就国际垂直专业化分工变量影响进行实证研究。研究发现，四个回归方程，变量的显著性、影响方向没有变化，只是在回归时，劳动力水平变量 $\ln HS_{it}$、资本产出水平变量 $\ln\left(\dfrac{K_{it}}{Y_{it}}\right)$、研发变量 $\ln RD_{it}$、垂直专业化分工变量 $\ln VS_{it}$ 等的回归系数值有所变化，说明结果是稳健的。

9.4　本章小结

国际垂直专业化分工变量 $\ln VS_{it}$ 只有中低技术产业对技术进步的回归系数为正。其中，对全要素生产率的回归，高技术产业的负向影响更为明显，而对技术效率的回归，中低技术产业的负向影响更为明显，这与理论分析一致。分析表明目前中国参与国际垂直专业化分工，并没有明显获取技术溢出的好处，只有中低技术产业因技术水平相对较低，对其技术进步起到了一定的促进作用。

产业规模的扩张，对产业出口竞争力提升有明显影响，中低技术产业的影响为负，这可能与主要从事低附加值环节生产，国内附加值较少有关。中低技术产业劳动力变量 $\ln HS_{it}$ 回归系数为正，全部产业资本投入水平变量 $\ln\left(\dfrac{K_{it}}{Y_{it}}\right)$ 的回归系数为负值。而高技术产业的影响为正，起到了一定的促进作用。全部产业国际垂直专业化分工变量 $\ln VS_{it}$ 的影响系数为正，垂直专业化分工程度的加深，对于出口附加值的增加有促进作用，提升出口产业竞争力。

第10章 中国垂直专业化分工地位提升的实现路径研究

新常态下中国垂直专业化分工价值链地位提升是一项复杂的系统工程，需要在明确垂直专业化分工本质基础上，结合分工生产现实及经济效应，把握关键环节，找准切入点，并进行系统研究。通过本书对垂直专业化分工价值链理论、中国垂直专业化分工地位提升的制约因素与驱动因素的研究，结合基于增加值核算的中国参与垂直专业化分工程度、中国出口的国内附加值与位置、中国参与垂直专业化分工对技术进步、产业竞争力影响的测算和实证分析，以及对中国典型产业双边贸易流分解、垂直专业化分工结构与国别比较、中国重点区域垂直专业化分工合作网络中的增加值来源与关联度、eWTP 视角下的国际贸易新动能塑造与全球价值链重构等具体分工合作结构、网络关联、分工合作趋势和新思路的研究结论，系统研究提出中国垂直专业化分工地位提升的关键切入点和实现路径。

10.1 中国垂直专业化分工地位提升的关键切入点

通过理论文献梳理及系统的研究，本书认为应该主要从经济要素的合理配置、技术和管理创新、垂直专业化分工合作布局及模式的合理选择以及制度与规则改革、政策与服务支撑 4 个方面切入和发力，促进中国垂直专业化分工地位的提升。

10.1.1 经济要素的合理配置

在经济全球化条件下，垂直专业化分工本质上是一个要素、资源在全球优化合理配置的过程。要素资源优化配置的过程是实现分工地位提升的基础环节，也是最为关键的环节。新常态下需要对国内及国外垂直专业化分工主要协作国的劳动力、资金、技术等要素竞争力的变迁及差异进行研究，科学合理地优化配置要素资源。

国际金融危机影响下，中国劳动力、资源、环境各种成本提升、优惠政策减弱。2007～2014年中国所有行业工资年均增速均为两位数，目前中国的劳动力成本已经远超过越南、印度等国家。伴随着国内经济的持续快速增长，高耗能、高污染、附加值低的粗放型行业增长过快，资源、环境约束效应显现。东南亚等国对外商投资"优惠"政策力度的加大，一些曾经被中国地方政府娴熟使用的招商政策被越南等东南亚国家广泛使用。同时，近几年，受益于人口红利，产业发展政策调整等因素，作为目前国际产业转移的重要承接地，东南亚、南亚地区经济增速高。马来西亚、印度尼西亚、老挝、菲律宾、越南、柬埔寨、缅甸、印度、孟加拉国的经济增速较高，失业率较低，表现出良好的经济发展态势。发达国家的制造业环节有向劳动力成本、资源环境约束较低的地区转移的趋势。

在不利的国际经贸环境和国内生产能力过剩，投资机会减少、生产成本上升的背景下，中国应顺应经济发展形势变化，充分考虑国内、东道国资源禀赋情况和国际产业转移趋势，合理利用优势资源，分工合作弥补资源短板，促进资源优化配置和价值链地位提升。当前，中国资源、能源成本上升，需要寻求国际合作市场。同时，国内代工企业多年的生产积累，技术水平得以提升，具备了一定的资金实力，对外投资合作的可行性较高，贸易关税和非关税壁垒的提升，也促使国际投资合作的开展。应根据经济转方式调结构和产业全球价值链合作特点，准确把握产能境外转移的重点和方向，加强分类指导，根据资源禀赋和产业基础情况，结合"一带一路"建设方向和要求，推动企业重点向与我国经济互补性强、合作意愿较强的东南亚、非洲、拉美和中东欧国家和地区有序转移，逐步构建海内外产业优势互补、生产要素全球配置的发展格局。重点引导钢铁、橡胶轮胎、纸浆造纸等原料进口依存度高的产业向印度尼西亚、泰国、俄罗斯等国家转移；推动纺织服装、食品加工等劳动密集型产业向生产成本低、市场准入宽松的柬埔寨、泰国、斯里兰卡等国家转移。推动农用机械、电子家电等产业向非洲、拉美等地区贴近目标市场转移。通过分工市场的拓展、经济要素的合理配置，优势互补，为垂直专业化分工价值链合作提供持续的基础支撑，促进分工合作的平稳发展和价值链地位的提升。

10.1.2　技术、管理创新

在不利的国际经贸环境下，要促进垂直专业化分工地位提升、附加值的增加，实现价值链向高端攀升及重构，最根本的还是要靠技术的创新、核心技术的突破以及品牌打造、营销战略升级等管理创新。当前，我国参与全球垂直专业化分工的附加值还较低，并没有明显获取技术溢出的好处，只有中低技术产业对技术进步的影响为正，对全要素生产率及其分解的技术进步和技术效率难以产生正向影响。在垂直专业化分工体系中发达国家在价值链上占据主导位置，分工体系和跨国公司的流程式订单有很大的依附性，企业缺乏市场"弹性"，在一定程度上失去了适应市场需求的应变能力，一旦发达国家取消订单，发展中国家的企业往往处于破产境地。当前，中国产业综合配套能力大幅提升，但从事价值链低端环节生产的现实并没有根本改变，产业关联程度较低。企业缺乏产品研发、管理升级，有研发机构的企业占比少，且大量企业研发机构也仅是从事引进消化国外技术和进行简单的技术改造业务。品牌打造、市场营销意识淡薄，企业市场竞争力差，低水平重复竞争问题突出。自我意识的丧失、创新主体的严重缺位，使国内企业被锁定在价值链的低端环节，外部环境恶化，致使企业生存困难，且带来失业、产能过剩、脱"实"向"虚"、经济发展动力不足等一系列的经济发展问题。

要充分利用国际金融危机和国际经贸合作格局调整带来的良机，适时引进人才，根据产业技术水平差异和发展特点，整合全球智力资源，引导生产由组装加工向研发、设计、核心元器件制造等环节延伸，逐步实现从代工生产向自主品牌的转变，延伸加工贸易国内增值链。积极利用全球智力资源增强自主创新能力，推动转方式调结构。在垂直专业化分工生产过程中注重发挥外资技术溢出效应，鼓励企业加强与境外研发机构开展多种形式合作，实现跨国（境）产学研结合，吸引最新科技成果在我省最先转化。支持有实力的企业与跨国公司开展高端技术合作，进入其研发活动的链条，推动技术进步和产业升级。把有关技术引进支持政策向引进消化吸收再创新的各个环节全面延伸，支持引进国外专利和关键核心技术，形成自主知识产权。推动企业利用境外智力资源，跟踪前沿技术和最新研发理念，到境外目标市场研发适合当地需求、具有自主知识产权的产品。鼓励企业到境外并购研发机构或中小科技企业，更为直接地获取境外技术专利、品牌等优质资源，在短期内形成较强的技术实力和自主创新能力。积极鼓励企业通过跨境电商方式及聘请专业品牌运作公司、开办国外办事处、并购海外品牌、进驻商超、开设专卖店等多方式、多渠道贴近目标市场设立境外研发中心和营销网络，建设自主销售渠道、仓储中心、分拨中心、售后服务中心。建设品牌产品展示（贸易）中心，发挥研发服务、营销接单、物流配送、品牌推广等功能，形成稳固的产品销售渠道和全球分销中心，实现了生产销售的全球布局和品牌宣传。

10.1.3　垂直专业化分工合作布局及模式选择

垂直专业化分工的投资生产模式、分工环节的区域布局，直接关系到分工地位提升的可行性及成效。需要对中国各产业竞争力，各区域垂直专业化分工协作网络特征、经贸开放度、投资环境优劣、文化、管理差异等进行分析，提出高效、差异化的合作模式。分工生产环节的区域布局、分工合作模式，直接关系到分工地位提升的可行性及成效。应结合国家"一带一路"倡议和经济转型发展战略要求，把深化垂直专业化分工合作放在塑造开放型经济新优势的大局中谋划推进，与我国的基础优势、升级改造、产业链条、海外所能提供的优势条件紧密结合。在全球经贸形式变幻，垂直专业化分工价值链在全球范围内重新布局，国内生产和技术水平有一定提升的背景下，垂直专业化分工地位提升和附加值增加，需要不同的分工合作布局及模式选择。根据与美国、东亚、东北亚、东南亚、南亚、欧洲等垂直专业化分工合作重点区域价值链布局特点，合作区域和市场的变化，"一带一路"建设的要求，顺势调整合作区域，优化价值链的布局。国内处于价值链低端，订单锐减、产能过剩问题突出的企业，可以借助多年生产积累的资金、技术及生产经验，寻求有效的投资合作形式，借助境外经贸合作区等投资平台到东南亚、南亚等地区投资，深度融入区域及全球价值链，延长价值链低端企业的生命周期，为价值链提升赢得时间。

与此同时，可以根据价值链合作所处的位置，当前跨境电商等新经济、新业态发展的推进情况，确定分工合作的模式，明确通过参与还是主导重构来实现价值链地位的提升。对于多数处于价值链位置较低、竞争力相对较弱的产业，可以引导不同价值链环节的企业向经济园区集聚，依托处于价值链核心环节，竞争力强的企业，整合国内价值链环节，进一步通过创新型企业引入、研发创新，延长、完善及打造国内价值链条。突破原有的价值链条"低端锁定"，赢取分工发展的主导权。通信、装备制造等产业涌现出了一批技术水平高、竞争能力强、经济效益好的跨国企业，并且已经在海外广泛开展业务，初步具备了"主导"构建区域及全球价值链的条件。跨境电商的快速发展，也给予了国内相关企业，高端切入全球价值链和主导重构价值链的条件，值得深入研究探讨。充分发挥跨国企业的技术优势、品牌优势等，重点锁定东南亚、南亚、"一带一路"沿线及非洲地区，通过投资合作科学合理地布局价值链，逐步形成国内企业主导的全球价值链。根据对垂直专业化分工生产情况的把握，结合各产业及企业竞争力，价值链驱动类型，循序渐进的推进，确定差异化的价值链合作模式和"攀升"路径。对于生产者驱动型价值链着重研究新常态下如何积累创新要素，注重研发，突破关键核心技术，实现价值链攀升，可更多地考虑与国外高技术水平企业展开技术合作。而消费者驱动型价值链应注重消费者差异化需求的探讨，如何实施品牌、设计、营销战略，主要依靠自己的力量投资经营，高端切入价值链，攀升到高附加值环节。

10.1.4　制度与规则改革、政策与服务支撑

新常态下垂直专业化分工发展的国内外环境的恶化，以及新的合作机会的出现，使贸易投资等制度改革，国家、地区及产业层面的战略规划等政策支持与服务保障成为分工地位提升的必要及促进因素。通过外商投资准入、"走出去"投资合作等制度改革，积极参与全球治理，推动国际贸易投资规则变革，服务新时期的中国外经贸投资发展和全球价

203

值链合作。借助于"一带一路"建设、自贸区战略、上海合作组织等，推动地区间经贸合作开展，也需要制定和明确相关的多边合作机制，搭建合作平台。同时，面对跨境电商发展等新的贸易模式的出现，也应积极出台相关制度、规则、政策服务其发展，借助新业态、新模式促进价值链合作和位置提升。国务院、财政部、商务部、国家税务总局、国家发改委、海关总署、国家外汇管理局、国家质检总局等部门，2012 年以来出台了 14 项涉及跨境电商的政策，涉及支付机构跨境电子商务外汇支付业务试点、持跨境电子商务零售出口、跨境电子商务零售出口税收政策、调整跨境贸易电子商务监管海关作业时间和通关时限、增列海关监管方式代码、跨境电子商务检验检疫等方面。跨境电商零售出口可享退免税，赋予了跨境电商保税进口合法身份，全年无休日、货到海关监管场所 24 小时内办结海关手续的作业时间和通关时限要求等问题得到明确，这对于促进中国主导的跨境电商发展意义重大，对通过新模式促进价值链合作也起到极大的推动作用。

营商环境建设是新形势下推动开放型经济发展和价值链合作的战略举措，以建立国内一流营商环境为目标，吸收借鉴新加坡、中国香港先进经验，形成透明高效、公平有序的法治化营商环境。政府相关部门要提高指导服务水平，转变工作作风，创新管理理念。围绕基层和企业最关心、最需要、最实际的问题，提供政策服务、信息服务、诉求服务，营造亲商、安商、富商的良好环境。加强协调配合，深化财政、发改、海关、商检、银行、税务、工商等合作，建立稳定公开透明的政策促进体系，营造良好的商务发展环境。建立健全商务、环保、海关、工商、出入境检验检疫、税务、外汇等部门协调机制，建立加工贸易新型管理体系。充分发挥现有财政资金引导作用，鼓励引进先进技术设备，支持产品创新、研发设计、品牌培育和标准制定，推动加工贸易转型升级和梯度转移。落实研发费用加计扣除、高新技术企业税收优惠政策，鼓励加工贸易及相关支撑企业加大技术研发投入，提升整体制造水平。鼓励通过电子化、网络化手段提高政府工作效率和服务质量，建立完善"一站式"服务制度。加快建设加工贸易企业公共信息服务平台，为企业提供政策、市场、项目等信息服务。发挥商（协）会和中介机构作用，为企业提供风险评估、投资咨询、法律援助等专业服务。

10.2　垂直专业化分工价值链"深度融入"及"攀升"路径

传统贸易及增加值贸易统计下中国与东北亚、东南亚、南亚、欧洲等区域内各国的经贸关系出现了新的趋势，垂直专业化分工合作网络呈现新的阶段性特征，发达国家主导的垂直专业化分工价值链在全球范围内重新布局，需要及时的结合价值链分工合作新趋势、产业竞争力变化趋势，调整合作区域和合作战略，"深度融入"全球价值链，避免价值链合作的骤然脱节，并寻求机会依托现有的分工价值链，从技术、管理创新切入，向价值链的高端环节攀升。中国与东北亚区域内各国的经贸关系出现了新的趋势，贸易逆差转为贸易顺差，且顺差额度在不断扩大。韩国绝大多数产业出口额度大幅增长，但像一些劳动密集型产业的出口额不但没有增长反而出现了下降，中国在这些产业的竞争力有了较大提高。虽然韩国绝大多数产业对中国出口与日本比还存在差距，但光电设备制造业等产业的出口韩国逐渐超过日本，且此消彼长趋势十分明显，贸易地位加强。从贸易结构看，韩国对中国的出口也主要是中间品出口，一些技术含量高、韩国有竞争优势的产业中间产品出口占比在不断增加，垂直专业化分工生产深化。俄罗斯对中国的总出口额度相对较少，但增长趋势明显。中国与日本、韩国各产业增加值贸易关联度呈现明显的下降趋势，且呈现出随着产业技术密集度下降，贸易关联度降低幅度越大、贸易关联度越低的趋势。从发展趋势看，中国各产业对日本的需求依赖度近年来一直呈现下降趋势，能源、资源行业下降幅度较大，而劳动密集型产业仍然保持较高的水平。说明在贸易总体呈下降趋势的背景下，日本劳动密集型产品最终需求对中国产业发展和经济增长的重要性仍较高。国际金融危机后，东亚区域内地区多数产业对中国出口贸易总额出现下降，下降幅度韩国小于日本，韩国贸易位置相对加强，但垂直专业化分工贸易模式并未改变，呈现高技术产业垂直专业化分工合作深化，在劳动密集型产业弱化趋势。技术水平较高产业的贸易逆差主要由中间品贸易导致，可不必急于采取措施扭转贸易态势，而是首先在这种分工贸易模式下积极地积累生产经验和技术，从而向价值链高端环节跃升，贸易态势自然扭转，也可获取更多的增加值贸易收益。目前，中国与日、韩等的增加值贸易呈现出这样的特征。劳动密集型产业中间品出口的大幅下降，预示了垂直专业化分工生产关系的弱化，中国在这些产业竞争力的提升，应多措施鼓励企业寻求新的分工合作市场和通过鼓励企业技术创新等手段促进最终产品在传统垂直专业化分工合作市场的销售，获取更多的贸易收益。在东亚地区垂直专业化分工参与度下降，分工合作地位弱化的趋势下，应积极行动，根据比较优势原则，遵循市场规律，按照先日本、后韩国的顺序调整合作市场，逐步寻求东亚地区的替代市场，使现阶段的与东亚区域合作收益最大化。通过双边、多边协议推进区域合作，塑造分工合作及贸易新动能。最近几年东北亚、东亚地区在分工合作中的地位虽大幅下降，但在未来一段时期仍将是中国贸易合作的重要市场。因此，在寻求新合作市场的同时，也应巩固传统区域合作。传统合作区域内各国劳动力、资金、技术等要素比较优势发生变化，贸易合作的基础弱化。巩固区域合作，迫切需要找到新的分工合作及贸易动能激发点。而通过增强政治互信，签订双边、多边协议，从制度、规则层面为国际经贸合作提供更加便利的条件和宽松的环境，是塑造分工合作及贸易新动能最切实可行的措施。新时代应加强外交谈判，坚持在重大原则问题上不妥协，有利于双多边发展问题上求同存异的原则，为外经贸合作创作良好的政治环境，加快促进自由贸易区协定效应的发挥，使区域合作深化发展。进一步深化合作，通过规则和程序的修订，提升贸易便利化水平、贸易开放度和效率，推进中日韩自贸区建设，以更大程度的开放，解决开放发展中存在的问题，为深化多边经贸合作关系注入新动能。

增加值贸易统计下，中国与东南亚、南亚贸易差额有较大变化，基本呈贸易差额缩小趋势，中国与越南、印度、泰国间的贸易差额也出现较大幅度的下降，说明垂直专业化分工贸易在这些国家盛行。中间产品出口增加，分工合作也存在加强的趋势。中国对越南出口中隐含的越南增加值占出口总额比重较低，并且各部门基本都呈现下降趋势，显然在制造业越南处于垂直专业化分工价值链合作的下游。对越南、印度等出口中隐含的第三国增加值占出口总额比重都呈现下降趋势，来自国内增加值不断增加，产业竞争力和垂直专业化分工合作地位有上升趋势。发达国家主导的垂直专业化分工价值链在全球范围内重新布局，转移到东南亚、南亚等地区。结合国家"一带一路"建设和经济转方式、调结构和优势产业链特点,重点推动参与垂直专业化分工生产的加工贸易企业"走出去"向境外转移一批过剩产能。坚持把加快"走出去"步伐与基础优势相结合,与升级改造相结合,与产业链条相结合,与海外所能提供的优势条件相结合,进一步优化境外投资布局。根据国家"一带一路"倡议要求,准确把握产能境外转移的重点和方向,加强分类指导,推动企业重点向与我国经济互补性强、合作意愿较强、经济发展增速较快的东南亚、非洲、拉美和中东欧国家和地区有序转移,逐步构建海内外产业优势互补、生产要素全球配置的发展格局。重点引导钢铁、橡胶轮胎、纸浆造纸等原料进口依存度高的产业向印度尼西亚、泰国、俄罗斯等国家转移;推动纺织服装、食品加工等劳动密集型产业向生产成本低、市场准入宽松的柬埔寨、泰国、斯里兰卡等国家转移;推动农用机械、电子家电等产业向中东、非洲、拉美等地区贴近目标市场转移。应该把建设境外经贸合作园区作为推动垂直专业化分工生产企业走出去实现聚集发展的重要载体平台,发挥境外园区的集聚带动作用,推动企业境外集群式发展,克服单个企业海外投资生产遇到的难题。按照突出重点、分类指导、梯次发展的思路,大力培育境外经贸合作园区。积极鼓励企业多方式、多渠道贴近目标市场设立境外研发中心和营销网络,建设自主销售渠道、仓储中心、分拨中心、售后服务中心。

增加值贸易统计下,中国与欧洲主要国家贸易差额有较大变化,基本呈贸易差额缩小趋势,说明与这些国家也存在大量的中间品贸易,资本、技术密集型产业占比要高于劳动密集型产业,垂直专业化分工合作关系较为紧密。制定差异化的国别产业贸易政策,深化资本、技术密集型产业合作。中国与区域内各国的产业增加值贸易关系呈现出差异化特征和不同的变化趋势,这要求采取不同的贸易政策措施来应对。中国与一些国家在资本、技术密集型产业垂直专业化分工合作深化,中间产品进口比重在提升。把握住发达国家将资本、技术密集型产业的研发中心在全球布局、制定产业政策促进新技术研发、先进制造业提升发展机会,通过合作建立研发中心,贸易、产业政策促进等措施,深化资本、技术密集型产业合作,促进中国在垂直专业化分工价值链中地位的进一步提升。顺应各国比较优势变化规律,重点加强高技术产业的贸易往来,通过更大幅度的关税减让、出口退税、补贴、降低非关税壁垒等措

207

施，避免贸易大环境恶化带来的进一步贸易萎缩。在深化垂直专业化分工贸易合作中促进贸易关联和需求依赖度的提升，提高我国企业的贸易收益和技术水平。通过产业政策鼓励、深化边境经济合作区、境外经贸合作区合作等措施促进与俄罗斯劳动密集型产业产能合作是中国努力方向。

生产主要集中在价值链某一特定环节的国内各产业及企业，应依托现有的分工价值链，从技术、管理创新切入，向价值链的高端环节攀升。结合各产业及企业竞争力，价值链驱动类型，循序渐进的推进，确定差异化的价值链"攀升"路径。对于电子信息、移动通信、船舶、工程机械、汽车及零部件等生产者驱动型价值链，鼓励外资企业尤其是跨国公司在我省投资设立区域总部、采购中心、分拨中心、科研中心和结算中心等功能性机构，发展总部经济，支持外资企业落地生根、转型升级。把有关技术引进支持政策向引进消化吸收再创新的各个环节全面延伸，形成自主知识产权。鼓励省内企业加强与境外研发机构开展多种形式合作，实现跨国（境）产学研结合，吸引最新科技成果在我国最先转化。支持有实力的企业与跨国公司开展高端技术合作，进入其研发活动的链条，推动技术进步和产业升级。充分利用国际金融危机带来的良机，适时引进人才，整合全球智力资源，为企业增强创新能力和提升竞争力提供支撑。纺织服装、农产品、轮胎、家电、轻工、家具、塑料制品、玩具、箱包、鞋类等传统劳动密集型加工贸易产业具备消费者驱动型价值链特征，在技术创新的同时，要积极实施品牌、设计、营销战略，高端切入价值链，攀升到高附加值环节。国际金融危机使境外资源、资产、技术等市场价值大幅缩水，这提供了一个以较低成本并购战略资源、收购先进技术或研发机构、收购国际品牌、收购国际市场渠道的机会。引导企业加强境外商标注册、专利申请等品牌建设基础性工作，支持企业引进、消化、吸收、改进和创新国外先进标准，采用国际标准生产高质量、高附加值产品。

借助于跨境电商平台和营销模式，展开智能营销，实现品牌打造，促进价值链跃升重构。大量企业特别是中小企业借助于跨境电商贸易平台开展贸易，找寻到国际贸易的渠道，小批量、高频次、碎片化的交易信息可以快速、准确的传递到平台。借助于平台提供的全球店家、消费者、商品种类、消费市场等交易大数据，进行数据的深度挖据分析，企业可以掌握消费者的需求信息，对目标消费群体进行精准的细分，满足个性化消费，快速地适应市场的变化，进行私人定制小批量生产，增加客户响应度。借助于网络信息技术，针对市场变化进行计划、协调、操作、控制和优化，适时调整生产和销售策略，建立柔性的生产和销售链条，整合订单管理、库存管理、配送管理及运输管理，提高生产、销售决策的科学化，实现智能营销。以渠道和智能营销引领贸易和投资的发展，使中小企业从渠道切入，保证了利润，减少了库存及压制资金，扩大了市场，提高了国内增加值在全球价值链中的比重，从高端融入全球价值链。如在服装产业，大量的企业之前的产品设计完全是设计师和老板根据经验和感觉来预投款，或老板不惜重金送设计师出国考察，参加展会时装周，并带回来前沿的时尚卖点，但设计的产品和目标市场需求偏差仍较大。通过跨境电商平台进行预售及进行大数据分析，可以精确地了解市场反馈并及时做出修正和调整，实现智能营销、利润增加。阿里巴巴跨境电子商务大数据显示摩尔多瓦、不丹等国出口渗透率得分较高，摩尔多瓦跨境网购中国手机产品最多，不丹人跨境网购中国制造的服装和配饰居首。国内企业可以有针对性地进一步对两个市场进行特定产品的需求调研，有针对性地进行产品生产、销售战略调整，在特定国家积极进行价值链的跃升重构。

借助于数字化的跨境电商平台，企业可以通过电子商务低成本快速树立品牌，向价值链高端延伸。在过去的外贸模式中，商品在什么档次，定价多少，都是掌握在别人手里的。中国企业在借助跨境电商平台掌握销售渠道同时，可以根据自身掌握的适用技术和对消费者偏好的把握，接触消费者，积极生产物美价廉的拥有自主品牌的商品，拥有自己的定价权，抢占市场份额，提高产品和服务的附加值。耳机品牌Bluedio2016年"双十一"整体销量位列速卖通销售榜第三名。之前其是一家传统的制造型企业，电商带来的冲击使以OEM为主营业务的工厂逐渐失去优势。借着OEM代工经验，Bluedio根据分析选择细分领域和专注做品牌，在天猫和全球速卖通均开设了店铺，特别关注海外市场中的畅销和高端产品，研发过程中考虑颜色偏好、头颅比例、耳道大小等个性化问题，通过多个维度的"差异化竞争"在中高端市场站稳脚跟，在市场中赢得议价权。海外的消费者愿意尝试优质的新兴品牌，像对计算机、电子及光学产品需求较高的捷克、土耳其等东欧国家，计算机、电子及光学产品制造业增加值较高的印度、印度尼西亚等南亚、东南亚国家应是企业重点关注的市场，中国企业可以凭借代工中的适用技术优势，积极打造品牌，价值链高端延伸跃升。

10.3 垂直专业化分工国内价值链环节 "整合突破"路径

在全球及区域垂直专业化分工价值链条中，国内企业生产并不是都集中在同一环节，有的占据了价值链的几个环节，且有的企业积累了大量的生产经验，获取了相关技术，竞争能力增强，具备了价值链整合的条件。应根据垂直专业化分工聚集地区的资源禀赋条件、区域及产业转移规划、贸易投资政策等，引导不同价值链环节的企业向经济园区集聚，依托处于价值链核心环节，竞争力强的企业，发挥特色产业和龙头企业优势，整合国内价值链环节，进一步通过创新型企业引入、研发创新，延长、完善及打造国内价值链条，突破原有的价值链条"低端锁定"，赢取分工发展的主动权。借助改革开放以来形成的在国际产业分工中的制造业基础、产业配套能力、优质人力资源搭建产业配套平台。鼓励行业龙头骨干企业与国外一流科研院所组建协同创新中心、联合研发实验室，将其建成中试开发、技术转移、成果孵化的重要载体，促进加工制造产业协同创新发展。推动科技、产业、贸易发展有机结合，引导企业扩大自主知识产权、自主品牌、自主营销和高技术含量、高附加值、高效益产品出口，实现外贸由规模扩张型向质量效益型转变。鼓励加工贸易企业积极承接研发设计、检测维修、物流配送、财务结算、分销仓储等服务外包业务，延伸加工贸易产业链，延长国内增值链。拓宽营销渠道，扶持企业参加对外展会，搭建电子商务平台。重点扶持机电、高新技术、家纺、轻工、化工等八大特色出口产业出口基地建设。进一步完善产业链、供应链，提升价值链，建设一批千亿级出口产业基地，带动一批配套中小企业向专、精、特、新方向发展，培育和巩固制造业优势。

垂直专业化分工贸易与产业竞争力紧密相关，在垂直专业化分工生产过程中中国应根据自身产业竞争力情况，坚持竞争优势强的重点、优先扶持，竞争力次之的积极培育的梯度强化优势产业竞争力原则，促进全球价值链地位提升以及中国为本位的价值链整合重构。中国光电设备制造业等产业的出口竞争力由弱变强，在分工合作中生产经验得以积累、技术水平得到提升，中国应适时采取研发补贴、专项经费支持、产业政策促进等措施，鼓励这些高技术产业自主研发创新，培育提升这些产业的竞争能力，争取在区域分工网络中的分工位置得以提升，获取更多的附加值收益。信息技术与经济融合、交通网络高速快捷、现代物流发展，将有力推动要素自由流动。应积极推动产业转移，引导加工贸易合理布局。应按照"抓龙头，带配套"的产业集群发展思路，制订、实施更具针对性的项目招商计划，以更大的力度、更优惠的政策、更优良的环境，全力以赴承接产业转移。采取承接招商会、东西部地区结对子等方式，做好中西部地区承接东部沿海地区特色产业转移。构建加工制造业走廊，编制中西部地区承接加工贸易产业转移规划方案，根据各地工业化水平、交通、区位等特点整体设计、合理布局。郑州、西安等在交通枢纽、科技人才、市场辐射和工业配套等方面具有明显优势，应把这类城市作为产业链的中高端，围绕其形成分工明确、错位互补的产业体系，逐级提升产业层次。注重培育产业承接园区，做大产业集群。引导向海关特殊监管区域集中，构建以特殊监管区域为核心、产业承接园区围绕的"众星捧月"格局，形成"凹地"效应和产业集群。依托中西部地区现有各类经济园区、外贸转型升级示范基地、机电产品出口基地、科技兴贸出口创新基地等，选择具有区位和产业、资源等综合优势的加工贸易集中发展区域，认定培育一批省级加工贸易梯度转移重点承接地。推动建立地区之间加工贸易产业转移协调机制，鼓励东部沿海各市与中西部各市共建产业合作园区。充分发挥行业协会、商会等中介机构的桥梁和纽带作用，搭建转移促进平台，有效开展承接转移促进活动。推动重点承接地进一步完善政策和投资环境，增强产业配套能力，降低转移成本，依托现有产业基础，结合比较优势，培育主导产业，形成产业集群，提升承接转移的能力和水平，提高中西部地区加工贸易在全省的比重，加快形成布局合理、产业层次提升、比较优势明显、区域特点鲜明的加工贸易发展新格局。

在跨境电商贸易发展背景下，跨境电商贸易使贸易方式从 B2B 到 B2C 转换，信息不对称问题得到较好的解决，出口商品可以跨越传统贸易方式下的层层供应链条直接到达消费者手中，中小企业没有销售渠道问题在很大程度上得到解决，贸易链条扁平化。没有销售渠道或生产成本较高的一些低附加值产能过剩企业，可以借助跨境电商渠道扩大产品的销售，有效化解过剩产能。一些被锁定在价值链低端，在恶化的国际经贸形势下面临破产倒闭的企业可以得到喘息的机会，生产得以继续，支撑国内经济发展，稳定就业市场。同时，跨境电商下价值链条的变化，可以使企业绕开原有的价值链环节，贸易链条更加扁平化，贸易链条缩短，中间环节的利润可以留在生产商和贸易商手中，节省生产、贸易成本，扩大企业的利润空间，也为企业转型发展赢得时间和空间。传统代工生产企业生产得以持续，企业利润增加，使企业有机会增强自我意识，增加研发投入提升产品质量，增强企业的竞争能力，结合自身优势，区域分工和各国经济发展特点、跨境电商的布局和特点、通过兼并重组、产业转移、对外投资合作等深度融入价值链，实现"加速超车"。代工生产企业在参与全球垂直专业化分工生产过程中技术水平得到了一定程度的提升，有的行业中的一些企业掌握了一些核心技术，在外部经济形势的刺激促使代工企业加快兼并重组时，核心技术企业要承担起创新主体的责任，根据自身的优势，兼并其他企业，促进生产技术的沟通协调，使企业实现优势互补，根据区域分工优劣势，在国内梯度转移产业，使价值链条趋于完整，整合提升价值链，使分工价值链朝着有利于中国的方向发展。从跨境电商的布局、产业贸易、增加值特点分析看，可以借助跨境电商促进计算机、电子及光学产品制造业在捷克、土耳其等东欧国家的销售，扩大食品饮料及烟草制品业在印度、印度尼西亚等南亚和东南亚国家，纺织、服装和皮革制品制造业在俄罗斯等国的销售。科技实力强、资金充沛的企业可以考虑对于南亚地区、中东、北非以及撒哈拉以南非洲等关税水平提升快、贸易环境恶化明显的地区采取投资合作的方式，避开贸易壁垒，也可利用这些国家价格低廉的劳动力和资源，直接在东道国市场生产，进而开展电商销售，整合市场，有针对性、分步骤地促进价值链的提升和重构。

10.4　垂直专业化分工区域及全球价值链"主导重构"路径

在参与垂直专业化分工及国内经济高速发展过程中，国内制鞋、纺织等劳动密集型产业以及通信、装备制造等高端产业涌现出了一批技术水平高、竞争能力强、经济效益好的跨国企业，并且已经在海外广泛开展业务，初步具备了"主导"构建区域及全球价值链的条件。对于出口竞争优势较强的劳动密集型产业，国家应加大扶持力度，促进企业在高品质、高质量、品牌打造上做文章。在"一带一路"倡议提出的背景下，中国应借助国家为合作建设提供的政策、资金、沟通交流合作机制条件，沿线国家与中国的要素互补优势，在"一带一路"沿线加快开拓劳动密集型产业分工合作新市场。分工合作市场的开拓，应充分考虑中国与东道国的前期合作基础、东道国国内的政治、经济、文化环境，风俗习惯、宗教信仰等条件，按照先易后难、有序推进、控制风险的原则开展合作。东南亚、南亚、中亚、非洲等合作基础好的越南、印度、哈萨克斯坦、埃塞俄比亚等国家可优先推进，再逐步铺开。随着产业竞争力的进一步提升，应考虑借助境外经贸合作区等平台，合理布局垂直专业化分工网络，境外转移劳动密集型产业生产环节，专注于产品研发与市场营销网络构建等高附加值环节，获取价值链的主导权，重构劳动密集型产业全球价值链。瞄准同行业国际一流标准，制订国际化经营战略实施方案，在研发、生产、销售等方面开展国际化经营，在重点行业打造一批跨国公司。支持骨干企业建立海外研发机构，强化国际技术合作，建立全球供应链和销售服务网络，增强全球化配置资源的能力。推动有实力的大企业实现由产品经营、资产经营向以品牌经营为核心的国际化经营转变，着力打造一批具有较强国际竞争力的跨国经营企业。鼓励国内具有自主品牌和自主研发能力的企业并购境外优质资产、品牌、股权、营销网络等，获取先进技术、管理经验和人才。加快培育一批具有自主知识产权和核心技术的国际品牌，提升品牌的核心价值和国际知名度，以品牌、商标、专利、专有技术等无形资产开展对外投资合作。

　　中国有出口竞争优势的产业还是集中在劳动密集型产业，但伴随着代工生产经验的积累和企业研发水平的提升，光电设备制造业等产业的出口竞争力由弱变强。华为等一批行业骨干企业发挥龙头作用，推动上下游关联产业境外集群发展。一大批境外园区已初具规模，在承接产业转移和主导重构价值链方面发挥了其平台和支撑作用。在外部经济形势的刺激促使代工企业加快兼并重组时，核心技术企业要承担起创新主体

213

的责任，根据自身的优势，兼并其他企业，促进生产技术的沟通协调，使企业实现优势互补。组织企业按照上下游产业链或产业配套形成联动，发挥产业整体优势，以建立境外投资工业园、集聚区的形式，鼓励优势企业瞄准"两端"，加快在全球布局产业链。发挥大企业优势，吸纳外资搭载的各种优质资源，打造全球价值链。针对投资结构以资源开发和初级加工制造为主的问题，指导优势企业充分利用证券投资及并购投资，利用聚合效应和名牌效应来降低成本，形成国际竞争优势。鼓励企业在国外设立研发中心和科技研发型企业，或通过与当地公司合资、收购的方式进行高新技术产业投资，专注于产品研发与市场营销网络构建等高附加值环节，获取价值链的主导权。

在跨境电商配套的相关技术服务方面，贸易平台运作、物流服务、在线支付、云数据服务等都是决定企业产品销售和国际竞争力的重要方面。中国电商企业如阿里巴巴等在平台配套技术方面有绝对的优势，可以通过技术输出，影响东道国市场的消费需求，消费习惯，掌握销售渠道，方便打造品牌，借助传统产业的技术升级，构建中国主导的全球价值链。助于在电商平台及技术方面的优势，构建全球电商贸易新规则和新秩序，建立信任体系，引领全球跨境电子商务发展，抢占跨境电商发展的制高点和话语权，主导重构跨境电商价值链，可以极大地提升中国作为贸易中心的位置。在电商发展的同时，带动一批有技术优势、品牌和渠道优势的企业到海外建立境外经贸合作区，吸引中小企业进驻，推动其积极融入中国企业主导的全球价值链。通过速卖通平台，可以改变传统的外贸模式，实现厂商与各国消费者的对接，其他国家要发展电商贸易平台，阿里巴巴可以提供技术支持，影响贸易模式及规则制定。菜鸟网络的推广，可以倒逼其他国家物流体系改革，促进跨境物流一体化建设，构建中国主导的仓储、配送中心等，确保物流的效率和服务质量，提升贸易中的话语权。蚂蚁金服"走出去"，通过技术合作促进东道国支付体系建立，通过建立第三方支付的国际平台，那么就可以降低国际支付的成本，提高跨境支付结算效率，使消费者跨境购物更加便捷，进而在平台支付体系的基础上建立规则。世界各国国家资源禀赋、经济发展基础、技术合作基础、合作意愿各不相同，通过技术合作促进价值链的主导重构要循序渐进，首先选择重点国家，优先突破，进而逐渐全面铺开。如菜鸟物流首先与俄罗斯邮政达成战略合作，开通线路供应商关系管理（SRM）系统实现东欧多国实现物流可追踪。蚂蚁金服国际化先后与新加坡安全企业 V – Key、澳大利亚 Paybang、印度电子钱包 Paytm 等合作都是这一主导重构思路的体现。阿里云自主研发飞天技术也已出海，在中国香港、新加坡、中东、欧洲等地建设数据中心，在全球设立地域节点，以中国自主研发的飞天技术为沿线国家地区提供云计算大数据服务。沃达丰、飞利浦、施耐德、资生堂等海外知名企业使用飞天技术，带动中国软件产业规模化出海，对于拓展市场和影响大企业决策起到较大的作用。eWTP 能够在搭建全球买卖平台、提供信息服务的同时，还能在资金的供应、资金链的连接、中小企业的投资决策方面等方面提供服务，有效促进价值链的主导重构。

10.5　垂直专业化分工地位提升的制度、政策、服务"协调促进"机制

　　垂直专业化分工价值链的重构，需要良好的外部发展环境。强化国际规则和市场决定意识，积极参与国际经贸规则制定，提高全球经济治理的话语权。推动国内经贸相关制度的完善和改革，建立加工贸易新型管理体系，完善垂直专业化分工生产外商投资准入制度。认真贯彻落实国家《关于进一步推进开放型经济新体制综合试点试验的若干意见》《优化口岸营商环境促进跨境贸易便利化工作方案》《商务部关于支持自由贸易试验区创新发展的意见》《关于在自由贸易试验区暂时调整有关行政法规、国务院文件和经国务院批准的部门规章规定的决定》等法规政策。认真落实国家涉外投资审批体制改革政策措施，以《企业境外投资管理办法》为指引，落实好《商务部关于支持自由贸易试验区创新发展的意见》《境外经贸合作区资金管理办法》《境外经贸合作区确认、考核暂行办法》等政策法规，完善海外投资信息平台、会计、咨询、法律等服务保障措施。以《中华人民共和国电子商务法》出台为契机，积极促进跨境电商发展。发挥好"一带一路"高峰论坛、"一带一路"多式联运创新发展合作交流会、"一带一路"中外文化交流与合作交流会、"一带一路"法律服务国际交流合作会议等平台会议的协调促进作用。继续推进区域通关一体化改革，支持海关特殊监管区域内企

业自主选择申报口岸，简化特殊区域间货物流转手续，简化跨关区异地加工业务流程，共建加工贸易商品工艺数据库，实现加工单耗参数、商品资源共享。积极探索"集团经济"管理模式，将监管对象由单一企业向企业集团转变，支持总部式、链条式、集群式企业发展。改革传统作业模式，推动"风险判别，分类审核"作业研究。加快发展垂直专业化分工外贸综合服务企业，不断完善中小微企业服务平台。

通过制定财政扶持、优惠政策，设立技改贴息专项资金等，加大传统产业技术改造投入，推动传统优势产业升级。鼓励引进先进技术设备，支持产品创新、研发设计、品牌培育和标准制定，推动加工贸易转型升级和梯度转移。支持梯度转移重点承接地的公共服务平台建设、员工技能培训、招商引资、就业促进等相关工作。全面推开营改增试点，完善抵扣链条，促进行业细分。落实研发费用加计扣除、高新技术企业税收优惠政策，鼓励加工贸易及相关支撑企业加大技术研发投入，提升整体制造水平。提升金融服务水平。鼓励金融机构加快金融产品和服务创新，为加工贸易企业转型升级提供多样化融资服务。建立网络化银企对接服务平台，实现常态化银企对接机制，灵活运用流动资金贷款、对外担保等方式，加强对有订单、有效益企业的信贷支持，鼓励商业银行积极开展出口信用保险保单融资、出口退税账户托管贷款等融资业务。加强与研究培训机构和院校合作，强化业务培训，加快培养跨国经营管理人才。引导企业与知名中介机构合作，借助其完善的全球服务网络以及在政策法规、人脉资源、信息咨询、专业服务等方面优势走出去。创新"一次办好"服务模式。围绕企业最关心、最需要、最实际的问题，提供政策服务、信息服务、诉求服务，营造亲商、安商、富商的良好环境。对外加强协调配合，深化与财政、发改、海关、商检、银行、税务、工商等合作，建立稳定公开透明的政策促进体系，营造良好的商务发展环境。创建加工贸易掌上资讯平台，实时为企业推送核批进程、手册报核、保证金退还等点对点信息服务。构建境外投资管理服务平台，完善领事保护工作，为"走出去"企业和公民提供境外安全保障。

现有企业在"走出去"投资和价值链合作过程中普遍面临跨国经营专业人才及复合型人才短缺问题，难以解决面临的复杂问题，需要打造人员相对稳定的专业性"走出去"投资智库提供服务支撑协助解决，减少"走出去"的盲目性和无序性，实践也不止一次地证明专业服务对企业"走出去"经营效益提升的重要作用。政府要在企业"走出去"过程中扮演好合适的角色，创造环境，提供帮助，做好保障。新常态下应认真贯彻落实中办、国办《关于加强中国特色新型智库建设的意见》，坚持开放、协调、共享理念，按照"两化、三性、一平台"的总体思路，进一步整合和利用各方资源，打造前瞻性、针对性、有效性强，互动效果佳，具有可操作性的"走出去"投资智库。

　　"研究人员复合化"。"走出去"智库研究需要从经济、政治、法律、人文、社会等多个领域、多种角度对贸易、投资环境进行综合分析，要求研究人员的复合化。考虑由商务部门牵头，按照切实可行的原则，借助"走出去"企业境外风险防范联席会议制度平台，组织协调从国家政府有关部门、高校、社会科学院等智囊机构、会计师事务所、律师事务所、投资管理公司等中介组织抽调专业研究人才，吸纳境外投资企业内久居海外的管理人员，驻外使馆商务参赞等加入，组成一支知识结构全面，实践经验丰富，上联下通顺畅的复合化智库研究队伍。"资金来源多样化"。对海外投资复杂情况的研究，需要一定的资金进行国内外实地调研和课题研究，召开研讨会沟通业务，保障智库正常运营。对于智库成员也应支付劳务费用，对使企业"走出去"投资规避重大风险，避免损失或起到极大促进作用的智库团队应给予奖励，激发人员工作积极性。可以考虑智库资金来源的多样化，减轻政府的财务负担，形成政府专项资金划拨，需要业务指导的外经贸企业经费支持，接受无偿赞助等多样化的资金来源渠道。"三性"即"研究人员的稳定性""研究问题的前瞻性""解决问题及时性"。"研究人员的稳定性"：智库要保证研究人员的相对稳定，减少人员流动和更替，才能迅速地对研究问题做出反应，为政府、企业等提供及时、有效的咨询决策。可按照投资合作区域、国别需要，将从各单位抽调的复合化研究人员，整合成立有针对性的若干国别（地区）研究小组，保证重点合作国家（地区）全覆盖。每个小组核心成员稳定在 10 人左右，确保目标明确，管理高效，迅速及时地提供决策服务。"研究问题的前瞻性"：前瞻性思维是从事政治、经济、社会、文化等各项活动中必备的素养。研究问题的前瞻性能更好地以问题为导向，事前对全球经济形势、经贸、投资风险、障碍、机遇等进行研判，事前为企业决策部门提供方案和建议等智力产品，指导海外投资实践，防范和规避海外投资风险，减少不必要的损失，提高企业海外投资成功的概率。"解决问题的及时性"：及时、高效地解决企业"走出去"投资遇到的问题是智库建设的根本目的。商务厅应通过微信等社交平台将智库国别问题研究小组成员与有问题的企业整合到一起，企业遇到问题时可以靶向明确的实时在线咨询，复杂问题也可以预约线下面对面交谈，为企业决策提供翔实有效的信息和切实可行的参考建议。"一平台"即打造高效的信息、数据、成果交流、共享及推送平台。根据"走出去"实际，有针对性地提供细化的投资信息和数据，提供智库国别研究小组的联系方式，将智库研究成果实时在平台发布，对"走出去"有代表性的案例进行汇编发布，提供"走出去"常见问题的指导性解决方案。按照"两化、三性、一平台"的总体思路，整合海外投资专业人才，打造"走出去"投资和全球价值链合作智库，做到重点区域任何国家的贸易投资合作疑问有问必答，真正高效、务实的服务于价值链合作的深化和位置提升。

10.6　本章小结

中国垂直专业化分工价值链地位提升是一项复杂的系统工程，结合全球分工格局、国内垂直专业化分工发展条件、地位、产业关联及经济效应变化的分析，认为应该主要从经济要素的合理配置、技术和管理创新、垂直专业化分工合作布局及模式的合理选择以及制度与规则改革、政策与服务支撑四个方面切入和发力，促进中国垂直专业化分工地位的提升。提出全球价值链视野下中国垂直专业化分工地位提升的三种路径和一种外部协调促进机制：垂直专业化分工价值链"深度融入"及"攀升"路径。垂直专业化分工价值链在全球范围内重新布局，需要及时的结合价值链分工合作新趋势、产业竞争力变化趋势，调整合作区域和合作战略，"深度融入"全球价值链，避免价值链合作的骤然脱节，并寻求机会依托现有的分工价值链，从技术、管理创新切入，向价值链的高端环节攀升。垂直专业化分工国内价值链环节"整合突破"路径。在全球及区域垂直专业化分工价值链条中，国内企业生产并不是都集中在同一环节，有的占据了价值链的几个环节，且有的企业积累了大量的生产经验，获取了相关技术，竞争能力增强，具备了价值链整合的条件。应根据垂直专业化分工聚集地区的资源禀赋条件、区域及产业转移规划、贸易投资政策等，引导不同价值链环节的企业向经济园区集聚，依托处于价值链核心环节，竞争力强的企业，发挥特色产业和龙头企业优势，整合国内价值链环节，进一步通过创新型企业引入、研发创新，延长、完善及打造国内价值链条，突破原有的价值链条"低端锁定"，赢取分工发展的主动权。垂直专业化分工区域及全球价值链"主导重构"路径。在参与垂直专业化分工及国内经济高速发展过程中，国内一些产业涌现出了一批技术水平高、竞争能力强、经济效益好的跨国企业，并且已经在海外广泛开展业务，初步具备了"主导"构建区域及全球价值链的条件。对于出口竞争优势较强的产业，国家应加大扶持力度，促进企业在高品质、高质量、品牌打造上做文章。通过与当地公司合资、收购的方式进行高新技术产业投资，借助于跨境电商等贸易新业态、新模式，专注于产品研发与市场营销网络构建等高附加值环节，获取价值链的主导权。垂直专业化分工地位提升的制度、政策、服务"协调促进"机制。垂直专业化分工价值链的重构，需要良好的外部发展环境。强化国际规则和市场决定意识，积极参与国际经贸规则制定，提高全球经济治理的话语权。推动国内经贸相关制度的完善和改革，创新"一次办好"服务模式。借助外部制度政策措施的保障，多路径同时推进，促使国内企业深度融入及动态的重构价值链，从而在全球分工下摆脱被"低端锁定"的命运，以及减少由于价值链低端环节境外转移这种"低端锁不定"给国内经济和社会发展带来的负面影响，获得持续的生存权，提高经营效益。

第11章 研究结论

当前国内外经济形势出现新变化，全球经贸格局调整，经济增速下滑，垂直专业化分工价值链在全球范围内重新布局。国内资源环境约束加剧，低端代工订单转移导致的产能过剩和企业倒闭问题在许多产业出现，中国参与垂直专业化分工面临的困难和问题增多。与此同时，国际间区域、次区域合作趋势增强，中国参与全球经贸合作的基础和条件发生重大变化，一些产业垂直专业化分工地位有所提高，生产经验、资金实力和产业竞争力增强，跨境电商快速发展，新的发展机遇不断涌现。面对国内外新形势，国家适时提出"一带一路"倡议，"构建开放型经济新体制"，都明确强调加强创新、优化产业链分工布局，全面提升在全球价值链中的位置，促进产业转型升级。新形势下如何寻求最佳的资源配置模式，深度融入及动态的重构价值链，从而在全球分工下摆脱被"低端锁定"的命运，以及减少由于价值链低端环节境外转移这种"低端锁不定"给国内经济和社会发展带来的负面影响，合理延长价值链合作周期，获得持续的生存权。

在全球经贸格局深入调整、国内经济发展步入新常态的背景下，中国垂直专业化分工地位提升有其客观要求。从制约因素来看，主要体现为国际经贸环境恶化，经济增速下滑；劳动力成本等上升，资源环境约束加剧；国内价值链"低端锁定"，价值链环节境外转移冲击三个方面。近两年虽然主要经济体经济有所复苏，但总体复苏仍然缓慢，并且呈现不平衡性。发达国家除美国复苏较快外，其他发达经济体如欧洲等地区受债务危机等影响，经济衰退明显。其他发展中经济体由于全球经济增速放缓、需求不振、国际大宗商品价格下降、劳动力成本上升、资源环境约束加剧等因素影响，经济增速下降也较为明显，并且呈现差异性。达到国际最高关税税率的所有税目产品所占比例，不论是高收入国家还是中、低收入国家占比都有所上升。随着世界经济形势的恶化、国内从事垂直专业化分工生产劳动力等其他资源优势的丧失和环境约束的加强，代工企业过度依附主导厂商，被低端锁定，生产经营日益困难，破产倒闭现象出现。加工贸易主要行业城镇单位就业人员平均工资直线上升，资源、环境约束效应显现，"低端锁定"与"低端锁不定"境遇并存。

从驱动因素看，表现为区域、次区域合作趋势增强；国内资本、技术要素及分工生产经验积累；国内区域产业发展战略调整，促进国内价值链环节整合；"构建开放型经济新体制"、"一带一路"倡议支撑，促进区域及全球价值链重构；跨境电商贸易塑造国际贸易新动能，促进价值链重构五个方面。区域经济一体化使竞争加剧，带来了新的贸易和投资机会。在国内区域经济合作趋势加强的背景下，国内价值链环节整合提升，产业转型发展面临重要的机遇。国家开放型经济发展战略的实施，境外经贸合作区的建设，有利于价值链合作平台的搭建，促进价值链的整合重构。跨境电商降低了国际贸易的门槛，国际贸易主体、贸易形态、商业模式、组织方式都在发生重大变革，为中小企业、普通消费者提供了参与全球贸易的机会，并推动中小企业融入全球价值链，跨境电商为贸易新动能塑造和"供给侧改革"提供了新通道。

在王直等（2015）在扩展了其2014年关于增加值贸易核算方法基础上，应用亚洲发展银行的多区域投入产出表的数据，就中国总体贸易情况进行分析，把握我国传统贸易和增加值贸易现状，进而计算分工程度，明晰中国参与垂直专业化分工合作的总体特征和行业特征，以更好地实现垂直专业化分工价值链地位的提升和产业转型升级。从贸易额情况看，与中国贸易差额最高的前十个国家主要是发达国家，与美国的贸易顺差最高，且呈逐年扩大趋势。与日本、德国的贸易在很长一段时间都是逆差，但近几年逆差逐渐缩小，并且顺差不断增加，中国贸易差额出现了新的变化趋势。在垂直专业化分工生产模式下，贸易差额的产生可能是由于存在大量中间品贸易导致的，各国间真实的贸易差额可能并没有那么高。中国贸易差额最高的前十个国家的中间品贸易额与总贸易额比重，各国全部产业平均中间品贸易额占比都在40%以上。增加值贸易统计下，中国与多数国家贸易差额都有了一定程度的下降。

基于前向产业关联的中国参与垂直专业化分工指数分析表明，中国与贸易差额最高的前十大国家制造业 VS 比重，虽然各国占比趋势转折点出现的时间不太一样，但除印度占比一直下降外，其他国家占比基本呈现倒 U 形发展趋势。中国出口被其他国家用来向贸易差额较高国家出口的比重越来越低，反映了垂直专业化分工合作的新趋势。劳动密集型产业，中国具有相对比较优势，主要生产最终品出口，参与垂直专业化分工程度相对较低。基于后向产业关联的中国参与垂直专业化分工指数及结构分析表明，中国垂直专业化分工值近十几年来有了较大幅度的增长，但在 2011 年后出现下降趋势。VS 指数值也呈现先升后降的趋势。在 VS 构成中，出口中隐含的进口国增加值在 2011 年前变化不大，之后呈现上升趋势。出口隐含的第三（其他）国增加值占比高，呈现先降后升趋势，说明中国产品出口中包含的中间投入来自较多的国家，产品生产在多国间循环流转。来自国内账户的纯重复计算比重较低，在国内的深加工程度较弱。来自国外账户的纯重复计算占比在 2008 年后出现下降，中间产品在国外的循环流转次数减少，垂直专业化深化程度有所下降。从分行业的 VS 指数及构成看，制造业的 VS 指数相对较高，服务业指数偏低，且基本呈现先增后降趋势。制造业中能源、光电设备制造产业等高技术产业比重较高。造纸及印刷出版业垂直专业化分工指数不同于其他劳动密集型产业，一直呈现增长趋势。从 VS 指数构成看，食品制造及烟草业、纺织业、皮革制鞋业等劳动密集型产业出口隐含的第三（其他）国增加值占比最高，说明产品生产进口中间投入品中来自较多的国家，来自国外账户的纯重复计算占比较低，产品生产在各国间循环流转合作深加工程度低，主要还是各国分别加工组装。来自国内账户的纯重复计算部分占比低，产品生产在国内循环流转程度也较低，对其他部门带动作用有限。造纸及印刷出版业来自进口国的增加值呈现持续增长趋势，与进口国合作也较为密切。资本和技术密集型产业的 VS 指数总体较高，化学工业、主要金属及压延业的 VS 指数近年呈现下降趋势。机械及电器设备制造业有所波动，近几年又呈现增长趋势。光电设备制造业的 VS 指数 2005 年后呈现下降趋势，近几年下降幅度较大，垂直专业化分工合作程度弱化。运输设备制造业垂直专业化分工指数下降幅度相比光电设备制造业小，目前指数值基本相当。从 VS 指数构成看，资本和技术密集型产业出口隐含的第三（其他）国增加值占比最高，来自国外账户的纯重复计算相比劳动密集型产业占比较高，产品生产工序复杂，在各国间的流转合作较多，分工深化程度较高，来自国内账户的纯重复计算部分占比较低，产品生产在国内环节较少。

从中国出口中总体附加值经历了一个先降后升的发展趋势，近几年国内增加值占比增加趋势明显，一定程度上说明了国际垂直专业化分工产品生产来自国内的部件增加。从国内附加值构成来看，DVA_FIN 最高，DVA_INT 也相对较高，两部分占比合计在 60% ~ 70% 之间。被直接进口国生产向第三国出口所吸收的中间出口增加值（DVA_INTrex）占比有所下降，中国中间品出口在国家间的流转程度较低，出于价值链的下游环节。从中国各产业国内附加值占比看，农业、资源行业国内附加值高，参与垂直专业化分工的程度低。制造业中劳动密集型产业的国内附加值相要高，分工合作在资本、技术密集型产业更深入，这与这些行业生产程序更加复杂，便于分工合作相关。机械制造业的国内附加值较低，且最终产品出口中的国内附加值更多，说明生产环节在国内较多，并在国内完成组装。服务业相比制造业国内附加值高，参与垂直专业化分工的程度较低。

中国全球价值链参与度指数总体较高，国际金融危机后出现下降趋势，参与全球生产网络的程度下降明显。从各产业情况看，劳动密集型产业的全球价值链参与度指数较低，食品饮料烟草业、纺织材料和纺织品业，皮革、制鞋产业的参与度指数都已降到 20% 以下。造纸、印刷和出版产业全球价值链参与度指数较高，并且相对稳定，没有出现下降趋势，资源的短缺需要国际合作。多数资本和技术密集型产业全球价值链参与度指数在 2008 年后有了较大幅度的下降，反映了全球价值链合作和转移的趋势，尤其是光电设备制造业下降幅度较大，全球价值链参与程度弱化。从主要国家价值链参与度指数的比较看，美国全球价值链参与度总体指数相比中国要低，且参与全球生产网络的程度下降明显。从各产业情况看，劳动密集型产业与资本、技术密集型产业差距较小。分工合作程度下降，可能跟美国国内产业振兴计划，制造业回归等相关。日本全球价值链参与度总体指数呈现先升后降趋势，近几年参与全球生产网络的程度小幅下降。日本作为一个资源匮乏的岛国对国际市场依赖大，全球价值链参与度指数下降较小。劳动密集型、资本和技术密集型参与度指数都较高。印度全球价值链参与度总体指数也较高，但从制造业全球价值链参与度看，制造业的参与度平均指数要低于0.4，服务业参与度指数较高，这跟印度大量承接服务外包有关。在此之后全球价值链参与度指数大幅下降并渐趋平稳，这与分工市场的分散和竞争有关。不同于其他国家，印度多数劳动密集型产业参与度指数近几年都有了极大程度的增长，印度在全球价值链参与度上大幅提升，这与全球价值链在全球范围内重新布局，中国等承接的环节向东南亚、南亚等国家转移有关。资本、技术密集型产业的参与度整体也较高，金融危机后有小幅下降，近几年又有小幅回升，可以预期在未来一段时期印度将会是全球价值链合作的一个重要区域，将承接更多的价值链转移环节。德国全球价值链参与度总体指数较高，金融危机之后有了一定程度的下降，资本、技术密集型产业的参与度相比劳动密集型产业要高。

中国全球价值链位置指数在2000年后呈现下降趋势，这可能主要是因为在这之前中国参与垂直专业化分工生产的程度较低，只有一些较具竞争力的环节参与到分工生产中，提供中间投入品导致，总出口中的间接附加值相比国外增加值较高，此时还没有大规模的最终品组装生产。劳动密集型产业位置指数一直较低，处于价值链的低端环节，但呈现位置提升趋势。资本、技术密集型产业中化学工业、金属和金属制品产业的全球价值链位置指数大于0，处于分工合作的上游环节，中间品出口的国内附加值较高。机械制造业的位置指数较低，光电设备制造业的位置近年呈现上升趋势，与运输设备制造业的位置指数基本相当，还有很大的提升空间。美国全球价值链位置指数相对稳定，一直为正值，说明多数产业处于价值链的上游环节，中间品出口的国内附加值较高。从各产业情况看，劳动密集型产业的位置指数显著低于资本、技术密集型产业。日本全球价值链位置指数较高，但呈现下降趋势。食品、饮料烟草业位置指数逐渐降到0以下，中间品出口中的国内附加值越来越低。皮革和制鞋业的位置指数已经降到0，可以预期未来一段时间将进一步恶化。资本、技术密集型产业中，除机械、电器业、运输设备制造业外，其他产业位置指数较高。从印度制造业全球价值链位置指数看，2015年除金属和金属制品产业大于0，其他产业均小于0，并且位置指数较低，说明印度价值链总体位置指数高，主要是由于服务业位置指数高，印度在服务业全球价值链分工中处于上游环节，但也呈现下降趋势，优势在逐渐丧失。从各产业情况看，劳动密集型产业全球价值链位置指数下降幅度都较大，由价值链的上游环节向下游环节滑落，资本、技术密集型产业位置指数普遍较低。德国全球价值链总体位置指数均大于 0，中间品出口中的国内附加值也较高，但也呈现下降趋势。多数劳动密集型产业处于全球价值链的下游，但近几年位置指数值有所上升。而德国作为制造业强国，在机械制造业、光电设备制造业、运输设备造业价值链位置指数为负，可能是由于德国的国内增加值更多地体现在中间品直接出口或最终品出口中。

　　从纺织材料和纺织产品业出口价值构成看，中国向美国、日本最终产品出口中的国内价值增值占到七成以上。金融危机后，中美中间品出口中国内增加值增加明显，垂直专业化分工地位有所提升。中日中间品出口中国内增加值出现下降，占比较低，垂直专业化分工位置较低，处于价值链的下游。从国外增加值看，中国向美国、日本出口中 MVA、OVA 呈现下降趋势，垂直专业化分工国内附加值增加。来自国内账户的纯重复计算、来自国外账户的纯重复计算都呈现下降趋势。中国向印度出口中最终产品出口中的国内价值增值占比高，且呈逐年增加趋势。金融危机后，DVA_INT 出现了下降趋势，近几年下降幅度较大，与最终产品出口中的国内价值增值相比呈现此消彼长的趋势。中间品出口中国内增加值增加较少，垂直专业化分工位置降低。中国向越南中间品出口中国内增加值增加较多，处于全球价值链的上游环节，垂直专业化分工位置较高。中国向越南出口中来自国外账户的纯重复计算占比相对较高，说明垂直专业化分工在深化程度相对较高。

　　从美国、日本向中国出口纺织材料和纺织产品业分解情况看，被直接进口国吸收的中间出口价值增值占比最高，并且呈逐年增加趋势，被直接进口国生产向第三国出口所吸收的中间出口增加值占比也较高，最终产品出口中的国内价值增值占比要低于中间品出口中的国内价值增值。美国、日本在垂直专业化分工价值链中处于上游，主要提供中间投入品，且附加值高。相比于中国对美、日贸易，美国、日本两国垂直专业化深化程度更高，有更多的环节在国外完成。印度向中国出口国内价值增值占比较高，最终产品出口中的国内价值增值、被直接进口国吸收的中间出口价值增值占比基本相当。印度在垂直专业化分工价值链中处于上游，主要提供中间投入品，且附加值高。越南向中国出口国内价值增值占比较低，最终产品出口中的国内价值增值占比最高，呈现下降趋势。越南在垂直专业化分工价值链中相对处于价值链下游，提供中间投入品的增加值较低，垂直专业化分工位置低下。越南对中国出口中有来自其他国家的大量附加值，来自国外账户的纯重复计算近几年有小幅增加，说明垂直专业化分工在国际间的循环流转程度增加。

中国向美国、日本出口光电设备制造业中最终产品出口中的国内价值增值占比最高。中国向美国出口中被直接进口国吸收的中间出口价值增值占比也较高，而对日本出口中被直接进口国吸收的中间出口价值增值占比较低，并且呈逐年下降趋势。中国在光电设备制造业垂直专业化分工价值链中提供中间投入品的附加值相比劳动密集型要高，在价值链中的位置更高。从国外增加值看，中国对美国、日本出口隐含的第三（其他）国增加值（OVA）占比较高，出口隐含的进口国增加值、来自国内外账户的纯重复计算都呈现下降趋势，说明垂直专业化分工在各国内的循环流转程度在下降。中国向印度出口最终产品出口中的国内价值增值占比最高，且近几年增速较快。被直接进口国吸收的中间出口价值增值占比相对较低，并且呈逐年下降趋势，DVA_INTrex 占比较低。中国相比印度在光电设备制造业提供中间投入品的附加值还较低，在价值链中的下游环节。中国向越南出口被直接进口国吸收的中间出口价值增值占比最高，并且呈逐年增加趋势。中国向越南出口光电设备制造业国内增加至占比接近 80%，中间品出口的附加值高，相对处于价值链的上游。从国外增加值看，出口隐含的第三（其他）国增加值占比相对较高。从国外增加值看，中国对印度、越南出口隐含的第三（其他）国增加值占比相对较高，说明出口中隐含大量来自第三（其他）国的增加值。出口隐含的进口国增加值、来自国内外账户的纯重复计算都呈现下降趋势。

美国、日本向中国出口光电设备制造业中被直接进口国吸收的中间出口价值增值占比最高，并且呈逐年增加趋势，被直接进口国生产向第三（其他）国出口所吸收的中间出口增加值占比逐年下降。美国、日本在垂直专业化分工价值链中处于上游，主要提供中间投入品，且附加值高，但与中国的垂直专业化分工深化合作程度在降低。美国最终产品出口中的国内价值增值占比要低于中间品出口中的国内价值增值，但呈现逐年增加趋势，日本呈现下降趋势，日本与中国在垂直专业化分工合作中关系仍然比较紧密。从国外增加值看，出口隐含的进口国增加值、出口隐含的第三（其他）国增加值占比都比较低。印度向中国出口中最终产品出口中的国内价值增值占比最高，国际金融危机后增加趋势明显。被直接进口国吸收的中间出口价值增值占比也相对较高，并且有增加趋势，DVA_INTrex 占比逐年下降。印度在垂直专业化分工价值链中提供中间投入品的附加值越来越低，垂直专业化分工深化合作程度在弱化。越南向中国出口国内价值增值占比相对较低，被直接进口国吸收的中间出口价值增值占比较高，并且有增加趋势。越南在垂直专业化分工价值链中提供中间投入品的附加值较高，但垂直专业化分工国际间深化合作程度在弱化。从国外增加值看，出口隐含的进口国增加值占比较低，出口隐含的第三（其他）国增加值相对较高。

中国向美国、日本出口运输设备制造业中被直接进口国吸收的中间出口价值增值虽近几年有所下降，但占比较高。中国向美国出口中 DVA_INTrex 占比相对较低，近几年有所下降。向日本出口中 DVA_INTrex 占比较高，并呈现逐年增加趋势。中国运输设备制造业在对美国、日本出口中中间品附加值较高，相对处于价值链的上游环节。对美国最终产品出口中的国内价值增值占比较高，而对日本最终产品出口中的国内价值增值占比相对较低。从国外增加值看，出口隐含的第三（其他）国增加值占比较高，对美国出口中来自国外账户的纯重复计算都呈现下降趋势，对日本出口占比上升，说明垂直专业化分工模式有深化趋势。中国向印度、越南最终产品出口中的国内价值增值占比较高，近几年增加趋势明显。中国向印度出口中 DVA_INTrex 占比较低，并呈现逐年下降趋势，相比较处于价值链的下游环节。中国向越南出口中被直接进口国吸收的中间出口价值增值占比近几年小幅上升。被直接进口国生产向第三（其他）国出口所吸收的中间出口增加值占比呈现逐年上升趋势。从国外增加值看，对印度、越南出口隐含的第三（其他）国增加值占比相对较高，2015 年为 18.51%。出口隐含的进口国增加值，来自国内外账户的纯重复计算在不断下降。

美国、日本向中国出口运输设备制造业中占比最高，被直接进口国吸收的中间出口价值增值占比也较高，2015 年为 23.75%。被直接进口国生产向第三国出口所吸收的中间出口增加值占比较低，且呈逐年下降

227

趋势。美国、日本在处于价值链的下游环节，中间品出口附加值较低。从国外增加值看，美国、日本向中国出口隐含的第三（其他）国增加值（OVA）占比相对较高。出口隐含的进口国增加值、来自国内外账户的纯重复计算占比都较低，说明与中国垂直专业化分工合作深化程度较低。印度、越南向中国出口中被直接进口国吸收的中间出口价值增值占比高，最终产品出口中的国内价值增值占比也较高，但近几年有下降趋势。印度在印中垂直专业化分工关系中相对处于价值链的上游环节，中间品出口附加值较高。越南在越中垂直专业化分工关系中中间品出口附加值较高，国内增加值总体较低。从国外增加值看，印度向中国出口隐含的第三（其他）国增加值占比最高，近几年出现下降趋势，而越南出现上升趋势。出口隐含的进口国增加值、来自国内账户的纯重复计算占比较低。越中贸易中来自国外账户的纯重复计算占比有所增加，说明与垂直专业化分工在深化。

从中国重点产业垂直专业化分工结构与国别比较看，中国纺织材料和纺织产品业 VS 比例呈下降趋势，FVA_FIN 占比高，FVA_INT 占比相对较低，并呈现逐年下降趋势。出口中的纯重复计算部分不断下降，中间贸易品跨越国境循环流转的次数在减少。美国的 VS 比例相对较低，与中国基本相当，但最终产品出口中的国外增加值占比低于中国，出口中的纯重复计算部分相对较高。日本的 VS 比例也较低，与中国基本相当，但中间产品出口中的国外增加值占比比中国要高，出口中的纯重复计算部分也较高，说明日本在垂直专业化分工中处于价值链的中高端环节，并且与国外分工生产关系深化程度高。印度垂直专业化分工 VS 比例近几年增长较快，中间产品出口中的国外增加值占比增长迅速，印度在往价值链的上游环节攀升。越南垂直专业化分工程度最高，并且呈逐年增加趋势，最终产品出口中的国外增加值占比极高，越南还是主要从事最终品的加工组装环节，处于垂直专业化分工价值链的下游环节。

中国光电设备制造业 VS 比例呈下降趋势，最终产品出口中的国外增加值占比高，中国利用中间投入进行最终产品的加工组装生产程度高，处于价值链的下游环节。中间产品出口中的国外价值增值占比相对较低，但呈现增长趋势，中间品出口被其他国家用于最终品生产带来的附加值较少。美国的 VS 比例相对中国要低，最终产品出口中的国外增加值占比比中国要低，出口中的纯重复计算部分相对较高，增长趋势明显，垂直专业化分工生产的深化程度高。日本的 VS 比例相比中国也较低，但中间产品出口中的国外增加值占比比中国要高，出口中的纯重复计算部分也较高，说明日本在垂直专业化分工中处于价值链的中高端环节，并且与国外分工生产关系深化程度高。印度垂直专业化分工 VS 比例近几年有所下降，近几年 FVA_FIN 占比呈下降趋势，FVA_FIN 占比快速增长，印度在往价值链的上游环节攀升。越南垂直专业化分工程度最高，最终产品和最终产品出口中的国外增加值占比都较高。

中国运输设备制造业 VS 比例呈下降趋势，最终产品出口中的国外增加值占比高，中间产品出口中的国外价值增值占比也相对较高，但呈现下降趋势，出口中的纯重复计算部分不断下降。美国的 VS 比例相对中国要低，且近几年下降趋势明显。FVA - FIN 占比比中国要高，FVA - FIN 占比、出口中的纯重复计算有所下降。日本的 VS 比例与中国比差距不大，且呈现增长趋势。FVA - FIN 占比比中国要高，PDC 呈现下降趋势。印度垂直专业化分工 VS 比例近几年有所上升，中间产品出口中的国外增加值占比快速增长。越南垂直专业化分工程度最高，最终产品出口中的国外增加值占比低于中国。中间产品出口中的国外增加值较高，出口中的纯重复计算部分不断下降。

跨境电商等新业态近年来逆全球经贸形势迅猛发展。跨境电商降低了国际贸易的门槛，国际贸易主体、贸易形态、商业模式、组织方式都在发生重大变革，为中小企业、普通消费者提供了参与全球贸易的机会，并推动中小企业融入全球价值链，跨境电商为贸易新动能塑造、"供给侧改革"、垂直专业化分工价值链位置提升提供了新通道。eWTP 通过推动全球数字经济基础设施建设，搭建全球贸易数字中枢（e - hub），促进公私对话，推动建立相关规则，提供"一站式"服务的物流枢纽、大数据枢纽服务，打造成一个促进全球跨境电子贸易的生态系统。

技术创新、贸易模式改变与国际贸易新动能塑造。科技的发展，互联网技术的日趋成熟使国际贸易模式产生了深刻的变革，贸易模式已从古罗马商队演变为淘宝的购物车。互联网贸易、支付、物流技术服务创新，更多的贸易特别是消费品贸易通过线上电商平台进行交易。得益于技术的创新，跨境电商贸易综合服务平台的搭建，金融服务的配套，使跨境电商成为外贸领域强劲的增长点。贸易形态、市场改变与国际贸易新动能塑造。eWTP 下贸易形态从大批量、低频次、标准化逐步转变为碎片化、高频次、个性化，贸易信息更加对称、流程更加透明，B2C 在全球贸易中的比例快速提升。中小企业和消费者正在成为全球化的新主体和驱动力量，活跃于国际经贸活动之中，逐步融入全球市场和价值链体系，引领贸易和投资的发展。贸易规则变化与国际贸易新动能塑造。在人人都参与的互联网时代，国际贸易规则与贸易现实的不相容性增加。eWTP 的打造，最为关键的一点就是孵化跨境电商贸易规则，规则的完善对跨境贸易将产生极大的推动作用。

要解决经济社会发展动力不足等深层次问题，掌握技术和分销渠道，培育自我适应市场需求的应变能力，避免"低端锁定"，需要在跨境电商贸易增加的同时，寻求促进价值链重构和产业转型升级的路径，增强竞争力，提供持久的发展动能。跨境电商贸易涉及 200 多个国家，既有传统的贸易市场也有一大批新兴市场，每个市场都有自身的特点，贸易联系的紧密程度、分工合作的阶段、附加值都存在差异，贸易的商品又涉及日用消费、电子通信等多个产业，这就决定了价值链重构的路径一定是差异化的，既可以深度融入价值链"加速超车"，又可借助电商在品牌打造和分销渠道建设方面的优势"弯道超车"，以及在掌握核心生产技术、平台技术时"优势领跑"。结合跨境电商贸易连接程度与GVC 增加值指数的分析结论，提出了 eWTP 下国际贸易新动能塑造与全球价值链重构的协同推进路径：贸易链条扁平化、过剩产能化解与价值链整合重构；智能营销、品牌打造与价值链跃升重构；技术合作创新与价值链主导重构。

国际垂直专业化分工变量 $lnVS_{it}$ 只有中低技术产业对技术进步的回归系数为正。其中，对全要素生产率的回归，高技术产业的负向影响更为明显，而对技术效率的回归，中低技术产业的负向影响更为明显，这与理论分析一致。分析表明目前中国参与国际垂直专业化分工，并没有明显获取技术溢出的好处。产业规模的扩张，对产业出口竞争力提升有明显影响，中低技术产业的影响为负，这可能与主要从事低附加值环节生产，国内附加值较少有关。中低技术产业劳动力变量 $lnHS_{it}$ 回归系数为正，说明科技人员数量的增加对于出口竞争力的提升有促进作用。全部产业资本投入水平变量 $ln\left(\dfrac{K_{it}}{Y_{it}}\right)$ 的回归系数为负值，这说明生产设备、厂房建设等固定资产的投资增加，并不一定转换为产能和出口的增加。全部产业国际垂直专业化分工变量 $lnVS_{it}$ 的影响系数为正，垂直专业化分工程度的加深，对于出口附加值的增加有促进作用，提升出口产业竞争力。

中国垂直专业化分工价值链地位提升是一项复杂的系统工程，结合全球分工格局、国内垂直专业化分工发展条件、地位、产业关联及经济效应变化的分析，认为应该主要从经济要素的合理配置、技术和管理创新、垂直专业化分工合作布局及模式的合理选择以及制度与规则改革、政策与服务支撑四个方面切入和发力，促进中国垂直专业化分工地位的提升。提出全球价值链视野下中国垂直专业化分工地位提升的三种路径和一种外部协调促进机制：垂直专业化分工价值链"深度融入"及"攀升"路径。价值链在全球范围内重新布局，需要及时的结合价值链分工合作新趋势、产业竞争力变化趋势，调整合作区域和合作战略，"深度融入"全球价值链，避免价值链合作的骤然脱节，并寻求机会依托现有的分工价值链，从技术、管理创新切入，向价值链的高端环节攀升。垂直专业化分工国内价值链环节"整合突破"路径。在全球及区域垂直专业化分工价值链条中，国内企业生产并不是都集中在同一环节，有的占据了价值链的几个环节，且有的企业积累了大量的生产经验，获取了相关技术，竞争能力增强，具备了价值链整合的条件。应根据垂直专业化分工聚集地区的资源禀赋条件、区域及产业转移规划、贸易投资政策等，引导不同价值链环节的企业向经济园区集聚，依托处于价值链核心环节，竞争力强的企业，发挥特色产业和龙头企业优势，整合国内价值链环节，进一步通过创新型企业引入、研发创新，延长、完善及打造国内价值链条，突破原有的价值链条"低端锁定"，赢取分工发展的主动权。垂直专业化分工区域及全球价值链"主导重构"路径。在参与垂直专业化分工及国内经济高速发展过程中，国内一些产业涌现出了一批技术水平高、竞争能力强、经济效益好的跨国企业，并且已经在海外广泛开展业务，初步具备了"主导"构建区域及全球价值链的条件。对于出口竞争优势较强的产业，国家应加大扶持力度，促进企业在高品质、高质量、品牌打造上做文章。鼓励企业通过与当地公司合资、收购的方式进行高新技术产业投资，借助于跨境电商等贸易新业态、新模式，专注于产品研发与市场营销网络构建等高附加值环节，获取价值链的主导权。垂直专业化分工地位提升的制度、政策、服务"协调促进"机制。垂直专业化分工价值链的重构，需要良好的外部发展环境。强化国际规则和市场决定意识，积极参与国际经贸规则制定，提高全球经济治理的话语权。推动国内经贸相关制度的完善和改革，创新"一次办好"服务模式，积极推进管理服务创新。借助外部制度政策措施的保障，多路径同时推进，促使国内企业深度融入及动态的重构价值链，从而在全球分工下摆脱被"低端锁定"的命运，以及减少由于价值链低端环节境外转移这种"低端锁不定"给国内经济和社会发展带来的负面影响，获得持续的生存权，提高经营效益。

参 考 文 献

[1] 安虎森，栾秋琳．"一带一路"战略下东亚分工新格局的演变及实施方略 [J]．南京社会科学，2017 (2)：22 - 29.

[2] 北京大学中国经济研究中心课题组．中国出口贸易中的垂直专门化与中美贸易 [J]．世界经济，2006 (5)：3 - 11.

[3] 陈超凡，王赟．垂直专业化与中国装备制造业产业升级困境 [J]．科学学研究，2015 (8)：1183 - 1192.

[4] 陈倩颖，班天艺．新形势下中俄双边经贸关系研究 [J]．山东社会科学，2016 (s1)：247 - 248.

[5] 陈元．深化中俄经贸合作筑牢两国关系基石 [J]．管理世界，2015 (1)：2 - 6.

[6] 崔传桢．助力"互联网＋"行动：解读阿里巴巴的网络安全——基于"互联网＋"行动下阿里巴巴集团和蚂蚁金服集团信息安全及战略布局 [J]．信息安全研究，2016 (5)：384 - 395.

[7] 戴翔，金碚．产品内分工、制度质量与出口技术复杂度 [J]．经济研究，2014 (7)：4 - 17.

[8] 戴翔，张为付．全球价值链、供给侧结构性改革与外贸发展方式转变 [J]．经济学家，2017 (1) 39 - 46.

[9] 戴艳红，崔健．B2B 环境下电商平台供应链管理模式分析——以阿里巴巴为例 [J]．商业时代，2017 (6)：68 - 70.

[10] 丁匡达．中韩贸易结构与趋势特征及其对 FTA 谈判的启示 [J]．国际经济合作，2013 (6)：69 - 74.

[11] 范爱军，刘馨遥．中国与东亚和美国贸易差额联动效应分析 [J]．南开经济研究，2010 (6)：75 - 85.

[12] 富景筠．从区域内贸易视角透视东北亚经济合作机制 [J]．东北亚论坛，2011 (4)：71 - 78.

[13] 甘睿淼, 陈志恒. 中日经贸发展现状及其面临的机遇与挑战 [J]. 日本研究, 2016 (3): 58 – 62.

[14] 桂黄宝, 刘奇祥, 郝铖文. 中国高技术产业全球价值链重构研究——基于"中兴被制裁事件"的讨论 [J]. 科技管理研究, 2017 (7): 1 – 6.

[15] 郭定平. 论东亚区域合作中的若干不确定性问题 [J]. 人民论坛·学术前沿, 2017 (7): 34 – 41.

[16] 韩冰, 张清正. 结构和因素视角的中韩贸易双边发展的路径选择 [J]. 国际贸易, 2016 (4): 55 – 60.

[17] 郝宇彪. 中俄贸易合作水平的影响因素分析——基于贸易引力模型 [J]. 经济社会体制比较, 2013 (5): 175 – 182.

[18] 洪银兴. 参与全球经济治理: 攀升全球价值链中高端 [J]. 南京大学学报: (哲学. 人文科学. 社会科学), 2017 (4): 13 – 23.

[19] 侯丹丹. 中韩 FTA 对日本向中国货物出口的影响分析 [J]. 现代日本经济, 2016 (2): 44 – 55.

[20] 胡小娟, 唐天雷. 中韩装备制造业贸易特征分析 [J]. 江西社会科学, 2013 (4): 78 – 82.

[21] 胡艺, 沈铭辉. 中韩贸易 20 年: 回顾与展望 [J]. 东北亚论坛, 2012 (5): 72 – 79.

[22] 胡昭玲. 产品内国际分工对中国工业生产率的影响分析 [J]. 中国工业经济, 2007 (6): 38 – 45.

[23] 黄永明, 潘安琪. 贸易壁垒如何影响中国制造业全球价值链分工——以美国对华反倾销为例的经验研究 [J]. 国际经贸探索, 2019 (4): 4 – 26.

[24] 金继红, 张琦. 中日产业相互依存关系——1990—1995—2000 年国际投入产出表的实证分析 [J]. 现代日本经济, 2007 (2): 15 – 19.

[25] 康振宇, 徐鹏. 全球价值链时代的中日贸易分析——基于增加值的视角 [J]. 国际贸易问题, 2015 (4): 75 – 84.

[26] 邝艳湘, 向洪金. 国际政治冲突的贸易破坏与转移效应——基于中日关系的实证研究 [J]. 世界经济与政治, 2017 (9): 139 – 155.

[27] 兰宜生, 徐小锋. 关税对中国产业全球价值链参与度的影响机制——基于中介效应的实证研究 [J]. 财经科学, 2019 (1): 63 – 74.

［28］蓝庆新，郑学党．中韩产业内贸易的实证分析与促进策略 [J]．国际经贸探索，2011（2）：34 – 39．

［29］黎峰．全球价值链分工下的双边贸易收益核算：以中日贸易为例 [J]．现代日本经济，2015（4）：30 – 41．

［30］黎峰．全球生产网络下的国际分工地位与贸易收益——基于主要出口国家的行业数据分析 [J]．国际贸易问题，2018（6）：75 – 88．

［31］李兵，李柔．互联网与企业出口：来自中国工业企业的微观经验证据 [J]．世界经济，2017（7）：102 – 125．

［32］李金城，周咪咪．互联网能否提升一国制造业出口复杂度 [J]．国际经贸探索，2017（4）：24 – 38．

［33］李丽．"10 + 3"框架下中日经贸关系——基于贸易流量指标和引力模型的分析 [J]．现代日本经济，2015（6）：75 – 91．

［34］李强，郑江淮．基于产品内分工的我国制造业价值链攀升：理论假设与实证分析 [J]．财贸经济，2013（9）：95 – 102．

［35］李清如．中国高技术制造业的国际竞争力——基于贸易增加值的分析 [J]．经济与管理评论，2017（2）：146 – 153．

［36］李文，王语懿．政治因素对东北亚地区合作的影响 [J]．东北亚论坛，2015（1）：52 – 59．

［37］李贤珠．中韩贸易结构变化探析——从产品加工阶段的视角 [J]．国际贸易，2010（9）：25 – 29．

［38］李晓琳．提升我国装备制造业在全球价值链中的地位 [J]．宏观经济管理，2018（12）：28 – 35．

［39］李晓，张建平．东亚产业关联与经济相互依赖性——基于AIIOT2000 的实证分析 [J]．世界经济研究，2010（4）：72 – 79．

［40］廉晓梅．中韩贸易关系的发展与存在的问题 [J]．东北亚论坛，2004（6）：48 – 52．

［41］梁运文，芮明杰．垂直专业化、利润创造与中国制造业发展困境战略突破 [J]．产业经济研究，2013（4）：1 – 13．

［42］廖战海，曹亮，张亮．中韩FTA 对两国贸易结构的影响研究 [J]．宏观经济研究，2016（8）：129 – 139．

［43］林斐婷．产品内分工与中美贸易失衡的影响分析 [J]．亚太经济，2014（3）：57 – 61．

［44］刘斌，魏倩，吕越，祝坤福．制造业服务化与价值链升级［J］．经济研究，2016（3）：151 -162.

［45］刘昌黎．中日贸易的新发展、新变化及问题［J］．日本问题研究，2011（4）：16 -23.

［46］刘建江，杨细珍．产品内分工视角下中美贸易失衡中的贸易利益研究［J］．国际贸易问题，2011（8）：68 -80.

［47］刘胜，申明浩．行政审批制度改革与制造业企业全球价值链分工地位［J］．改革，2019（1）：150 -158.

［48］刘曦子，王彦博，陈进．互联网金融生态圈发展评价研究——以蚂蚁金服和京东金融为例［J］．经济与管理评论，2017（3）：133 -139.

［49］刘小军，张滨．我国与"一带一路"沿线国家跨境电商物流的协作发展［J］．中国流通经济，2016（5）：115 -120.

［50］刘友金，胡黎明．产品内分工、价值链重组与产业转移——兼论产业转移过程中的大国战略［J］．中国软科学，2011（3）：149 -159.

［51］刘志彪．从全球价值链转向全球创新链：新常态下中国产业发展新动力［J］．学术月刊，2015（2）：5 -14.

［52］刘志彪，刘晓昶．垂直专业化：经济全球化中的贸易和生产模式［J］．经济理论与经济管理，2001（10）：5 -10.

［53］刘志彪．"一带一路"倡议下全球价值链重构与中国制造业振兴［J］．中国工业经济，2017（6）：35 -41.

［54］刘志彪．重构国家价值链：转变中国制造业发展方式的思考［J］．世界经济与政治论坛，2011（4）：1 -14.

［55］刘遵义等．非竞争型投入占用产出模型及其应用——中美贸易顺差透视［J］．中国社会科学，2007（5）：91 -103.

［56］柳剑平，孙云华．垂直专业化分工与中国对东亚经济体的贸易逆差——兼及中国对美国贸易顺差的比较分析［J］．世界经济研究，2006（7）：16 -23.

［57］隆国强．寻找对外贸易新动能打造国际竞争新优势［J］．国际贸易问题，2016（11）：12 -14.

［58］卢锋．产品内分工［J］．经济学（季刊），2004（4）：55 -82.

[59] 陆燕. 在全球价值链中寻求制度性话语权——新一轮国际贸易规则重构与中国应对 [J]. 人民论坛·学术前沿, 2015 (23): 6-18.

[60] 吕越, 陈帅, 盛斌. 嵌入全球价值链会导致中国制造的"低端锁定"吗? [J]. 管理世界, 2018 (8): 11-29.

[61] 马风涛, 段治平. 基于 TiVA 数据库的中国出口贸易增加值研究 [J]. 经济与管理评论, 2015 (2): 100-105.

[62] 马红旗, 陈仲常. 我国制造业垂直专业化生产与全球价值链升级的关系——基于全球价值链治理视角 [J]. 南方经济, 2012 (9): 83-91.

[63] 马述忠, 陈奥杰. 跨境电商: B2B 抑或 B2C——基于销售渠道视角 [J]. 国际贸易问题, 2017 (3): 75-86.

[64] 孟祺. 基于"一带一路"的制造业全球价值链构建 [J]. 财经科学, 2016 (2): 72-81.

[65] 倪红福, 龚六堂, 夏杰长. 什么削弱了中国出口价格竞争力?——基于全球价值链分行业实际有效汇率新方法 [J]. 经济学 (季刊), 2019 (1): 371-396.

[66] 潘文卿, 娄莹, 张亚雄. 中国与东亚及美国的贸易流转: 空间结构与反馈回路 [J]. 经济学报, 2016 (2): 21-41.

[67] 裴长洪, 刘洪愧. 中国怎样迈向贸易强国: 一个新的分析思路 [J]. 经济研究, 2017 (5): 26-43.

[68] 彭澎, 李佳熠. OFDI 与双边国家价值链地位的提升——基于"一带一路"沿线国家的实证研究 [J]. 产业经济研究, 2015 (6): 33-42.

[69] 任泽洙, 赵阳阳. 中韩贸易的竞争性与互补性研究 [J]. 哈尔滨商业大学学报 (社会科学版), 2016 (2): 55-61.

[70] 盛斌, 马涛. 中国工业部门垂直专业化与国内技术含量的关系研究 [J]. 世界经济研究, 2008 (5): 61-67, 89.

[71] 施炳展. 互联网与国际贸易——基于双边双向网址链接数据的经验分析 [J]. 经济研究, 2016 (5): 172-187.

[72] 石艾馨, 李娇. 中俄贸易相关性研究 [J]. 黑龙江社会科学, 2008 (5): 36-39.

[73] 苏庆义. 全球贸易低速增长之谜 [J]. 经济与管理评论,

2016（5）：5-12.

[74] 谭力文，马海燕. 全球外包下的中国企业价值链重构 [J].
武汉大学学报（哲学社会科学版），2006（2）：149-154.

[75] 唐宜红，张鹏杨，梅冬州. 全球价值链嵌入与国际经济周期
联动：基于增加值贸易视角 [J]. 世界经济，2018（11）：51-75.

[76] 万红先，李莉. 中俄贸易商品结构及其影响因素研究 [J].
国际商务：对外经济贸易大学学报，2011（5）：25-34.

[77] 万永坤."丝绸之路经济带"建设视域下的中俄贸易合作潜
力分析 [J]. 兰州大学学报（社会科学版），2017（2）：139-145.

[78] 汪旭晖，张其林. 平台型电商企业的温室管理模式研究——
基于阿里巴巴集团旗下平台型网络市场的案例 [J]. 中国工业经济，
2016（11）：108-125.

[79] 王峰. 垂直专业化分工、外部需求与东亚区域内贸易扩张——
基于中国数据的面板协整分析 [J]. 世界经济与政治论坛，2008（3）：
11-18.

[80] 王俊，杨恬恬. 全球价值链、附加值贸易与中美贸易利益测
度 [J]. 上海经济研究，2015（7）：115-128.

[81] 王岚，李宏艳. 中国制造业融入全球价值链路径研究——嵌
入位置和增值能力的视角 [J]. 中国工业经济，2015（2）：76-88.

[82] 王玉燕，于兆青，梁佳平. 考虑网络平台销售服务决策的混
合供应链主导模型研究 [J]. 山东财经大学学报，2018（3）：99-111.

[83] 王直，魏尚进，祝坤福. 总贸易核算法：官方贸易统计与全
球价值链的度量 [J]. 中国社会科学，2015（9）：108-127.

[84] 文学. 政治困境下的东北亚经济一体化问题透析——区域和历
史的视角 [J]. 郑州大学学报（哲学社会科学版），2013（6）：69-74.

[85] 吴国松，邵双双. 基于中间产品的垂直专业化对中国与东亚贸
易逆差影响机制研究 [J]. 天津商业大学学报，2013，33（1）：24-31.

[86] 谢会强，黄凌云，刘冬冬. 全球价值链嵌入提高了中国制造
业碳生产率吗 [J]. 国际贸易问题，2018（12）：113-125.

[87] 谢锐，郭欢. 中间产品贸易视角下中国融入东亚区域生产网
络的影响研究 [J]. 国际贸易问题，2016（3）：81-92.

[88] 辛娜，袁红林. 全球价值链嵌入与全球高端制造业网络地位：

基于增加值贸易视角［J］．改革，2019（3）：61 – 71.

［89］邢斐，王书颖，何欢浪．从出口扩张到对外贸易"换挡"：基于贸易结构转型的贸易与研发政策选择［J］．经济研究，2016（4）：89 – 101.

［90］徐松，张艳艳．应将跨境电商建成"中国制造"出口的新通道［J］．经济纵横，2015（2）：26 – 30.

［91］徐修德，李琛．中日经贸合作的依存互补性与敏感性［J］．日本问题研究，2014（1）：9 – 15.

［92］闫克远，金华林．论改善中日贸易结构与转变中日贸易增长方式［J］．外国问题研究，2007（2）：47 – 50.

［93］殷宝庆，肖文，刘洋．绿色研发投入与"中国制造"在全球价值链的攀升［J］．科学学研究，2018（8）：1395 – 1403，1504.

［94］尹伟华．全球价值链视角下中日制造业国际竞争力的比较分析［J］．国际经贸探索，2016（6）：58 – 70.

［95］喻春娇，陈咏梅，张洁莹．中国融入东亚生产网络的贸易利益——基于20个工业部门净附加值的分析［J］．财贸经济，2010（2）：70 – 77.

［96］张海燕，宋玉华．当前全球贸易失衡的机制及中国的地位分析［J］．世界经济研究，2009（8）：9 – 13.

［97］张红力，刘德伟．东亚—北美经济失衡与再平衡分析［J］．当代亚太，2010（4）：24 – 43.

［98］张季风．中日经贸关系70年回顾与思考［J］．现代日本经济，2015（6）：1 – 12.

［99］张坤．中国在东亚区域内的进口贸易分析［J］．世界经济研究，2011（6）：57 – 62.

［100］张天顶．全球价值链重构视角下中国企业国际化的影响因素［J］．统计研究，2017（1）：33 – 43.

［101］张夏恒，郭海玲．跨境电商与跨境物流协同：机理与路径［J］．中国流通经济，2016（11）：83 – 92.

［102］张英．中俄贸易的国际贸易理论实证分折［J］．国际经贸探索，2009（7）：17 – 22.

［103］张咏华．中国制造业增加值出口与中美贸易失衡［J］．财经

239

研究, 2013 (2): 15-25.

[104] 张宇馨. 我国与东亚国家和地区中间品贸易面临的挑战及对策 [J]. 经济纵横, 2014 (8): 111-116.

[105] 张玉和. 中韩贸易模式的变迁: 从互补到竞争 [J]. 南京财经大学学报, 2005 (5): 39-43.

[106] 赵放, 李季. 中韩双边产业内贸易实证分析 [J]. 国际经贸探索, 2010 (3): 17-23.

[107] 郑休休, 赵忠秀. 生产性服务中间投入对制造业出口的影响——基于全球价值链视角 [J]. 国际贸易问题, 2018 (8): 56-69.

[108] 周绍东. 新国际分工体系中的产业链治理模式选择 [J]. 财经科学, 2011 (1): 75-81.

[109] 周曙东, 肖宵, 杨军. 中韩自贸区建立对两国主要产业的经济影响分析——基于中韩自由贸易协定的关税减让方案 [J]. 国际贸易问题, 2016 (5): 116-129.

[110] Antràs, P. Global Production: Firms, Contracts, and Trade Structure [M]. Princeton: Princeton University Press, 2015.

[111] Azmeh S, Nadvi K. Asian Firms and the Restructuring of Global Value Chains [J]. International Business Review, 2014, 23 (4): 708-717.

[112] Bell M, Albu M. Knowledge Systems and Technological Dynamism in Industrial Clusters in Developing Countries [J]. World Development, 1999, 27 (9): 1715-1734.

[113] Bloom N. , M. Draca and J. Van-Reenen. Trade Induced Technical Change? The Impact of Chinese Imports on Innovation, IT and Productivity [J]. The Review of Economic Studies, 2016, 83 (1): 87-117.

[114] Dean, J. M. , et al. Decomposing China - Japan - US trade: Vertical specialization, ownership, and organizational form [J]. Journal of Asian Economics, 2009, 20 (6): 596-610.

[115] Dean, J. M. et al. Measuring vertical specialization: The case of China [J]. Review of International Economics, 2011, 19 (4): 609-625.

[116] Dluhosch, B. Intra-industry Trade and the Gains From Fragmentation [J]. The North American Journal of Economi cs and Finance, 2006, 17 (1): 49-64.

［117］ Egger, P. and Egger, H. International Outsourcing and the Productivity of Low-skilled Labor in the EU ［J］. Economic Inquiry, 2006, 44 (1): 98 – 108.

［118］ Feenstra, R. C. Integration of Trade and Disintegration of Production in the Global Economy ［J］. J ournal of Economic Perspective, 1998, 12 (4): 31 – 50.

［119］ Frederick S, Gereffi G. Upgrading and Restructuring in the Global Apparel Value Chain: why China and Asia are Outperforming Mexico and Central America ［J］. International Journal of Technological Learning, Innovation and Development, 2011, 4 (1): 67 – 95.

［120］ Gereffi G. International Trade and Industrial Upgrading in the Apparel Commodity Chain ［J］. Journal of International Economics, 1999, 48 (1): 37 – 70.

［121］ Goh, A. T. Knowledge Diffusion, Input Supplier's Technological Effort and Technology Transfer via Vertical Relationships ［J］. Journal of International Economics, 2005, 66 (2): 527 – 540.

［122］ Görg, H. , Hanley, A. and Strobl, E. Productivity Effects of International Outsourcing: Evidence from Plant – Level Data ［J］. Canadian Journal of Economics, 2008, 41 (2): 670 – 688.

［123］ Grossman, G. , Helpman, E. Integration versus Outsourcing in Industry Equilibrium ［J］. The Quarterly Journal of Economics, 2002, 117 (1): 85 – 120.

［124］ Hummels, D. , et al. The Nature and Growth of Vertical Specialization in World Trade ［J］. Journal of International Economics, 2001, 54 (1): 75 – 96.

［125］ Humphrey J, Schmitz H. How does Insertion in Global Value Chains AffectUpgrading in Industrial Clusters? ［J］. Regional Studies, 2002, 36 (9): 1017 – 1027.

［126］ Jabbour, L. , Mucchiellli, J. L. Technology Transfer through Vertical Linkages: The Case of the Spanish Manufacturing Industry ［J］. Journal of Applied Economics, 2007, X (1): 115 – 1360.

［127］ Johnson, R. C. , Noguera, G. Accounting for intermediates:

Production sharing and trade in value added [J]. Journal of International Economics, 2012, 86 (2): 224 – 236.

[128] Kee, H. L., H. Tang. Domestic Value Added in Exports: Theory and Firm Evidence from China [J]. American Economic Review, 2016, 106 (6): 1402 – 1436.

[129] Koopman R., Wang Z., Wei S. J. Estimating domestic content in exports when processing trade is pervasive [J]. Journal of Development Economics, 2012, 99 (1): 178 – 189.

[130] Koopman R., Wang Z., Wei S. J. Tracing value-added and double counting in gross exports [J]. The American Economic Review, 2014, 104 (2): 459 – 494.

[131] Kuroiwa, I., Ozeki, H. Intra-regional Trade between China, Japan, and Korea: Before and After the Financial Crisis [J]. Ide Discussion Papers, 2010 (237).

[132] Liu, Q., Qiu, L. D. Intermediate Input Imports and Innovations: Evidence from Chinese Firms' Patent Filings [J]. Journal of International Economics, 2016, 103 (11): 166 – 183.

[133] Milberg W, Winkler D E.. Trade Crisis and Recovery: Restructuring of Global Value Chains [J]. Policy Research Working Paper, 2011.

[134] Olsen, K. B. Productivity Impacts of Offshoring and Outsourcing: A Review [C]. OECD Working Paper No. 1, 2006.

[135] Poon S C. Beyond the Global Production Networks: a Case of Further Upgrading of Taiwans Information Technology Industry [J]. International Journal of Technology & Globalisation, 2004, 1 (1): 130 – 144.

[136] Sanyal, K. K., Jones, R. W. The Theory of Trade in Middle Products [J]. American Economic Review, 1982, 72 (1): 16 – 31.

[137] Timmer, M. P., Erumban, A. A., Los, B., et al. Slicing Up Global Value Chains [J]. Journal of Economic Perspectives, 2014, 28 (2): 99 – 118.

[138] Wang Z, Wei S J, Yu X D, Zhu K F. "Characterizing Global Value Chains: Production Length and Upstreamness", NBER Working Paper 23261, 2017a.

后　　记

2009 年我在山东大学经济学院攻读博士学位伊始，便有幸参与了杨蕙馨教授主持的国家社科基金项目"经济全球化条件下产业组织与发展新趋势及我国对策研究"，负责"经济全球化条件下的 FDI 与国际产业分工"部分内容的撰写，自此对全球价值链分工与产业转型发展问题产生了浓厚的研究兴趣，此后十余年一直专注于该问题的研究。2016 年我获得国家社科基金青年项目立项，该书即是全球价值链视野下中国垂直专业化分工地位提升的实现路径研究（批准号：16CJL041）项目的最终研究成果。在该项目的研究过程中，团队进行了大量的实地调研和访谈，召开多次专家论证会，查阅了大量数据资料，对本书研究的思路和框架进行了多次修订，力求项目研究成果的科学性、专业性和可应用性。蒲业潇、刘青、陈庆江、张念明、谢孟军、田洪刚、焦勇等同仁参与了部分课题调研及内容论证工作，保障了本书研究的顺利完成。山东大学臧旭恒教授、杨蕙馨教授、山东社会科学院袁红英研究员等师长以及专家在本书研究中给予了我大力的帮助和很多富有价值的建议，在此表示特别的感谢。研究报告由我撰写，最终通稿，修改定稿。

感谢国家哲学社会科学基金对本研究的资助，感谢山东财经大学对本书出版的资助，此外，特别感谢经济科学出版社的编辑老师对本书出版所给予的大力支持。

由于主客观条件所限，本书的研究还有许多不足和可以提升的空间，恳请读者朋友们批评指正！

赵明亮

2020 年 9 月于济南